Couverture et mise en page : Le Souffle d'Or

Mandala, illustrations, dessins :
Idées originales : Fleur-Lise Monastesse
Adaptation et réalisation des dessins avec personnages : Jean Augagneur
Réalisation graphique du Mandala de couverture : Le Souffle d'Or
Réalisation graphique des autres illustrations : Nino Burlet

Impression et façonnage : Horizon (13420 Gémenos)
Imprimé sur papier bouffant blanc 80 g
Dépôt légal : mai 2015
ISBN 978 2 84058 521 3

Le Souffle d'Or
5 allée du Torrent – 05000 Gap (France)
Tél. 04 92 65 52 24
www.souffledor.fr

Fleur-Lise Monastesse

Au cœur du chant

Une voie pour nourrir son chemin existentiel

Au Cœur du Chant,
faire chanter le vivant en chacun de nous...

À mon père
Rémi Monastesse

Tu es parti le 3 avril 2013.
Repose enfin dans la paix et l'abondance de l'amour.

À ma mère
Suzanne Morley Groulx

Tu es de plus en plus vivante, consciente et présente.
Je célèbre avec reconnaissance cet héritage de guérison.

Tous deux,
je vous honore et vous remercie
de m'avoir transmis la Vie.

Votre fille, en tendresse avec vous.
Xxx

SOMMAIRE

Au Coeur du Chant,
vibrer au Coeur de la Vie...

BIENVENU(E) !

Bienvenue au Cœur du Chant, au Cœur de ton Chant…

Bienvenue à ta voix, bienvenue à toi…

Il y a une place pour ta voix et ton chant dans le monde…

Oui, il y a une place…
pour ta voix…
et ton chant…
dans le monde…

Le Chant de la Vie réside en chacun de nous…

Que ton être chante son chant unique dans le monde !

Fleur-Lise
Xxx (bises en québécois)

AVANT-PROPOS

Le pourquoi de ce livre

Le chant fait partie intégrante de mon essence et il a été présent tout au long de ma vie sous différentes formes (voir mon témoignage dans la 3e partie). C'est pourquoi en vous présentant ce livre, c'est toute une partie de mon histoire qui trouve expression et sens.

Mon parcours étant essentiellement autodidacte[1], c'est à partir de mon propre chemin de vie, d'expérimentation, de quête de sens que j'ai développé mon rapport existentiel avec le chant.

Au fil de mon expérience d'accompagnement, je me suis rendu compte que beaucoup d'entre nous portaient de grandes blessures liées à la voix chantée, mais j'ai aussi constaté que par un travail de libération de la voix et du chant, nous pouvions accéder à des transformations et à des guérisons profondes, de véritables résiliences : libération de la joie et de l'expression créatrice, capacité augmentée à ressentir et à exprimer ses émotions, renforcement de l'estime de soi et de la confiance, reconquête de sa légitimité à exister...

En prenant ainsi la mesure de l'importance du chant comme *outil d'épanouissement existentiel*, j'ai eu envie d'écrire ce livre pour partager ma vision et mon expérience *et contribuer à ce qu'il y ait plus de chant dans nos vies et encore plus de Vie dans nos chants et dans nos vies...*

Le processus d'écriture de ce livre

Entre le premier jour où a germé ce projet d'écriture et le jour où je l'ai terminé, il s'est passé un processus étalé sur plusieurs années. En effet, chanter est une chose, transmettre le chant en est une autre, et écrire un livre sur le chant en est encore une autre ! C'est pourquoi j'avais envie de vous faire entrer dans l'intimité de la genèse de cet ouvrage.

C'est un jour d'automne 2009 que l'appel pour écrire ce livre s'est fait entendre en moi pour la première fois et, sur le coup, j'ai senti l'enthousiasme m'envahir. J'ai senti que j'avais quelque chose à partager du fait de mon histoire, de ma pratique et de mon rapport existentiel avec le chant. J'avais envie de clamer au monde entier que

1. Excepté un certain nombre de cours de chant classique privés, pris pour la plupart il y a vingt ans.

la capacité de chanter était en chacun de nous et que nous pouvions nous nourrir de ses innombrables bienfaits.
Puis, dans un deuxième temps, un énorme frein est venu ébranler cet élan initial. En effet, une autre partie de moi a alors pris la parole et a exprimé sa peur :
« Mais qui es-tu pour écrire un livre sur le chant ? Tu es une praticienne autodidacte, pas une écrivaine ! Tu n'as pas les mots pour expliquer le sens et la magie du chant, tu n'es pas capable d'écrire un livre structuré, cohérent et inspirant ! »[2]

Je me suis alors sentie paralysée par ce double message en moi :
« Vas-y, tu as quelque chose à transmettre » et « N'y va pas, tu n'es pas légitime, ni capable ».

Ce sont deux découvertes, faites lors de lectures, qui viendront me confirmer dans ma *légitimité* et dans ma *capacité* à écrire ce livre, ce qui aura pour effet de m'encourager à aller de l'avant dans mon projet d'écriture.
Tout d'abord, j'ai découvert la notion de *Sponsorat génératif*[3] de Steven Gilligan, qui est l'art d'accompagner un processus de déploiement de nos capacités et de notre identité. J'ai alors réalisé que j'étais une Sponsor de chant, car j'avais cette capacité à faire déployer le potentiel chanté chez mes participants. Mais plus profondément encore, j'ai réalisé qu'en donnant du Sponsorat à la personne qui voulait chanter, je donnais du Sponsorat *au chant mais aussi à l'être*. Cette découverte m'a donné une clé importante pour répondre à la question : « Qui suis-je pour écrire ce livre ? », et m'a aussi aidée à expliquer en partie le processus qui s'opérait pour que mes élèves et participants en retirent autant de bénéfices !
Puis j'ai découvert la notion de *connaissance implicite*[4] d'Eugène Gendlin, qui m'a confirmé que j'avais la capacité d'accéder à ma connaissance implicite du chant, issue de mon histoire et de mes expériences, et de l'articuler, de la rendre communicable en un livre explicite (manifesté).
Eurêka ! En me sentant *légitime et capable*, je me sentais prête pour me lancer dans l'aventure de ce livre...

Alors, au fil des années de gestation qui m'ont été nécessaires pour écrire ce livre, j'ai sondé en moi des réponses à ma grande question racine :

2. Ce qui était vrai à l'époque mais plus maintenant ! Comme quoi la capacité se développe dans l'action !
3. Voir chapitre 7.
4. Voir p. 104 et 208. Voir aussi ressources.

Au Cœur du Chant, au cœur de mon chant, qu'est-ce qu'il y a, qu'est-ce qui se passe de si important, quelle en est l'essence, quel en est le sens ?
C'est ainsi que j'ai pu progressivement mettre de la conscience et des mots sur le sens profond du chant que je ressentais, ainsi que sur le processus qui s'opérait dans un travail de libération de la voix chantée et qui apportait tant de bienfaits.

Le contenu et la forme de ce livre
J'ai essayé au mieux de traduire et de transmettre l'amour, la joie, l'enthousiasme, la foi et l'expérience que j'ai dans le chant.
Afin que ce livre inspire le plus grand nombre, j'ai voulu qu'il soit riche d'une vision plurielle (poétique, métaphysique, métaphorique, philosophique, psychologique, pédagogique, pratique, humoristique) [5], qu'il respire entre profondeur et légèreté, qu'il soit aéré et enrichi d'histoires, de témoignages, poésies [6], dessins, notes d'humour, citations et notes en bas de page [7].

Mon vœu le plus cher est que ce livre soit pour vous une source d'inspiration, que vous y trouviez au moins une perle à vos yeux, qui fera vibrer votre cœur, qui vous fera vous exclamer « mmm », « ah », « wow », telle une révélation, tel un saut « cantique », qui vous donnera envie de mettre votre cœur en voix et de vous nourrir des merveilleux bienfaits de l'acte sacré de *Chanter au Cœur de Soi*.

---

5. De ces différentes facettes du chant abordées a naturellement jailli un tissage d'inter-reliance, dans lequel il y aura nécessairement des répétitions, ce qui est plutôt bien, car je crois au pouvoir de la répétition et du lien !
6. Toutes les poésies et notes d'humour sont de moi. Les mandalas, dessins et illustrations sont aussi mes créations, sauf que je les ai fait refaire ou adapter par des professionnels.
7. Je vous invite à les lire aussi (il y en a plus de deux cents !), car il y a des informations complémentaires dans lesquelles vous pourrez peut-être aussi trouver une perle de compréhension et d'inspiration !

Invitation pour une lecture intuitive, libre et jouissive !

Comme ce livre vous invite à libérer votre chant, offrez-vous aussi de la liberté dans votre lecture !

Au Cœur du Chant est un livre dense qui se lit, s'expérimente, s'infuse, se repose et se relit.
Il n'est pas important que tout vous intéresse. Les différents contenus et styles dans ce livre sont tel un buffet garni où il y en a, je l'espère, pour tous les goûts. Alors, prenez ce qui est bon et nourrissant pour vous !
Faites l'école buissonnière de la lecture !
Donnez-vous la permission de lire ce livre dans l'ordre ou le désordre qui vous enchante. Laissez-vous attirer par les styles qui vous inspirent le plus (philosophique, psychologique, poétique, dessins, notes d'humour, histoires et témoignages, exercices pratiques, citations, notes en bas de pages) et n'hésitez pas à sauter ce qui ne vous interpelle pas pour l'instant, vous y reviendrez plus tard, ou pas !
La compréhension et l'intégration se feront au fil de la lecture et des relectures, et surtout au fil de votre propre voyage avec votre voix et votre chant.
L'essentiel, je le rappelle, est que vous trouviez dans ce livre *une inspiration qui vous donne l'envie et l'élan de chanter !*

INTRODUCTION

Ce livre traite de l'importance de chanter, de son sens profond, de ses nombreux bienfaits et de la capacité qui est en chacun de nous d'utiliser ce formidable *outil de connexion, d'expression, de transformation et d'épanouissement de soi pour nourrir son chemin existentiel*[8].
Au Cœur du Chant se veut avant tout une source d'inspiration, un encouragement, un soutien, un baume de résilience pour nous aider à restaurer notre capacité naturelle à chanter dans la joie, la liberté et le lien.

Au cœur de mon chant,
je ressens la connexion profonde à la Matrice,
je libère mon expression créatrice,
je déploie ma puissance de Vie libératrice et pacificatrice,
et je génère en moi une transformation bienfaitrice.

Les trois parties de ce livre
La première partie interroge et réhabilite *le sens du chant* (le sens du chant étant au cœur de cet ouvrage, il sera aussi présent tout au long des deux autres parties).
Redonner sens à son chant, c'est lui trouver une raison d'être, une signification qui a de la valeur pour nous. Cette quête de sens est essentielle, car quand nous redonnons sens à notre chant, nous lui redonnons vie, et c'est une clé majeure pour insuffler l'envie de chanter !
Après un poème d'introduction qui traduit le sens profond que revêt l'acte de chanter pour moi, je partagerai avec vous ma vision existentielle du chant, dont la source est la Vie. Je vous ferai cheminer avec moi vers ma notion de *Chant Existentiel*, et vous ferai découvrir les deux polarités qui la structurent : la *Connexion* (la reliance) qui représente la face *Yin* cachée, et l'*Expression* qui représente la face *Yang* révélée. Chanter est une véritable danse entre ces deux faces ou pôles complémentaires, que nous chantions seul ou avec d'autres. Lorsque nous faisons chanter ainsi le vivant en nous, nous verrons que nous sommes nourris de nombreux bienfaits au pouvoir transformateur indéniable, un véritable acte médecine. Mon mandala « Au Cœur du Chant Je Suis Vivant » viendra résumer l'essence de cette première partie.

---

8. Par « chemin existentiel », j'entends un chemin qui donne du sens à notre existence, qui nous mène vers l'épanouissement de notre nature identitaire profonde et qui nous fait nous sentir entiers et comblés.

La deuxième partie présente de nombreux aspects pour *se ré-en-chanter*, et plusieurs témoignages et histoires, réels chemins de guérison, viendront illustrer mes propos. Vous y trouverez également de multiples invitations de mise en pratique simple et accessible qui sont incorporées un peu partout : à même le texte, dans des encadrés ponctuels ou bien concentrées dans le chapitre « Intégrer le chant dans sa vie quotidienne ».

Pour se remettre en chant, j'ai trouvé important de commencer par un état des lieux pour mettre de la lumière sur notre état de « non-enchantement » ou de « désenchantement », qui fait de nous des blessés du chant. Nous y verrons aussi les raisons que nous invoquons pour ne pas chanter, avec des premières pistes pratiques pour commencer à les déjouer, et nous serons invités à visiter en profondeur notre histoire avec le chant.

Nous découvrirons que restaurer et reconquérir notre pleine capacité et joie à chanter est un réel chemin de réconciliation, de guérison, de résilience, qui permet aussi de rétablir une connexion profonde à soi et aux autres et de libérer l'expression, l'émotion et la créativité.

Pour nous venir en aide sur ce chemin, nous allons voir que nous pouvons apprendre à créer un champ contagieux de « Sponsorat génératif » (générateur de Vie) qui fournit des espaces de soutien bienveillant et d'encouragement pour explorer notre voix et notre chant en toute sécurité et liberté. Ainsi fleurissent la résilience, la transformation et l'épanouissement de soi.

Découvrir que chanter est un instinct naturel avec lequel nous pouvons renouer est libérateur. Nous verrons que nous pouvons facilement restaurer notre capacité naturelle à chanter : en simplifiant notre rapport avec le chant, en passant du chant performance au chant reliance, en vivant moins d'enjeu et plus de jeu, en laissant pointer le nez de notre clown intérieur, en osant, en improvisant et en laissant jaillir des chants spontanés de l'instant présent.

Nous verrons également comment chanter permet l'expression de sa créativité, de ses émotions et de son identité, et cela est d'autant plus fort lorsque nous chantons habités, avec présence et écoute. À ce moment, nous célébrons la Vie et nous nous laissons traverser par son Chant sacré.

Pour terminer cette deuxième partie, un concentré d'explorations pratiques est proposé pour aider à intégrer le chant dans nos vies quotidiennes.

Enfin, *la troisième partie* est *mon témoignage* qui présente les faits marquants de mon histoire et de mon chemin avec le chant, et les leçons que j'en ai tirées.
C'est tout ce chemin qui a nourri mon rapport existentiel avec le chant.

Mettons du chant dans notre vie.
Mettons de la Vie dans notre chant, rendons-le vivant.
Mettons-nous en Vie par notre chant.
sentons-nous vivant en chantant.
Soyons En VIE de CHANTER !

Bon voyage au *Cœur du Chant*.
Bon voyage au cœur de votre chant !

REDONNER SENS À SON CHANT

L'esprit du chant ?
L'esprit est chant...

Au Cœur du Chant, chanter au Cœur de Soi

Au cœur de mon chant,
je chante au cœur de moi-m'aime
et dans cette résonance,
je fais vibrer la reliance à mon essence.

Au cœur de mon chant,
je libère ma voix et ma joie,
et l'Hymne à la Vie se déploie,
pulsation vibrante au cœur de mon être.

Oh, que mon chant de Vie jaillisse,
qu'il soulève mon âme,
qu'il me rende vivante, vibrante,
car la symphonie de l'Univers l'attend.

Quand je chante avec mon cœur
et mon propre son,
je rentre en vibration au plus profond,
en diapason avec ma respiration,
en connexion avec mes émotions,
avec la source de mon expression,
et ma voix me nourrit
au cœur de la grande pulsation de la Vie.

Quand je chante dans ma cathédrale
intérieure,
avec ma voix souveraine,
ma voix s'ouvre reine
et d'une résonance cantique
je deviens co-créatrice
dans le grand Chant de la Vie.

Quand je chante au cœur de moi-même,
là, tout au creux de moi,
de l'endroit en moi qui sait,
de mon centre de sagesse éternelle,
alors une caresse ineffable, une paix
immuable,
et je me ressource à ma Source.
Là, la Vie est chez Elle et je chante en Elle.

Quand je chante en pleine présence,
je deviens habitée par l'esprit du Chant,
je chante la Vie
et la Vie vient chanter en moi.
J'officie ainsi une fonction sacrée
qui me fait toucher la transcendance,
qui donne à ma vie, joie et sens.

Au cœur de mon chant,
je suis au cœur de moi,
le chanteur, le chant et la Présence chantée.

Au cœur de mon chant,
je suis vivant.

Au cœur de mon chant,
Je Suis.

Je chante
donc je suis...

UNE VISION EXISTENTIELLE DU CHANT

À LA SOURCE DU CHANT : LA VIE

Chanter nous connecte à une source profonde, au commencement de la Vie et au commencement de notre vie…

Le chant au commencement de la Vie

J'ai baigné dans la culture judéo-chrétienne, pour laquelle l'origine du monde serait le *Logos*, mot grec qui a été largement traduit par *Verbe* (ou *Parole*) : « *Au commencement était le Verbe et le Verbe était avec Dieu et le Verbe était Dieu*[9] ».

Quand nous prononçons une parole, nous émettons un son. D'ailleurs, le mot *Logos* signifierait aussi le *Son*, alors nous pouvons dire : « *Au commencement était le Son et le Son était avec Dieu et le Son était Dieu* »…

Cette théorie du Son créateur associé à la Genèse, qui se retrouve dans beaucoup de traditions, daterait de plus de 5 000 ans. Les Upanishads, écritures millénaires sacrées en Inde, disent que le cosmos fut créé en prononçant le son primordial *OM*, syllabe-racine sacrée dont la vibration serait à l'origine de l'univers[10].

« *Mon corps a pris feu comme du charbon ardent, tandis que j'introduisais en moi la syllabe OM, celle qui dit : Tu es Cela.* » Poème de Lalla

Pythagore parlait de la Musique des Sphères, les astrophysiciens parlent du Bigbang (explosion sonore) et la physique quantique nous dit que chaque atome est issu de l'énergie d'une vibration. Il est donc maintenant de plus en plus admis par la science que l'Univers serait créé par le son, que la vibration sonore primordiale serait ce qui touche de plus près l'essence de toute manifestation.

« *Créé par le Verbe de Dieu, l'Homme est vibration secrète qui le modèle et le sculpte, le module et le chante jusqu'à ce qu'il devienne Verbe* ». Annick de Souzenelle

9. Prologue de l'Évangile selon St-Jean.
10. En Inde, il est aussi dit que « la Création a émergé du Mouvement primordial, de la Danse génératrice de Shiva ». Le son et le mouvement sont indissociables (la vibration sonore est un mouvement) et la *danse et le chant sont deux voies primordiales de célébration de la Vie.*

Au commencement de la Vie était donc le Chant de la Création, la vibration sonore, le OM primordial et le Verbe… Chanter !

Je chante et me mets en résonance
avec la Vibration de l'univers,
avec le Chant de la création du monde.

Le chant au commencement de notre vie

Nous sommes nés avec deux instruments biologiques de musique à part entière : notre cœur qui bat et notre voix qui chante. Notre premier langage est musical !
Un proverbe amérindien dit : « *La Vie commence quand on entend le son du tambour pour la première fois* ». Ce son du tambour est le rythme primordial de la Vie que nous entendons *in utero* à travers le cœur de notre mère qui bat.
Grâce à Alfred Tomatis, nous savons maintenant que l'audition est le sens le plus ancien que nous avons : l'oreille est le premier organe à se former dans le ventre de la mère et dès le quatrième mois, le fœtus entend battre le cœur de sa mère.

Puis, dès son premier souffle, le nouveau-né exprime son premier cri, où il manifeste son impulsion à vivre, à s'exprimer et à être en lien.
Quelque temps plus tard, il fera librement et joyeusement ses premières explorations avec sa voix, et vocalisera ses premiers chants « arreu-arreu », et ce, bien avant de parler.
Le son est donc un *moyen de contact et une expression primale* antérieurs à la parole.

À mon commencement était la Vie.
Celle-ci a chanté et dansé et je suis née.
Chaque venue au monde est ainsi une gloire à la Vie.
Dès mon premier cri, je fais entendre ma voix :
« Je suis arrivée, j'existe, je suis là ! »
J'ai cette capacité de créer avec ma voix
de la musique, mon chant unique,
et de contribuer à la symphonie universelle.
Pour me connaître, j'ai besoin de m'entendre,
de me faire entendre et d'être entendue.
Si je n'exprime pas mon chant, il sera perdu.

Nous sommes donc nés avec cette capacité innée de chanter[11].
C'est un droit de naissance et *c'est notre essence.*
Nous portons en nous cette flamme depuis la nuit des temps.
Nous faisons partie intégrante du Chant de la Vie.

---

11. Et de danser. Au cœur de nos cellules, de la nature, de l'univers, la Vie chante et danse.

« *Samasati : Rappelle-toi qui tu es.* » Bouddha

« *Toutes les initiations ont à voir avec le besoin de se souvenir de qui l'on est* ». Paule Lebrun

Au cœur de mon chant, *je me rappelle, je me souviens* de mon origine, la Vibration primordiale de l'univers, et je me ressource en Elle, La manifeste et La célèbre.
Au cœur de mon chant, je me rappelle à moi-même. J'appelle mon moi profond à se réveiller, à manifester sa grandeur. Je me souviens [12] de qui je suis dans mon essence : un être libre, joyeux, relié, affectif, expressif, créatif, célébrant, transcendant, bienveillant, tendre et puissant.

Au cœur de mon chant, je reviens chez moi, en moi.

« *Les gens disent que l'âme, en entendant le Chant de la Création, est entrée dans le corps, mais en réalité, l'âme était le Chant.* » Hafiz (traduction libre)

12. Dans mon pays d'origine le Québec, « *Je me souviens* » est le slogan écrit sur les plaques d'immatriculation. Il faudrait y ajouter « Je me souviens... de mon essence » ! (pas avec ou sans plomb !).

AU CŒUR DU CHANT : UN CHANT EXISTENTIEL

Vers une définition existentielle du verbe chanter

Tout d'abord, j'aimerais attirer votre attention sur le fait que la façon dont nous définissons le chant va en induire le sens et le bienfait.
En effet, la *définition* (le *qu'est-ce que chanter*), le *sens* (le *pour quoi*[13] chanter) et le *bienfait* (l'*effet*, le *fruit* de l'acte de chanter) sont trois notions qui s'entrelacent et « s'entrechantent », chacune induisant les deux autres.
Par exemple : si la joie est le sens que je donne à mon chant, le bienfait sera que lorsque je chante, je me mets en joie et ma définition sera : chanter, c'est me mettre en joie. Si je constate qu'un des bienfaits de chanter est que je me sens exister, le sens sera de chanter pour me sentir exister et ma définition sera que chanter, c'est exister. De même, si je définis le chant comme une suite de notes qui s'élèvent et s'abaissent, je n'en vivrai pas le sens et le bienfait de la même manière que si je le définis comme le fait Rainer Maria Rilke : « *Chanter c'est être, chanter c'est une onde sonore en Dieu* ».

Cette précision étant faite, voici des éléments de ma définition existentielle du verbe chanter, qui lui donne autant de sens et de bienfaits inter-reliés !

* Chanter est une *voie vers moi (la connexion) pour donner voix à qui je suis (l'expression)*.
(Le prochain chapitre est consacré à ces deux polarités du chant).

* Chanter est un *rendez-vous sacré*[14] de souffle, de son, d'émotion, de vibration.
C'est une *rencontre intime avec moi* et mon essence profonde. C'est inviter l'Être en moi, entrer dans la résonance de la Vie et sentir Sa pulsation vibrer au cœur de mon être.
C'est aussi une rencontre intime *avec les autres et avec l'univers qui chante.*

* Chanter est *un catalyseur de l'expérience intérieure*, un réel *sésame* qui *libère* les potentialités : une voix à l'intérieur de moi attend pour se réveiller, se délier, se libérer, se révéler, afin que je puisse me relier, m'exprimer, me transformer et célébrer.

* Chanter est *un acte de reprise de pouvoir personnel*[15] qui permet de nous réapproprier le pouvoir de la respiration, de la vibration sonore (et du silence), de l'écoute, de la reliance (la connexion), du partage, de l'émotion (et notamment beaucoup de joie), de l'expression, de la créativité, de l'identité, de la transcendance, de la transformation, de la célébration de la Vie.

---

13. J'écris délibérément « pour quoi » et non « pourquoi », parce que je mets l'accent sur le but, le vers quoi je chante.
14. Un rendez-vous est sacré quand j'y mets : importance, conscience, présence, profondeur, appréciation.
15. Dans le sens du terme anglais « empower », qui n'a pas d'équivalent en français. Mon titre de livre en anglais pourrait être *Empowerment through singing*, c'est-à-dire « Se réapproprier son pouvoir personnel en chantant ou à travers le chant ».

* Chanter est une *expression identitaire fondatrice* et un *outil de réconciliation avec sa voix* (le chapitre neuf développe ces aspects).

* Chanter est *une matrice de Vie*, un champ des possibles, un creuset alchimique où *je deviens co-créateur* : je crée des sons, des mélodies, des rythmes, des harmonies, des émotions, du lien, du sens, du bien-être, de la transformation.

* Chanter est à la fois *une nourriture* profonde, pour le cœur, le corps et l'âme et *une offrande* de sa voix et de son être entier. Dans l'étreinte d'un cœur et d'une voix, je donne et je reçois.

* Chanter est *une prière, une communion, une célébration, un hymne à la Vie.*

* Chanter est *une voie de transformation, une voie d'épanouissement existentielle* qui permet de restaurer une pulsation génératrice de Vie (génératrice de connexion, d'expression, d'élan vital, d'émotion, de créativité, de partage, de communauté, de célébration...).

> ***Invitation***
> Prenez une feuille et écrivez votre propre définition du chant ou surlignez les éléments de ma définition qui vous inspirent et vous donnent envie de chanter !

Genèse de mon appellation « Chant Existentiel »

Dès le début de l'écriture de ce livre, le titre *Au Cœur du Chant* s'est imposé à moi car je voulais aller à l'essence de l'acte de chanter. Par contre, j'ai cherché longtemps pour trouver un qualificatif qui exprimerait la quintessence de ce chant, ou de cette *qualité de relation* à notre chant[16], que je cherchais tant à nommer à travers ces mots *Au Cœur du Chant.*
Alors au fil du temps, j'ai trouvé et envisagé ces différentes appellations :
- chant *Archaïque* ou *Primordial*, parce que nous portons tous en nous la capacité innée de chanter depuis la nuit des temps,
- chant *Nourricier*, car chanter nous nourrit de nombreux bienfaits,
- chant *Reliance*, sans stress de performance, qui nous relie à nous-mêmes, aux autres et au Tout,
- chant *Biogénérateur ou Biogénératif*, terme qui veut dire pour moi « générateur de Vie », et c'est ce dont il est question ici, d'un chant qui génère la Vie : mettre de la Vie dans son chant et se mettre en Vie par son chant,
- chant *Biocentrique*[17], qui signifie mettre la Vie au centre, et encore ici, c'est ce dont il s'agit, mettre la Vie en soi et dans son chant,

16. Car comme dans toute autre activité, quand nous chantons, nous pouvons être présents ou absents, reliés ou coupés, impliqués ou désengagés, dans le stress de la performance ou dans la joie de la reliance, nous pouvons ouvrir notre écoute ou la fermer, ouvrir notre cœur ou le fermer...
17. Terme utilisé en Biodanza et d'où a émergé l'appellation « éducation biocentrique ».

- chant *Viventiel* (du nom espagnol Vivencia[18] qui veut dire moment vécu intensément dans l'instant présent), car c'est un chant que je *vivencie*[19] (*vivant-si !*), c'est-à-dire auquel je donne de la présence, de l'intensité, de la Vie,
- chant *Bio-Intégrant*, parce qu'il permet d'intégrer plus de Vie en soi.

Malgré toutes ces appellations trouvées, j'ai continué à chercher un qualificatif qui regrouperait tous ces aspects et qui nommerait ce chant qui *nourrit profondément mon existence et mon sentiment d'exister.*
Puis un jour soudain m'est apparu comme une évidence fulgurante :
Au Cœur du Chant... est un *Chant... Existentiel*[20]!
(Alors bien évidemment, vous l'aurez deviné, le *Chant Existentiel* est aussi un chant *archaïque, primordial, nourricier, reliance, biogénérateur ou biogénératif, biocentrique, viventiel et bio-intégrant...* !)

Par *Chant Existentiel*, j'entends un chant, ou une qualité de relation avec son chant, qui a une *portée d'épanouissement existentielle*, c'est-à-dire :
- qui nourrit un sentiment d'exister et une sensation d'être intensément vivant,
- qui permet une écoute et une expression profonde de soi[21],
- dans lequel je chante non pour faire et produire un résultat extérieur (la performance) mais davantage pour être (la reliance) : *je ressens, je me relie, je m'exprime, je crée, je me déploie, je partage, je me transforme, je célèbre en chantant,*
- qui est générateur de vie, de potentialités, de ressources, de bienfaits, de bien-être,
- qui est habité : je donne de la vie à mon chant, je me mets en vie par mon chant,
- qui est au service de la Vie, avec une intention aimante, pour soi, pour l'autre,
- qui fait appel à cette capacité naturelle innée que nous avons tous de chanter et d'y trouver joie, sens et nourriture pour le corps, le cœur et l'âme.

Quand nous avons cette qualité de relation avec notre chant, chanter devient alors une véritable *voie d'épanouissement existentielle*. Chanter a une telle portée existentielle.

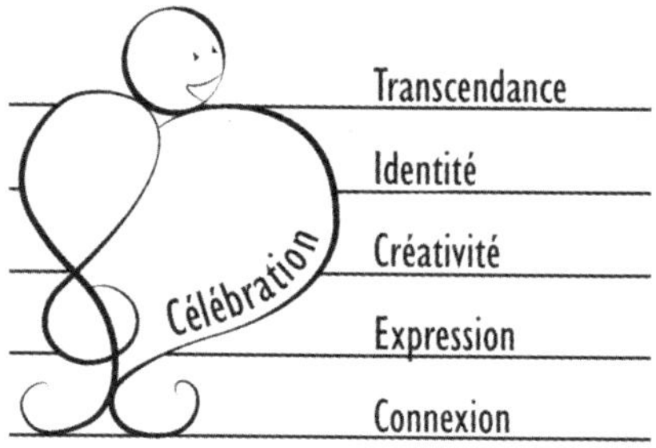

18. Mot sans équivalent en français, utilisé en Biodanza. Je me permets la liberté de transformer ce nom féminin espagnol en adjectif français. Voir note en bas de page n°192 pour la définition de la Biodanza.
19. Je me permets aussi la liberté de le transformer en verbe !
20. Le Chant Existentiel est une appellation que j'ai créé et déposée et qui apparaîtra dans mes communications futures.
21. Dans mon approche du Chant Existentiel, le mouvement intérieur de Connexion est aussi important que le mouvement extérieur d'Expression.

LA CONNEXION ET L'EXPRESSION : LES FACES YIN & YANG DU CHANT

La Vie chante.
À moi de m'y connecter, à moi de l'exprimer.

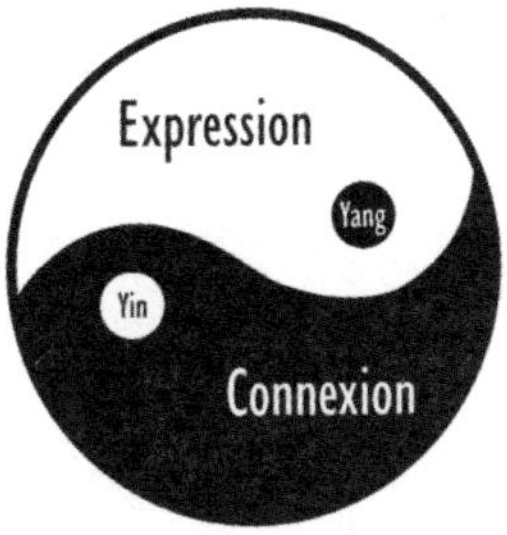

Dans ce chapitre, vous allez découvrir les deux polarités qui structurent désormais ma vision existentielle du chant : la *Connexion*[22] (*la reliance*), qui représente la *face* intérieure *Yin*, et *l'Expression*, qui représente la *face* extérieure *Yang*.
Pour vivre la plénitude de notre Chant Existentiel, nous avons autant besoin de chanter pour nous relier à nous-mêmes, aux autres et à la Vie que pour exprimer profondément qui nous sommes (nous avons autant besoin de communion que de communication).

Une nouvelle perception et représentation du chant

Dans notre société qui valorise davantage la création de biens que la création de liens, davantage la performance que la reliance, il n'est pas étonnant que le chant soit surtout véhiculé en tant qu'*expression artistique*, voire en tant que *performance artistique*.
Alors que chanter est bien plus que cela.
Chanter permet *une expression profonde de soi* : de ses émotions, de sa créativité, de son identité. Chanter permet aussi *une connexion profonde à soi*. Cette autre dimension, méconnue et non valorisée, est le *vécu intérieur du chant* et il est tout aussi important que l'expression extérieure, voire plus.

Comme vous le découvrirez dans mon témoignage, à quatre ans lorsque je racontais mes journées en chantant, j'étais spontanément, comme beaucoup d'enfants, dans cette connexion et cette expression de la Vie. En grandissant, j'ai reçu et intégré le message que chanter était une performance artistique, voire un métier. J'ai alors perdu la conscience de ma connexion intérieure en chantant pour ne me concentrer que sur l'expression extérieure, en donnant mon chant aux autres lors de spectacles.

---

22. De l'anglais « to connect, to feel connected » qui veut dire « relier, se mettre en lien, se sentir relié ».
Mis à part la « connexion internet », ce terme est peu utilisé en français. Les mots-clés de la connexion sont pour moi : présence, lien et intériorité, et à l'inverse, les mots-clés de la déconnexion sont : *absence, coupure*.
Se déconnecter de la technologie, se connecter à la Vie !☺

Il m'a fallu tout un cheminement pour arriver à voir et à vivre le chant de façon plus large, c'est-à-dire comme un formidable outil d'*expression identitaire*. Malgré cette vision élargie, je portais encore essentiellement mon attention sur la *face extérieure* du chant, que je sentais comme un *mouvement qui allait vers l'extérieur*.
Puis, il y a quelques années, j'ai pris conscience que chanter était un tout aussi formidable *mouvement vers l'intérieur*, avec cette face cachée du chant que constitue la *Connexion*. Dans cette dimension, c'est le vécu intérieur du chant qui compte, c'est-à-dire *comment* notre chant (ou le fait de chanter) nous fait vibrer et *nous nourrit de l'intérieur*.

Cette nouvelle perception et représentation du chant a été une révélation pour moi.
Je ne chantais donc pas que pour libérer mon expression, je chantais aussi pour sentir ma connexion !
Avec cette prise de conscience, je récupérais enfin l'autre moitié perdue de mon vécu du chant, l'autre moitié perdue de moi. Je retrouvais la sensation d'entièreté en chantant.

Depuis lors, je parle du chant comme un formidable allié pour restaurer cette *double pulsation de Vie* :

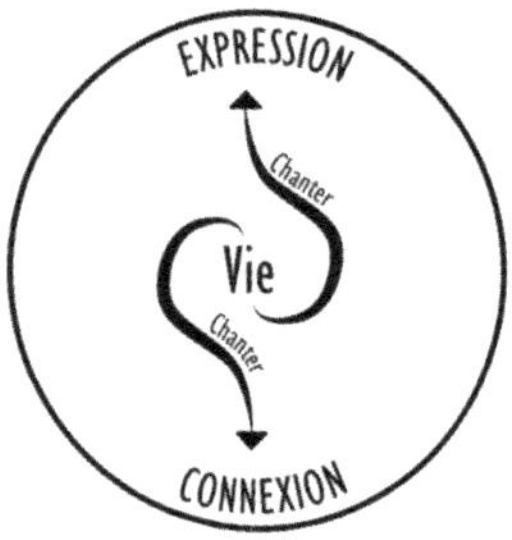

Se connecter à l'intérieur et s'exprimer à l'extérieur.
Et si chanter est un art, il est pour moi l'art de cette *double danse* : être en même temps *en relation avec l'intérieur (la connexion) et en relation avec l'extérieur (l'expression).*

Mon chant résonne en moi et à l'extérieur de moi.
Quand je chante, je danse avec
la connexion à la Vie et l'expression de la Vie.

Au fil du temps, je suis arrivée à voir que ce *double mouvement chanté* Connexion-Expression constituait un véritable *Continuum*, c'est-à-dire un ensemble dont les éléments complémentaires se nourrissent et se potentialisent mutuellement. J'ai représenté ce *Continuum Connexion-Expression* dans un axe vertical avec le mouvement de la Connexion intérieure vers le bas et le mouvement de l'Expression extérieure vers le haut.

Ces *deux polarités* sont inséparables et constituent un tout, dans lequel nous pouvons passer de l'une à l'autre de façon continue.
En effet, ma connexion en chantant me permet d'aller vers une expression plus authentique, vivante, libre, créative, comme l'expression de mon chant me permet d'aller vers une plus grande connexion intérieure.

Cependant, bien que la connexion et l'expression en chantant se fassent simultanément, je peux décider de mettre mon intention et mon attention plus sur l'une ou l'autre de ces dimensions : *chanter pour libérer l'expression* ou *chanter pour me connecter* profondément.
Je suis persuadée qu'en portant ainsi notre conscience et notre attention sur ces deux dimensions présentes dans l'acte de chanter, la Connexion et l'Expression, nous enrichissons notre champ de perception, de nous-mêmes et de notre chant.

Différents niveaux de Connexion-Expression en chantant

Sur ce *Continuum*, nous pouvons vivre notre chant avec différents niveaux de Connexion et d'Expression. Je vais vous en présenter ma grille de lecture, qui permet de mettre des mots sur notre vécu et de mieux comprendre le chemin de développement potentiel qui existe pour tendre vers une pleine Connexion et une pleine Expression en chantant.

Voici ma description de cinq principaux niveaux de Connexion et d'Expression en chantant :

* *une petite connexion* : il m'est difficile de chanter en écoutant à l'intérieur de moi-même ou en contactant l'émotion. Je me sens peu présente, peu engagée dans mon chant. Je suis plus en superficie qu'en profondeur. Mon chant ne m'émeut pas et ne me nourrit pas. (C'est ce que j'appelle chanter sur « pilote automatique »).

* *une petite expression* : je me sens limitée dans ma capacité d'expression à la fois vocale, créative et émotionnelle. J'ai une petite étendue vocale, j'ai des difficultés à sortir ma voix, à accéder à ma puissance et/ou à ma tendresse vocale. Il est difficile d'exprimer mes émotions et ma créativité dans mon chant.

* *une moyenne expression* : je chante avec une certaine aisance, liberté et créativité vocale, mais par manque de connexion profonde, je me sens limitée dans ma capacité de présence et d'expression émotionnelle en chantant.

* *une grande connexion* : je chante en connexion profonde avec moi-même. J'écoute, je sens, je suis présente, engagée dans mon chant. Celui-ci a du sens pour moi et je suis nourrie et émue par lui.

* *une grande expression* : je chante avec une grande liberté d'expression à la fois vocale, émotionnelle et créative. Je joue facilement et librement avec ma voix, je peux chanter avec douceur et puissance, avec légèreté et profondeur. J'ai également une grande capacité pour exprimer mon chant avec créativité, émotion, nuances et vie. Je chante avec présence.

À partir de ces différents niveaux de Connexion et d'Expression, plusieurs combinaisons sont possibles.

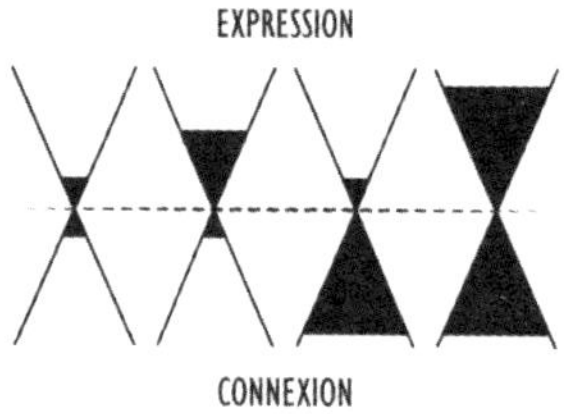

Pour en faciliter la compréhension, je les ai schématisés par la forme de deux entonnoirs inversés. Celui du bas représente la Connexion et celui du haut, l'Expression, et chaque entonnoir peut avoir différents niveaux de « remplissage » (en foncé).

Par exemple :
- je peux être en difficulté sur les deux niveaux, c'est-à-dire pour me connecter et m'exprimer en chantant ;
- je peux chanter avec une certaine aisance vocale sans être connectée profondément en moi ;
- je peux avoir une capacité vocale limitée mais chanter de façon habitée, avec une connexion profonde et être complètement nourrie de mon chant (et les autres aussi !) ;
- je peux chanter en ayant mes deux capacités de connexion et d'expression unifiées, intégrées : je me connecte aussi profondément que je m'exprime librement. Je chante avec authenticité, présence, aisance, liberté vocale, émotionnelle et créative.

Au fil des pages, nous verrons comment cheminer vers la plénitude de notre chant existentiel, notamment : en redonnant du sens à notre chant, en développant l'écoute, la présence, l'attention au ressenti, en osant explorer et expérimenter avec notre voix chantée de façon ludique, libre, créative, ainsi qu'en libérant les blocages émotionnels qui entravent notre liberté à chanter.

Les éléments complémentaires Yin-Yang du chant

Un jour, il m'est apparu que la Connexion représentait la face *Yin* du chant et l'Expression, la face *Yang*. À partir de cette nouvelle représentation où les deux dimensions du chant sont réunies dans ce symbole universel d'unité, j'ai affiné ma lecture et ma perception des différents éléments complémentaires de ces deux polarités du chant.
Les voici d'abord présentées séparément et ensuite remises en relation dans un tableau synthétique avec leurs mots-clés.

– La polarité Yin du chant : la Connexion
Je chante pour établir et sentir la connexion profonde et intime avec moi, avec les autres et avec la Vie. *C'est la face invisible, cachée, intime du chant, dans laquelle le vécu intérieur est important.*

Chanter est alors un chemin pour revenir en moi, me rendre présente et vivante. Je délie ma voix pour me relier à l'intérieur de moi-même. Je chante au cœur de moi, je nourris la relation avec moi. À travers la vibration de mon chant, j'ai une conscience intensifiée de mon intériorité et je contacte mes ressources (mes émotions, ma créativité, ma vitalité, ma tendresse, ma puissance...).

Dans cette *polarité Yin,* chanter est un mouvement intériorisant, un revenir vers. L'attention, le regard et l'écoute sont tournés vers mon monde intérieur (fermer les yeux peut aider à mieux sentir la connexion). C'est une porte pour laisser entrer en moi : j'inspire, je laisse entrer et descendre l'air, le son, la vibration, l'émotion. C'est la force centripète de concentration qui me relie à mon centre. C'est le pôle féminin : réceptif, accueillant, sensible, lunaire, de l'ordre de la gestation. C'est le monde souterrain de la communion, la profondeur, l'invisible, l'inaudible, l'impalpable, l'implicite, les racines, le germe (les éléments terre et eau). C'est un appel de la Vie et je peux vivre un état d'intase[23].

– La polarité Yang du chant : l'Expression

Je chante pour exprimer qui je suis et ce que je ressens à l'intérieur de moi. Je chante pour libérer l'expression créatrice de la Vie. *C'est la face visible, révélée, sociale du chant dans laquelle l'expression extérieure est importante.*

Chanter est alors un chemin pour laisser jaillir et libérer l'expression de ce qui m'habite (mes émotions, ma vitalité, ma tendresse, ma puissance, ma créativité...).

Dans cette *polarité Yang,* chanter est un mouvement extériorisant, un aller vers. L'attention, le regard et l'écoute sont tournés vers le monde extérieur, pour être avec les autres, pour entendre la vibration extérieure de ma voix (avoir les yeux ouverts aide). C'est une porte pour laisser sortir de moi : j'expire, je laisse sortir l'air, le son, la vibration, l'émotion. C'est la force centrifuge d'expansion qui me relie à la périphérie. C'est le pôle masculin : émissif, pénétrant, fort, solaire, de l'ordre de la création. C'est le monde aérien de la communication, la hauteur, le visible, l'audible, le palpable, l'explicite, les branches, les fleurs (les éléments air et feu). C'est une réponse de la Vie et je peux vivre un moment d'extase[24].

23. Sensation d'abandon profond à mon intériorité, me percevoir dans ma beauté.

24. Sensation d'ouverture et éveil à la beauté extérieure. Désigne aussi un état où l'on se sent transporté hors de soi avec un ravissement extrême.

TABLEAU DE SYNTHÈSE : Les faces Yin et Yang du chant

La face Yin : La Connexion	La face Yang : L'Expression
Mouvement de revenir vers l'intérieur	Mouvement d'aller vers l'extérieur
Face invisible, cachée, souterraine	Face visible, révélée, aérienne
Ressentir, écouter, connecter, se relier	Exprimer, libérer
L'important est le vécu intérieur	L'important est l'expression extérieure
Attention intérieure, présence à soi	Attention extérieure, présence au monde
Écoute (oreille) interne	Écoute (oreille) externe
Vibration intérieure inaudible, impalpable	Vibration extérieure audible, palpable
Lien intime, être avec soi	Lien social, être avec les autres
Communion	Communication
Entrée	Sortie
Appel	Réponse
Inspir	Expir
Laisser descendre	Laisser jaillir
Être à l'intérieur	Être à l'extérieur
Introversion	Extraversion
Centre	Périphérie
Concentration	Expansion
Force centripète qui relie au centre	Force centrifuge qui diffuse, rayonne
Féminin	Masculin
Réceptif, accueillant	Émissif, pénétrant
Profondeur	Hauteur
Implicite	Explicite
Lunaire, gestation	Solaire, création
Racines, germe	Branches, fleurs
Terre, Eau	Air, Feu
Intase	Extase
Yeux plutôt fermés	Yeux plutôt ouverts

Chanter, la rencontre de deux Continuums et sa représentation

Après avoir identifié ce premier *Continuum Connexion-Expression*, il m'en est apparu un deuxième que j'ai appelé le *Continuum Soi-l'Autre*, qui permet de relier le besoin de connexion et d'expression *individuelle (chanter avec soi, pour soi)* et *collective (chanter avec l'autre, pour l'autre)*.

Soi ◄------ Continuum ------► l'Autre

J'ai représenté ce Continuum dans *un axe horizontal,* avec un mouvement intérieur vers la gauche, dans lequel je chante *vers moi, avec moi, en chant individuel* ; et un mouvement extérieur vers la droite, dans lequel je chante *vers l'autre*[25], *avec l'autre, en chant partagé* (tout en restant en présence de moi).

La rencontre de ces deux axes, de ces deux Continuums, génère quatre mouvements ou *possibilités de vécu du chant.*

J'espère que cette nouvelle perception et représentation vous permettront d'enrichir votre vision et votre vécu du chant.

* ***La Connexion avec soi*** (chant individuel)
  C'est un double mouvement vers l'intérieur, avec un mouvement *vers la connexion* et un mouvement *vers soi.*
  Je chante pour le *plaisir* de la *connexion individuelle,* en présence *avec moi.*
  Je chante pour ressentir, me relier à mon essence profonde et à mon élan de vie, pour écouter le chant de la Vie vibrer en moi.

* ***La Connexion avec l'autre*** (chant partagé)
  C'est un mouvement vers l'intérieur, *vers la connexion*, et un mouvement vers l'extérieur, *vers l'autre*.
  Je chante pour le *plaisir* de la *connexion partagée,* en présence *avec l'autre, ensemble.*
  Je chante pour partager, communier, nous relier.
  La connexion *avec l'autre* peut prendre deux formes : soit nous chantons pour la connexion en unissant nos voix (je chante *avec l'autre*), soit je suis seule à chanter et j'offre mon chant à l'autre (je chante *pour l'autre*) dans une intention de connexion, de lien, de partage.

* ***L'Expression avec soi*** (chant individuel)
  C'est un mouvement vers l'extérieur, *vers l'expression*, et un mouvement vers l'intérieur, *vers soi.*
  Je chante pour le *plaisir* de *l'expression individuelle,* en présence *avec moi.*

---

25. Une autre personne, un groupe de personnes ou même une autre dimension plus grande que moi (l'univers, la nature...). Je peux donc me connecter et m'exprimer pour être : avec moi, avec l'autre et avec plus grand que moi.

Je chante pour sortir du silence, pour m'entendre, m'écouter, exprimer à l'extérieur ce qu'il y a à l'intérieur de moi, libérer mes émotions et ma créativité.

* ***L'Expression avec l'autre*** (chant partagé)
  C'est un double mouvement vers l'extérieur, avec un mouvement *vers l'expression* et un mouvement *vers l'autre*.
  Je chante pour le *plaisir* de *l'expression partagée*, en présence *avec l'autre, ensemble.*
  L'expression *avec l'autre* peut prendre deux formes : soit nous chantons pour nous entendre, résonner, co-créer ensemble (je chante *avec l'autre)*, soit je suis seule à chanter et je donne mon chant à l'autre (je chante *pour l'autre*) dans le désir de me faire entendre de lui.

Voici une représentation graphique qui résume ces quatre mouvements de chant Connexion-Expression, vers Soi-vers l'Autre.

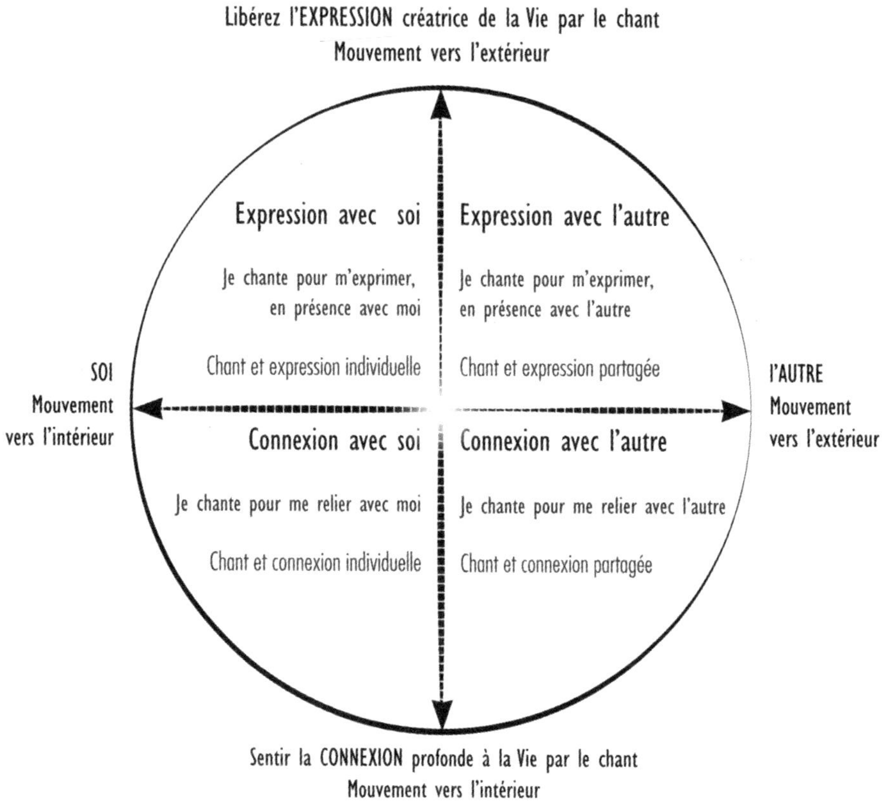

Quand nous restaurons cette double danse Yin-Yang de Connexion et d'Expression par le chant, avec soi et les autres, nous allons voir que nous sommes nourris de nombreux bienfaits.

LES BIENFAITS DE CHANTER

Mettre de la conscience sur les bienfaits de chanter

Alors qu'il est facile pour moi d'identifier les bienfaits de chanter, j'ai réalisé que les personnes que j'accompagnais n'avaient pas toujours cette conscience des bienfaits pour eux. J'ai donc commencé à leur demander systématiquement : *Pourquoi voulez-vous chanter ? Qu'est-ce que chanter représente pour vous ? Qu'est-ce que cela vous apporte ?* J'ai constaté que cette *mise en mots*, cette *mise en conscience*, leur permettaient ensuite de vivre le chant *plus pleinement* et *de mieux en apprécier le sens et les bienfaits* !

Dans mes stages, j'invite souvent mes participants à dessiner une fleur à cinq pétales sur une grande feuille pour ensuite leur poser ces trois questions ouvertes :
Quand je chante je .... ? (les bienfaits)
Je chante pour .... ? (le sens, le pour quoi chanter)
Chanter c'est .... ? (la définition)

Je les invite alors à choisir la question qui leur parle (leur chante !) le plus et à écrire dans les pétales dessinés les réponses[26] qui émergent pour eux.
Quand ensuite nous les partageons en groupe, je suis toujours épatée et émue de la richesse et de la profondeur de ces réponses, d'autant que la plupart d'entre eux me disent n'avoir jamais réfléchi à ces questions avant.

> ***Invitation***
> Prenez une feuille et dessinez une fleur avec cinq grands pétales.
> Choisissez une de ces trois questions :
> *Quand je chante je... ? Je chante pour... ? Chanter c'est... ?*
> Écrivez spontanément une réponse dans chaque pétale.

Au fil de mes stages, ateliers et cours, j'ai récolté des centaines de réponses (les miennes incluses) qui sont apparues sous trois différentes formes : en nom, en verbe ou en adjectif, dépendant de la question choisie par le participant.
Par exemple, autour du thème de la joie, j'ai pu retrouver ces trois formulations de réponses :
Chanter c'est... *la joie* (un nom, qui correspond à la *définition*).

26. Il est arrivé que des participants écrivent « quand je chante, je chante faux ou c'est souffrant ». Quand ils partagent cette réponse, j'accueille avec eux cette souffrance et ensuite je leur propose de refaire avec cette phrase : « Quand je chante, j'aimerais ressentir... », afin de mettre l'attention sur ce qu'ils aimeraient arriver à vivre en chantant.

Quand je chante je... *me mets en joie* ou je *suis joyeux* (un verbe ou adjectif qui correspond au *bienfait*).
Je chante pour... *me sentir joyeux* (un verbe ou adjectif qui correspond au *sens*).
J'ai séparé ici les trois formes pour le besoin de l'explication, mais dans les faits, *chacune des formes sous-entend les deux autres*. Vous vous rappelez, j'entremêle ces trois notions : définition, sens et bienfait !
Afin de refléter avec cohérence cette richesse collective de réponses, j'en ai uniformisé la forme avec la phrase « *Quand je chante je...* » et j'ai regroupé et synthétisé les réponses dans une quinzaine de catégories[27]. (J'ai aussi regroupé sur une même ligne ou dans une même phrase, des propos de différentes personnes qui allaient dans le même sens).
Allons maintenant découvrir cette riche palette de mots exprimés pour décrire l'abondance des bienfaits de chanter, qui lui donnent tout son sens !

La richesse collective des réponses : Quand je chante...

* **Je me sens vivant, j'existe**
  Je me sens vivant. Je me sens exister. Je m'anime. Je vis. Je retrouve une étincelle.
  Je chante mon oui à la Vie. Je chante ma joie d'exister.
  J'ose être moi-même. Je me révèle. Je suis identifiée.
  Je me trouve, me retrouve. Je suis moi.

* **Je m'exprime**
  J'exprime qui je suis. Je me fais entendre, je fais entendre ma voix. C'est une expression intime.
  Je sors quelque chose de moi, pour me connaître, pour sortir du silence.
  Je libère la parole, le cri et l'émotion.
  J'exprime et libère mes émotions : je chante ma colère, ma tristesse, ma gaieté, ma douceur, ma puissance.

* **Je me sens relié**
  – **à moi** : *cela m'aide à aller à l'intérieur, à me relier à mon être profond. J'entre dans une présence à moi-même. C'est une rencontre, une communion intime avec moi. Je me reconnecte à l'essentiel, à ma source. Je me réunifie.*
  – **à l'autre :** *c'est une communion, un partage, une écoute mutuelle. C'est être en lien avec les autres.*
  – **à plus grand que moi, à la Vie** : *je me sens connectée à quelque chose de profond, de sacré. La Vie chante à travers moi.*

27. Certaines phrases auraient pu se retrouver dans différentes catégories, d'ailleurs, certaines le sont !

* **Je ressens joie et plaisir**
  Je me mets en joie, me remplis de joie. Je me sens joyeux. J'ouvre mon cœur à la joie et je la laisse entrer en moi. Je suis heureuse, épanouie.
  Je ressens du plaisir. Je pétille. Je m'illumine.

* **Je ressens paix, détente, bien-être**
  Je fais la paix avec mon cœur. Je m'apaise. Je retrouve de la quiétude.
  Je m'harmonise. Je me sens en harmonie. Je me relaxe, me pose, me détends.
  Je me sens centrée. Cela me remplit d'énergie. Je ressens du bien-être.
  Je me défocalise de mes pensées, de ma douleur, de ma dépression.

* **Je contacte un sentiment de libération, de liberté, d'évasion**
  Je libère ma voix. Je libère mon plexus. Je me libère.
  Je lâche prise. Je me donne. Je me déploie. C'est une libération.
  Je suis spontanée, moi-même. Je me sens libre.
  Je contacte ma liberté intérieure, ma liberté d'être.
  Je me transporte, j'oublie, je rêve. Je m'envole, je m'évade.
  Je sors du mental, je chasse le flot des pensées.

* **Je m'affirme et gagne en confiance**
  J'ose l'expression. Je m'affirme. Je fais face au monde. Je prends ma place.
  Je me réconcilie avec ce que je suis. J'ai plus confiance en moi.
  Je me sens épanouie. Je me sens plus belle, plus vraie.

* **Je contacte ma puissance**
  Je contacte ma puissance. Je sors de l'impuissance.
  Je découvre que je suis capable de puissance. Je me sens puissante en chantant.

* **Je contacte ma vulnérabilité, ma tendresse**
  Je suis émue. C'est une expression intime, une mise à nu. Je m'abandonne.
  Je suis tendre, je contacte la tendresse. Je suis dans ma douceur.

* **Je me sens présent**
  Je me connecte à l'ici et maintenant. Je chante pour être là. Je me sens présente.
  Je prends le temps de vivre et d'être, juste pour moi, pour me poser, pour vivre le moment présent.
  Je deviens une belle présence chantante.

* **Je retrouve énergie et élan vital**
  J'augmente mon énergie, ma vitalité, mon élan de vie. Je me recharge.
  Je passe d'une apathie, d'une léthargie à une énergie pulsante.

* **Je me sens vibrer**
  Je sens mon corps et ma voix vibrer. Je résonne.
  J'entre en résonance avec moi et les autres.
  Je participe à la vibration. Je me mets en mouvement sonore.

* **Je ressens de l'ouverture et de l'amour**
  Je m'ouvre à la Vie, je lui dis oui. Je m'ouvre à moi-même. Je m'aime.
  J'ouvre mon armure. J'ouvre mon cœur à la joie.
  Je chante pour sentir l'amour, le plaisir, le bonheur.
  Je ressens une ouverture énergétique.

* **J'augmente mon écoute**
  J'améliore mon écoute. J'entends et j'écoute vraiment. J'ai une plus grande écoute à l'intérieur, de mon ressenti corporel et émotionnel.

* **Je respire**
  Je m'oxygène, je respire. Je respire la Vie.

* **Je suis créateur, créatif**
  J'improvise. Je crée. Je m'étonne de ma créativité. Je co-crée avec l'univers.

* **Je vis des moments sacrés de communion, célébration, transcendance**
  Je communie. Je prie. Je remercie. Je célèbre. Je m'illumine.
  Je retrouve le sens du sacré. Je mets mon son au service de mon âme.
  Je comprends pourquoi les oiseaux chantent.

* **Je me transforme, me guéris**
  Je me sens m'épanouir. J'ose déployer ma splendeur.
  Je me sens me transformer. Je guéris.
  Je me sens entier. Je me sens mieux.

* **Je partage avec les autres**
  Je me donne. Je donne et reçois de l'émotion, de l'amour.
  Je m'harmonise avec les autres à travers la voix. Je suis en union avec les autres.

Je partage. Je tisse et crée du lien avec l'autre. J'entre dans la rencontre.
Je fais partie de la communauté. J'ai un sentiment d'appartenance par la joie de chanter ensemble, dans la complicité, la convivialité.

Nos cœurs et nos voix chantantes unis dans l'harmonie,
et une joie profonde m'envahit.

Quelques mots sur les bienfaits de chanter ensemble

Les bienfaits de chanter que nous venons de voir sont générés par le chant individuel et collectif, mais je tiens à rajouter ici quelques mots sur les bienfaits de *chanter ensemble*.

Dans nos sociétés occidentales, beaucoup d'entre nous n'ont pas vécu l'étreinte d'une communauté qui chante, alors que dans d'autres cultures, tout le monde chante (et danse, tape des mains, joue des percussions). Chanter est alors une façon d'être ensemble, c'est une fonction sociale pour créer du lien, du sens, pour ponctuer et célébrer les évènements importants de la vie, pour soigner…
D'ailleurs, dans certaines de ces traditions, avant toute décision tribale importante, la communauté se rassemble au centre du village pour faire de la musique et du chant, car cela crée un sentiment d'unité qui leur permet de devenir plus efficaces dans la prise de décision !

Quand au diapason, nos voix s'accordent, disparaissent nos désaccords ! ☺

Chanter ensemble a ce pouvoir extraordinaire de *connecter les cœurs par la vibration commune* et ainsi créer l'unisson sonore et relationnel.
En effet, quand nos voix s'unissent, s'accordent, résonnent, communient avec celles des autres, il se crée une ambiance qui génère de la connexion, qui relie, rassemble, crée de la cohésion de groupe, bâtit un lien d'intimité, de confiance, de bienveillance, de communauté. Chanter ensemble rétablit le lien clanique[28] de fraternité, d'appartenance, d'unité, de paix. Voilà pourquoi, *chanter ensemble* nous porte et nous transporte.

Alors, rassemblons-nous pour chanter ensemble et combler nos besoins ancestraux et fondamentaux : musique, appartenance et reliance au groupe, paix, fraternité, communion, partage, célébration…

Chantons en diapason pour ressentir que nous nous aimons.

28. Chanter a un fort pouvoir de *retribalisation* de ses membres car dans une tribu, nous nous connaissons tous, chacun a sa place et se sent en sécurité et en intimité par le lien qu'il a tissé avec chacun.

L'abondance des bienfaits de chanter en résumé

Chanter permet de :

- contacter le sentiment d'exister et de se sentir vivant ;
- exprimer son identité, ses potentiels, sa créativité, ses émotions, sa puissance, sa tendresse ;
- se sentir relié, en lien : avec soi, les autres, le grand Tout ;
- développer le sentiment de confiance en soi et de sa valeur ;
- contacter un sentiment de bien-être, de détente, de paix ;
- contacter un sentiment d'ouverture, de libération, de liberté ;
- augmenter sa qualité d'écoute (de soi et des autres) et de présence ;
- sentir du plaisir et de la joie ;
- stimuler sa vitalité ;
- respirer et de se sentir vibrer ;
- savourer le partage, la communion, la célébration, la transcendance ;
- se transformer, guérir...

Un projet de loi en chant-ier :
Nul n'est censé ignorer et se priver des bienfaits de chanter ! ☺

Tous ces bienfaits de chanter ont un pouvoir transformateur indéniable, c'est pourquoi je dis que chanter peut être un véritable acte médecine.

LA TRANSFORMATION PAR LE CHANT : UN ACTE MÉDECINE

Chanter et me connecter au vivant.
Chanter et exprimer le vivant.
Chanter et devenir plus vivant.
Ainsi je me transforme et je me guéris.

Comme l'évoque cette poésie, ce qui nous transforme, ce qui nous soigne, ce qui nous guérit en chantant, c'est de *se connecter au vivant et d'exprimer le vivant.* C'est cette danse nourricière de connexion et d'expression qui permet la *transformation*, c'est-à-dire le cheminement vers le plein épanouissement de notre être.
Et cela a pour moi valeur de *médecine.*
Et plus nous allons vers nous-mêmes en chantant, plus nous donnons du sens à notre chant, plus nous nous rendons vivants en chantant, plus chanter a valeur d'*acte médecine* !

« Guérir, c'est être soi ». Alejandro Jodorowsky

« Prêter oreille pour entendre notre âme nous chanter sa Vie, lui redonner de l'espace, du sens, de la médecine ». Clarissa Pinkola Estés

Chanter et santé sont liés

Apollon était le dieu de la musique et de la médecine.
La racine grecque du mot *son*, *« iano »*, veut dire *je guéris.*
Les chamanes et guérisseurs de toutes les traditions chantent dans leurs rituels de guérison.
Chanter et santé sont liés.
En règle générale[29], nous nous sentons différents et mieux après avoir chanté. Il est communément admis que chanter calme le mental, détend ou dynamise le corps, et apaise le cœur (avec ces trois effets bénéfiques sur la santé, on a l'essentiel pour aller mieux !).
En permettant de rétablir un mieux-être physique, émotionnel ou psychique, chanter est donc un merveilleux instrument de transformation avec une action thérapeutique indéniable.

Chanter, une voie(x) de guérison ! ☺

29. Dans de bonnes conditions de sécurité, de bienveillance, de liberté et d'encouragement ! Nous verrons ces éléments un peu plus loin.

Plusieurs études[30] démontrent que chanter : améliore la respiration et oxygène les cellules ; diminue le stress, augmente le niveau de mélatonine ; diminue la pression artérielle et le rythme cardiaque ; améliore la circulation lymphatique ; libère des endorphines (analgésique) ; stimule notre cerveau, le droit en particulier et synchronise les deux hémisphères.

Les désormais célèbres travaux du Dr Masuro Emoto sur l'eau, révèlent que la structure des molécules d'eau est influencée par *la vibration du son et par le sens des mots*. Celui-ci a démontré que les molécules d'eau cristallisées sur des musiques harmonieuses avec des mots positifs, donnent des cristaux de toute beauté alors que les molécules d'eau cristallisées sur des musiques disharmonieuses avec des mots négatifs, donnent des cristaux de formes déstructurées. Et comme nous sommes en grande partie constitués d'eau, j'en tire cette conclusion (savante !) : chanter avec des mots positifs et avec une intention aimante donne des vibrations intérieures et extérieures de toute beauté !

Je trouve aussi très intéressant que le chant soit de plus en plus perçu comme une *médecine vibratoire*. Voici ce qu'en dit Jonathan Goldman :
« *Il est de plus en plus admis par la physique quantique que le chant fait partie des médecines vibratoires comme l'acupuncture et l'homéopathie. Par le chant, nous nous mettons en vibration résonnante et cela induit un état de santé qui lui est curatif. Notre propre voix est l'instrument sonore de guérison le plus puissant et le plus naturel. Tout est vibration, tout est son, même si nous ne l'entendons pas. Nous sommes des êtres vibratoires* ».

Quant à Alfred Tomatis, il nous dit cette chose extrêmement importante : « *La nourriture vocale que la mère procure à son enfant est aussi importante dans le développement de l'enfant que son lait !* »
Alors parlons, chantons, racontons des histoires à nos enfants pour stimuler leur cerveau, leur affectivité, leur voix et leur capacité à chanter !

« *La musique nous guérit. Qu'est-ce qui guérit ? La résonance humaine...*
La musique n'est pas un comprimé. C'est un échange entre âmes. » W. Allaudin Mathieu

30. Résultats rapportés par plusieurs auteurs dont Robert Gass.

Voici le témoignage d'Anne qui relate l'impact du chant en groupe sur sa santé :

> *« Quatre stages en résidence et en immersion totale auront été nécessaires pour que germe en moi cette intime conviction : chanter améliore indiscutablement mon état de santé ! Chanter fait taire mes pensées négatives. Chanter redonne vie à mes sensations corporelles. Chanter diminue ma peine et ravive ma joie.*
>
> *Soutenue avec présence et bienveillance, le miracle s'est accompli : j'ai recontacté la confiance et alors seulement les sons de ma voix ont accepté de se faire de nouveau entendre. Mon chant est venu me surprendre et peupler de délivrances tout mon être. Oui, le chant – expérimenté dans un espace bienveillant et sacré – crée de l'espoir dans le cœur des âmes (trop) sensibles.*
>
> *Pour moi, chanter dans le cadre d'un stage de groupe, c'est ouvrir grand mes oreilles aux sons multiples, c'est plonger dans un bain sonore avec l'énergie de tout le groupe réuni. Et, chaque fois, en revenir sonnée et consciente de ma chance d'être vivante et humaine. »*

Notre chant existentiel est un véritable acte médecine *qui nous permet l'enchantement d'aller au Cœur de Soi*, en lien avec les autres et avec plus grand que soi !

Je vous propose de continuer à vous faire découvrir le pouvoir de ce « *chant médecine* », à travers d'autres histoires et témoignages de transformation, de guérison, de ré-enchantement, qui seront égrainés désormais tout au long de la deuxième partie (certains prénoms ont été modifiés).

LE MANDALA « AU CŒUR DU CHANT JE SUIS VIVANT »

Pour résumer cette première partie, voici mon Mandala « *Au Cœur du Chant Je Suis Vivant* » (le Mandala en page de couverture en est une adaptation simplifiée).

Au cœur et au centre de ce Mandala, il y a l'Être : Je Suis Vivant dans mon chant existentiel. Ce centre est entouré de la Pulsation de la Vie, avec la danse de la Connexion et de l'Expression, avec soi et les autres.
Les pétales (ou les rayons) illustrent les bienfaits[31] de chanter avec leurs mots-clés.
Faire ainsi chanter le vivant en nous génère l'éclosion et l'épanouissement de fruits de Vie qui nourrissent notre chemin existentiel.

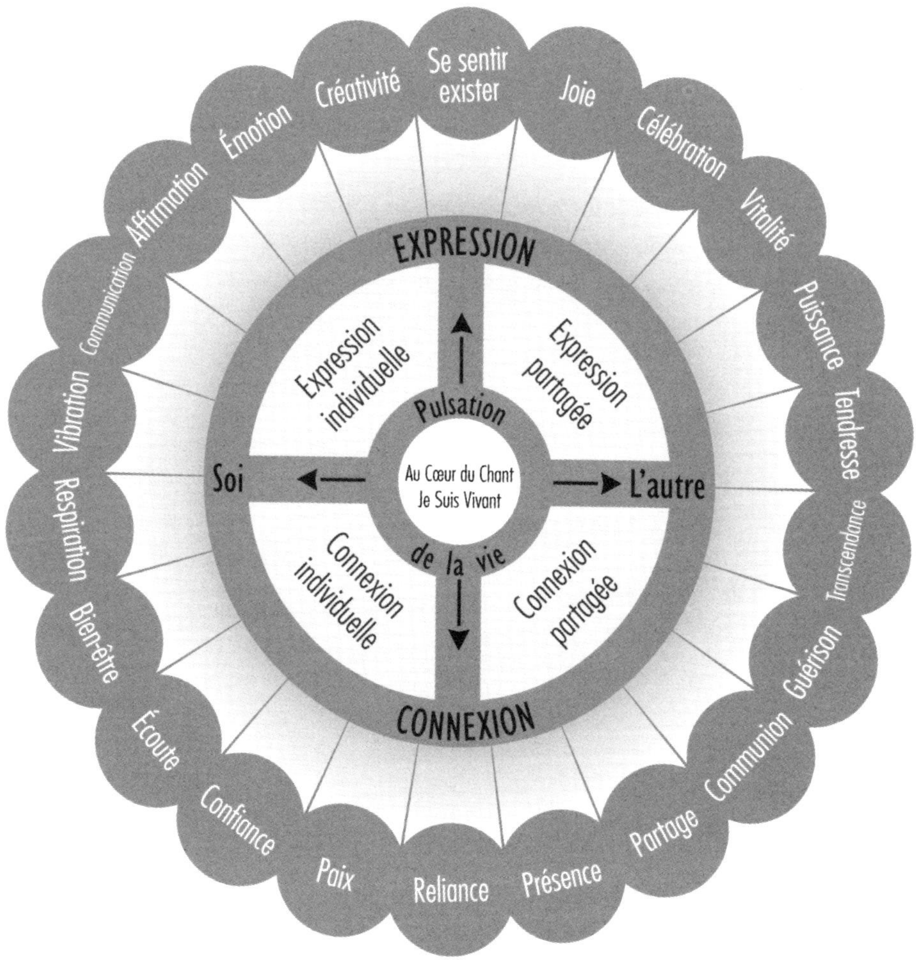

31. Tous les mots-clés du tableau qui résume les bienfaits ne sont pas représentés dans ce mandala à vingt-deux branches. J'aurais pu en ajouter encore.

SE RÉ-EN-CHANTER

Redonner voix à la Vie
qui chante en chacun de nous...

FAIRE L'ÉTAT DES LIEUX

Maintenant que nous avons redonné du sens à notre chant, que nous savons que nous sommes faits pour chanter et que nous en avons découvert les multiples bienfaits, nous pouvons nous demander : *Pourquoi chantons-nous si peu ?* Pourquoi chanter n'occupe qu'une si petite place dans la vie de la majorité d'entre nous ? Pourquoi l'expression chantée est-elle si emprisonnée ? Pourquoi sommes-nous si muets et sourds à nos voix ?
Ma réponse est que nous chantons peu parce que nous avons grandi sur *un terreau de non-enchantement et/ou de désenchantement, ce qui fait de nous des blessés du chant.*

C'est pourquoi sur le chemin pour se *ré-enchanter*, ma première invitation est de faire *l'état des lieux*[32] : en regardant notre état de non-enchantement ou de désenchantement, en identifiant nos blessures liées au chant, en passant en revue les raisons invoquées pour ne pas chanter (et en découvrant des pistes pratiques pour commencer à les déjouer), et en visitant notre histoire avec la voix, le chant et l'expression.

Faire cet état des lieux avec courage et tendresse va nous permettre de nommer et de reconnaître nos peurs, blocages, limitations, blessures, afin de les accueillir, les transformer, les guérir, et ainsi retrouver notre pleine capacité de connexion et d'expression en chantant.

Sachons que, quelles que soient nos blessures liées au chant, nous pouvons cheminer sur une voie de guérison afin de rechanter et de nous ouvrir à la richesse immense de cette ressource à portée de notre voix. Œuvrons à notre réenchantement !

32. Dans cet état des lieux, j'ai mis l'accent sur les blessures, mais bien sûr, nous regarderons aussi nos ressources tout au long du livre.

NOUS SOMMES DES BLESSÉS DU CHANT

Si nous avons grandi sur un terreau de *non-enchantement* et/ou de *désenchantement*, le chant est peu ou pas présent dans nos vies car :
- nous nous pensons *incapables* de chanter,
- nous en avons *peur* car cela représente une source d'angoisse, de souffrance, voire de traumatisme (et même si nous en avons envie, nos peurs sont souvent plus fortes et l'emportent),
- nous y sommes *indifférents*, car nous ne voyons pas ce que chanter peut nous apporter.

Une seule de ces raisons suffit pour faire de nous un blessé du chant.

Nous n'avons pas été en-chantés (terreau de non-enchantement)

Si nous chantons si peu, c'est parce que nous n'avons *pas été en-chantés* au départ, c'est-à-dire que nous n'avons pas été bercés et nourris de chant, nous n'avons pas été encouragés à explorer et à expérimenter librement et créativement avec notre voix chantée, nous n'avons pas baigné dans un environnement chantant nourricier et bienveillant.

Oui, comment pouvons-nous avoir envie de chanter, si nous n'avons jamais reçu l'étreinte du chant dans notre vie, si nous avons grandi dans un environnement familial ou social dans lequel personne ne chantait, dans lequel nous n'avons pas goûté le plaisir et les bienfaits de chanter ?
Comment pouvons-nous avoir envie de chanter, si nous avons peu d'occasions de chanter, libérés de la pression de performance, pour le seul plaisir de chanter ?
Comment pouvons-nous avoir envie de chanter, si le chant a été mis à l'extérieur de nous : d'un côté les chanteurs sur scène qui nous divertissent et de l'autre côté le public qui regarde et écoute ?
Comment pouvons-nous avoir envie de chanter, si nous avons arrêté de célébrer la Vie ?

Dans de telles conditions de *non-enchantement*, il est normal que nous n'ayons pas envie de chanter et que cela ne nous manque pas : nous ne savons même pas que cela existe et encore moins que nous avons en nous la capacité naturelle de chanter !
J'ai découvert tout récemment un résultat de recherche[33] qui va dans ce sens des conséquences du non-enchantement :
« *Des œufs d'oiseaux chanteurs, couvés par des oiseaux non-chanteurs, donnent naissance à des oiseaux non-chanteurs !* »
Alors, je fais cette corrélation pour moi évidente : des bébés d'humains chanteurs élevés ou entourés par des adultes humains *devenus* non-chanteurs, donnent des adultes humains non-chanteurs !!!

33. Propos d'Alfred Tomatis cités dans *Le symbolisme du corps humain*, d'Annick de Souzenelle, Albin Michel.

Dans le même ordre d'idées, nous savons maintenant « qu'un enfant isolé, seul, délaissé ne parle pas ![34] » Donc même si neurologiquement, génétiquement, l'enfant dispose de tout ce qu'il faut pour parler ou chanter, s'il n'y a personne d'autre qui parle ou chante autour de lui, il ne parlera pas, ni ne chantera !
Notre cerveau se développe dans l'action et par le *pouvoir de l'imitation*, par ces « neurones miroirs » que la neurobiologie a découverts : en voyant quelqu'un faire un geste qui nous intéresse et en nous imaginant le faire nous-mêmes, nous nous en facilitons l'éventuelle exécution. (Je me dis que c'est la même chose avec les neurones « auditifs » !)

Un enfant chante instinctivement, naturellement, s'il se construit sur un terreau fertile d'enchantement, où « ça chante » autour de lui, que cela soit une personne maternante qui lui chante des berceuses en le tenant tendrement dans ses bras avec un regard aimant, une famille et/ou une communauté où l'on chante, un professeur ou une personne qui lui transmet le bonheur et la confiance de chanter.
Et à l'inverse, l'enfant ne chante pas si le terreau sur lequel il se construit est un terreau de non-enchantement ou de *désenchantement.*

Nous avons été dés-en-chantés (terreau de désenchantement)

Que nous ayons eu ou non la chance d'être en-chantés au départ de notre vie, beaucoup d'entre nous ont été *dés-en-chantés par la suite*, c'est-à-dire que par des propos disqualifiants, nous avons été blessés dans notre rapport au chant, nous avons été *découragés, réprimés, coupés, handicapés de notre voix et de notre expression chantante.*

Être ainsi un blessé de la voix chantée n'est pas anodin, c'est même très grave car la voix est la plus intime de nos expressions et le larynx est très sensible à l'agression et aux injonctions négatives[35]. W. Allaudin Mathieu nous le dit en ces mots :
« *Quand nous chantons, le cœur est vivant dans le larynx et cet étroit passage est très sensible à l'agression. Cela ne prend qu'un coup pour causer beaucoup de dommages* ».

C'est souvent assez jeune que se cristallisent blocages et peurs, par des propos désobligeants d'adultes (parent, proche, professeur) ou par des moqueries entre enfants.
De telles critiques et injonctions négatives, une fois intériorisées, deviennent nos croyances, relayées par *notre propre voix critique intérieure* qui commente négativement ce que nous faisons. Cette voix nous rabaisse, nous déconsidère, nous dévalorise, nous diminue, nous fait la morale, nous juge, nous critique. Elle nous chuchote ou nous crie de l'intérieur, ce qu'elle a souvent entendu à l'extérieur : « Tu chantes faux ! », « Tais-toi ! », « Incapable, tu n'y arriveras pas ! »,

34. *Votre cerveau n'a pas fini de vous étonner*, Albin Michel, ouvrage collectif, 2012.
35. Beaucoup de peurs, de croyances limitantes et d'injonctions négatives intériorisées touchent la voix.

« On ne t'entend pas ! », « On n'entend que toi, tu veux te faire remarquer hein ? »... Du coup, cette voix critique à l'intérieur nous étouffe, nous éteint, pompe notre énergie de vie et nous décourage ainsi dans notre confiance en notre capacité à chanter dans le plaisir et la liberté.

Nous avons donc ainsi appris, pour la plupart très tôt, à taire le son de nos voix et de nos chants et *beaucoup de voix en voie d'épanouissement ont ainsi été cassées, handicapées ou rendues muettes.* Pour que le chant devienne un ami et un compagnon, pour que chanter devienne une ressource naturelle et épanouissante, nous avons besoin d'être *ré-en-chantés*.

Nous pouvons nous ré-en-chanter (terreau de réenchantement)

La bonne nouvelle est que *nous pouvons tous, à tout moment, œuvrer à notre réenchantement* ! Même si nous n'avons jamais été enchantés au départ de notre vie, même si nous avons par la suite été désenchantés, même si nous sommes devenus des « humains non chantants », *nous pouvons redonner voix à nos voix !*
Nous pouvons ré-arroser les graines en nous pour faire refleurir notre capacité et notre joie de chanter. Rappelons-nous que même le désert refleurit quand il est arrosé...

Toute cette deuxième partie œuvrera à donner des clés pour *se ré-en-chanter*, pour *se remettre en chant*, dans la bienveillance, la sécurité, la joie, l'exploration ludique et le tout sera parsemé d'histoires et de témoignages de *réenchantement*.

Pour l'instant, poursuivons notre état des lieux.

Mais juste avant, voici deux conseils humoristiques pour se remettre en chant.

> Tais-toi et chante ! ☺
> (Pour contrer le « Tais-toi et ne chante pas »,
> ce « Tais-toi et chante » nous invite
> à arrêter de dire pourquoi nous ne pouvons pas chanter,
> à taire ces raisons ou excuses et à nous mettre à chanter !)
>
> Pour ouvrir sa voix ?
> Ouvrir la bouche, ouvrir l'audace, ouvrir le chant-pagne ! ☺
> (champagne optionnel et qu'après avoir chanté !)

RAISONS INVOQUÉES POUR NE PAS CHANTER ET COMMENT LES DÉJOUER !

Après avoir découvert dans la première partie les « bonnes raisons » pour chanter, allons maintenant visiter les « bonnes raisons » que nous invoquons pour ne pas chanter. Derrière celles-ci se cachent des peurs qui ont pris racine dans cette ambiance générale de non-enchantement et de désenchantement dans laquelle nous avons baigné, et qui nous empêche de chanter joyeusement et librement.

Nous allons mettre de la *lumière* et de la *tendresse* sur cette partie en nous qui trouve de bonnes raisons pour ne pas chanter[36], parce qu'elle porte une blessure, un blocage, une croyance limitante, une peur.

Pour chacune de ces raisons invoquées (j'en ai identifié une quinzaine), nous allons regarder et comprendre ce qui se joue, quelle peur ou blessure y est associée, et je proposerai des pistes pratiques pour commencer à les déjouer et y apporter un baume de guérison.

Invitation

Prenez une grande feuille vierge et complétez spontanément :

Je ne chante pas parce que ....
Je ne suis pas capable de chanter parce que ....
Je n'ai pas envie de chanter parce que ....
J'ai peur de chanter parce que ....

Notez toutes les « bonnes » raisons qui vous viennent à l'esprit, « aidé » par votre critique intérieur ! Une fois vos raisons clairement identifiées et nommées, détendez-vous car je pense que vous allez vous sentir compris et soutenus en lisant la suite !

36. Je rappelle tout de même que malgré toutes ces « bonnes raisons » pour ne pas chanter, je connais peu de personnes qui n'ont jamais au moins chanté une fois un « Joyeux Anniversaire », dont le sens est la célébration dans le lien et la joie !

Raison n° 1 – Le fameux et l'universel : « Je chante faux »

« Moi, pourquoi je ne chante pas ? Parce que je chante archifaux et que l'on ne peut rien y changer, ma p'tite dame ! »

Beaucoup de personnes sont persuadées de ne pas avoir accès au chant parce qu'elles chantent faux.
Comme je l'ai déjà évoqué, c'est souvent dans l'enfance que nous entendons ce message qui peut être exprimé, soit très explicitement par un « Tais-toi, tu chantes faux », soit par des regards réprobateurs ou soit par des allusions plus « subtiles » et indirectes telles que :
« Mais, tu appelles cela chanter ? Quelle casserole. »
« Il va pleuvoir ! »
« Fais semblant de chanter ! »
« Le barde, Assurancetourisk, muselez-le ! » (mais le barde continue à chanter à cœur joie !).
« La Castafiore, tu nous casses les oreilles ! » (mais la Castafiore continue à chanter, persuadée que tout le monde adore son chant !).

Alors, si vous vous êtes déjà entendu dire ou sous-entendre ce genre de propos et si vous adhérez vous-mêmes à cette étiquette « je chante faux », sachez qu'il y a plein d'espoir !

Tout d'abord, selon mon expérience, *environ quatre personnes sur cinq qui disent chanter faux, ne chantent pas vraiment faux.*
Si vous faites partie de ces quatre personnes, il se peut que vous ayez une voix magnifique mais que vous soyez resté persuadé du contraire. Il se peut aussi que votre difficulté provienne du fait de chanter dans un mauvais registre (trop haut ou trop bas). Sinon, ce sont souvent des blocages émotionnels liés à l'expression vocale qui vous empêchent d'avoir l'ouverture et la confiance nécessaire pour oser sortir la voix et chanter en vous donnant pleinement, conditions favorables de base pour être à l'aise pour chanter. Dans tous les cas, un travail avec une personne-ressource compétente[37] peut vous aider à libérer votre voix et votre chant.

Alors, me direz-vous, qu'en est-il de la personne qui reste sur cinq et qui chante « vraiment » faux ? (J'imagine que quatre personnes sur cinq penseront être cette personne qui chante *vraiment* faux !)
Si vous faites partie de ces personnes[38] qui ont cette réelle difficulté à reproduire un son, une mélodie, un rythme, ou bien à chanter dans une tonalité prédéfinie (qui n'est pas nécessaire-

37. Une personne en qui vous avez confiance, capable de vous accompagner avec art et bienveillance, tant au niveau de l'expression vocale qu'au niveau humain.
38. J'ai remarqué que souvent ces personnes ont une difficulté avec l'écoute en général : elles n'écoutent pas attentivement la consigne ou la démonstration sonore donnée, regardent en l'air et sont dans leurs pensées, ne sont pas « présentes ». Voir le chapitre « Chanter avec présence ».

ment la meilleure pour nos chanteurs en herbe), sachez *qu'écouter s'apprend ou se réapprend et que toute voix peut être accordée ou réaccordée.*

Un travail de rééducation de l'écoute permet d'apprendre à développer l'attention et à « ouvrir » l'écoute pour pouvoir entendre les sons et les intervalles de sons. Une fois que ces sons auront été entendus, absorbés, grâce à la lenteur, la répétition et la concentration, ils pourront être reproduits avec de plus en plus d'aisance.

Parallèlement, je recommande aussi la ressource du *chant spontané* dans lequel nous ne devons pas « reproduire » des sons prédéfinis, mais juste laisser émerger les nôtres dans l'instant présent, les écouter et les savourer, sans comparaison. En chant spontané, personne ne chante faux.

Il est aussi très important que les personnes en souffrance avec le chant puissent être écoutées et entendues avec empathie au sujet de leur histoire, car c'est souvent *un traumatisme que d'avoir entendu toute leur vie « tais-toi, tu chantes faux » et d'avoir été privées du plaisir de chanter en résonance et en lien avec d'autres.*

Ces personnes ont besoin d'être accompagnées avec art et bienveillance pour pouvoir toucher une réouverture et une confiance en leur « capacité » et en leur « droit » de chanter.

Je vais vous raconter l'histoire de Marc, qui s'est privé[39] de chanter toute sa vie parce qu'il « chantait faux », jusqu'à ce qu'il ose rechanter dans des conditions de bienveillance et de sécurité.

> *Au moment de prendre les inscriptions des participants pour mon atelier-vacance[40] que j'avais intitulé « Renouer avec l'instinct de chanter », Marc arrive devant moi et me dit: « Votre titre d'atelier m'a interpellé. Je n'ai jamais chanté, êtes-vous vraiment certaine que je peux chanter, que je peux renouer avec l'instinct de chanter? Je tente de le rassurer que oui, en lui disant notamment que s'il peut parler, il peut chanter. Marc, dans un mélange d'espoir et de résignation, s'inscrit et je suis touchée par son courage de faire ce pas malgré ses craintes et réticences.*
>
> *Le lendemain matin, lors d'un exercice où je demande aux participants de dire ce qu'ils ressentent quand ils chantent, Marc, les larmes aux yeux, partage au groupe: « Quand je chante... je chante faux ». Je suis émue par le courage de sa vulnérabilité. Un peu plus tard, lors d'un exercice[41] à deux où l'on demande à l'autre avec tendresse de chanter pour nous, je vois Marc ému et qui chantonne doucement, mains dans les mains avec son partenaire d'exercice. Puis il éclate en sanglots. Je viens vers lui et il me partage qu'il vient de découvrir qu'il peut chanter, et que son chant est accueilli par l'autre.*
>
> *En effet, Marc vient de découvrir que dans le lien et le chant spontané de son cœur, il n'y a pas de fausses notes...*

---

39. Si la plupart des personnes qui « chantent faux » ne s'autorisent pas à chanter, quelques autres le font par contre assez facilement, sans aucun complexe (comme Assurancetourisk avec beaucoup d'émotions et un plaisir communicatif!)

40. Atelier d'été que j'animais sur un lieu de vacances convivial de ressourcement où il est proposé de nombreuses approches et activités liées à l'épanouissement personnel.

41. Cet exercice sera développé en pages 94-99.

Il ne s'agit pas de chanter juste, mais juste de chanter... ☺

Oui, dans le chant spontané du cœur, il n'y a pas de fausses notes. Avec le cœur on sait chanter... Voici un extrait de texte de chanson[42] qui le dit avec poésie...

« Elle a déverrouillé des portes bien fermées
Pour laisser s'échapper des notes ensoleillées qui souhaitaient vibrer
En douce mélopée et vous émerveiller.
Elle m'a appris à oser chanter connectée à ce qui me faisait vibrer.
À l'essentiel je suis allée, plus légère pour créer en toute liberté.
Tu nous as dévoilés, avec nos cœurs on sait chanter ! »

Voici les premières invitations pratiques pour commencer à déjouer nos freins et nos peurs de chanter et nous remettre en chant. Vous en trouverez désormais tout au long de cette deuxième partie.

Invitation

- Donnez-vous la permission d'explorer et de vous amuser avec votre voix chantée.
- Si vous avez peur de « faire faux », dites-vous que vous faites *les sons de quelqu'un qui apprend* et *jouez* (sans enjeu) *avec eux*.
- Lisez le chapitre « Renouer avec l'instinct de chanter » et lancez-vous.
- Trouvez une ressource pour vous aider à développer l'écoute et pour vous aider à faire éclore votre capacité naturelle à chanter.

Comme les personnes étiquetées « chantant faux », le sont en comparaison avec des personnes étiquetées « chantant juste », il est souvent difficile de les faire chanter ensemble, dans le lien et la joie.

Nous pouvons remédier à cela avec le chant spontané, et aussi avec les deux propositions suivantes :

Invitation

- Une personne qui a été étiquetée comme chantant « faux », que je préfère appeler « *le chanteur ou la chanteuse en herbe* », trouve une personne bienveillante qui a été étiquetée comment chantant « juste », que je préfère appeler « *l'oreille juste bienveillante* », pour faire cet exercice avec elle.

Les deux personnes se mettent en position face à face, mains dans les mains et ferment les yeux. Le chanteur en herbe laisse sortir un son en continu (sur n'importe quelle voyelle, n'importe quelle hauteur de son) et tient la note chantée le plus longtemps possible. L'invitation est de *chanter une seule note tenue* et d'ouvrir grand son écoute.

42. Écrit par mes participants et chanté sur un air connu à l'occasion de mon départ de leur région.

L'oreille juste bienveillante se met alors chanter à *l'unisson* à l'oreille de notre chanteur en herbe, c'est-à-dire en reproduisant la même note, le même son que lui [43]. (C'est souvent l'inverse qui se passe, on demande à la personne qui a de la difficulté à chanter à reproduire le son de la personne qui chante facilement juste !)
Ainsi notre chanteur en herbe n'a rien d'autre à faire que de sentir le plaisir du son à l'unisson (donc sans sensation de fausse note) et le *plaisir de la connexion par le son* !
Voilà donc deux personnes qui chantent ensemble, « juste » dans le lien !

Invitation
La consigne est claire : s'autoriser à chanter faux à plusieurs !
Pendant une ou quelques minutes, tout le monde s'autorise et cherche même à chanter « faux ».
On y va à pleins poumons. C'est à celui ou celle qui fera le plus de « fausses » notes...
Ceux et celles qui chanteront « juste » seront regardés d'un mauvais œil ou d'une mauvaise oreille !

Raison°2 : « Je n'ose pas »

Derrière ce « je n'ose pas », se cache un « parce que j'ai peur »...
Je n'ose pas chanter parce que j'ai peur de ne pas savoir faire, peur de me montrer, peur d'être jugée, peur d'être envahie par l'émotion, peur que ma voix ne sorte pas...
Nous aurons l'occasion d'aborder ces peurs ainsi que cette question d'oser un peu plus loin. Pour l'instant, sachez que très souvent, ce qui manque à notre voix pour qu'elle ose chanter, c'est la confiance et l'audace, nourries par un encouragement et un accompagnement bienveillant et sécurisant.

Pour illustrer cela, j'aimerais vous donner en exemple en vous racontant l'histoire de Catherine[44] :

> *Nous sommes en week-end résidentiel de stage. Dans le cercle de présentation de chacun, Catherine partage à quel point l'idée de chanter devant un groupe est une souffrance pour elle. Elle poursuit en disant que si elle est venue, c'est pour essayer de dépasser ce blocage avec la voix et cette terreur de chanter. Je suis touchée par les propos de cette femme à l'allure timide.*
> *Après une matinée bien remplie à visiter avec émotion notre histoire avec la voix, et après*

43. L'esprit de l'exercice, à savoir qu'une personne chantant « juste » vienne chanter à l'unisson à l'oreille de la personne chantant « faux », est de W. Allaudin Mathieu. Je l'ai développé et présenté à ma façon poétique.
44. Vous lirez le récit détaillé écrit par Catherine dans le chapitre sur le Sponsorat.

plusieurs exercices de chant, vient le temps où je présente un de mes exercices-clés[45] par lequel s'obtiennent souvent des réparations profondes. J'explique alors que c'est un exercice qui sera fait par deux et que je vais faire appel à un volontaire pour venir faire la démonstration de l'exercice avec moi devant le groupe. (Je choisis souvent une personne que je sens en grande difficulté avec le chant afin de pouvoir lui donner tout mon aide et mon soutien. Je sais donc d'avance que c'est à elle que je vais tendre la main à ce moment).

Catherine est assise au sol en cercle parmi les autres participants. Dès qu'elle réalise que c'est elle que j'invite à se lever pour venir faire la démonstration avec moi, elle a un mouvement de recul :

« Non je n'ose pas, je ne peux pas », me dit-elle.

Je lui raconte alors une première histoire[46] pour l'aider à oser.

« Non je ne peux toujours pas », me répond-elle.

Je sens le groupe qui se crispe un peu de peur qu'en insistant je ne la bloque encore plus. Je m'assois près d'elle, lui prends la main et lui raconte alors une deuxième histoire pour l'aider à oser.

Elle me répond : « Non, je ne peux pas venir chanter car je ne pourrais sortir qu'une seule note ».

Je lui raconte alors une troisième histoire pour l'aider à oser, même si elle ne chante qu'une seule note.

Silence. Le groupe retient son souffle (et moi aussi !).

Puis Catherine, les larmes aux yeux, me fait signe qu'elle va oser et nous nous levons ensemble pour commencer la démonstration de l'exercice.

Pendant la démonstration émouvante avec Catherine, le groupe était bouleversé. Le chant de son courage dans cet exercice nous a vraiment galvanisés tellement nous avions pris la mesure de la difficulté, de la peur, de la terreur qu'elle osait traverser et dépasser. En clôture de stage, au moment du bilan, tout le groupe reparle de l'exemple[47] émouvant de dépassement qu'a donné Catherine.

L'histoire de Catherine nous montre bien que lorsque nous nous sentons en sécurité, lorsque nous sommes encouragés et soutenus, nous pouvons oser lever nos peurs et nous dépasser au-delà de nos espérances...

Invitation

– Lisez le chapitre « Oser, c'est grandiOse » pour nourrir l'envie et la joie d'oser.
– Trouvez des personnes qui vous encourageront à oser « oser chanter » !

45. Voir le chapitre « Chante pour moi : exercice-clé de Sponsorat à deux », p.94
46. Voir ces trois histoires en p. 114-116.
47. C'est tout le pouvoir de l'exemple : le dépassement donné par une personne aide les autres à en faire autant.

Raison n° 3 : « Je ne sais pas chanter », « Je n'ai jamais appris à chanter »

Les personnes qui disent ne pas savoir ou ne pas avoir appris à chanter, se privent du chant pensant qu'elles n'en sont pas capables, alors que chanter est en nous.
Est-ce que les peuples premiers prenaient des cours de chant ? Est-ce qu'ils apprenaient le solfège et suivaient un chef de chorale ?
Non, ils chantaient autour du feu avec la tribu, en communauté, en lien, avec leur être profond et avec les autres, et avec plus grand.

L'un des grands objectifs de ce livre est de passer le message que *la capacité de chanter est en chacun de nous* et qu'il est plus facile que nous le pensions de nous la réapproprier.
Dans la pratique du chant, beaucoup peut être fait sans technique. Plutôt que « d'apprendre » à chanter, l'essentiel est souvent de pouvoir bénéficier d'une *invitation, d'un encouragement, d'une occasion et d'un soutien pour oser nous lancer et explorer librement avec notre voix.* Cette condition est une clé majeure pour libérer son chant.
Nous verrons aussi que le chant spontané est une autre clé de voûte pour nous réapproprier notre capacité de chanter.

Invitation
- Donnez-vous la permission d'oser explorer librement et joyeusement avec votre voix chantée. Si possible, trouvez des espaces de soutien qui vous aideront en ce sens.
- Lisez le chapitre sur le chant spontané.
- Mettez en pratique tous les autres exercices proposés dans le livre !

Voici le poème que m'a écrit une de mes participantes qui *croyait ne pas savoir chanter*, avant de découvrir qu'elle le pouvait...
« Lorsque je t'ai rencontrée, je croyais ne pas savoir chanter.
Dès que j'entamais une douce mélopée, je me faisais railler.
Grâce à toi, j'ai appris à chanter, sans faire d'apnée.
J'ai appris à oser, ma mélodie chantonner.
J'aurais encore nécessité, apprendre avec toi quelques années,
Mais les graines que tu as semées continueront de germer.
J'entends ta voix répéter : respire, libère, ouvre tes A, tes È.
Un jour je pourrai m'élancer, pas sur une scène de cabaret,
Mais dans l'intimité, avec toute la joie retrouvée,
De faire vibrer mes cordes enfin délivrées.
Ce que tu m'as apporté ?
Oser, m'affirmer en toute authenticité,

Laisser s'exprimer ma personnalité, sans peur d'être critiquée,
Libérer mon chant et ma créativité, vivre et respirer.
Mais surtout : mon amour enfin pouvoir exprimer. »
Marie-Annick

Raison n° 4 : « Je n'ai pas envie de chanter »

« Ah non, moi je ne chante pas. Ce n'est pas mon truc. Je ne vois pas ce que cela pourrait m'apporter. Je n'en ai pas besoin, ni envie ».
« Je n'ai pas le cœur à chanter ».

Aux personnes qui m'invoquent cette raison pour ne pas chanter, je demande souvent :
– Avez-vous des bons souvenirs avec le chant dans votre jeunesse ?
– Vous a-t-on déjà dit que vous chantiez faux ?
Pour la grande majorité d'entre eux, la réponse est « non » à la première question et souvent « oui » à la deuxième...
Alors je les comprends et je compatis avec eux.
Comment pouvons-nous avoir envie de chanter, si nous n'en avons jamais goûté le plaisir, si nous en avons perdu le goût par les paroles négatives sur notre voix, si nous avons peur de nous sentir vulnérables et de « ne pas savoir faire » ?
Comment pouvons-nous avoir envie de chanter, si nous avons le cœur triste et que nous ne savons pas que chanter peut nous apporter un baume de réconfort et de joie au cœur ?

S'il y a une grosse blessure derrière ce « je n'ai pas envie ou pas le cœur à chanter », il sera opportun de faire de la place pour l'écouter, l'accueillir, la panser.
Sinon une clé utile ici est de savoir qu'il ne faut pas nécessairement attendre d'avoir envie de chanter, ou d'avoir le cœur à chanter, pour chanter (voir aussi p. 64 où je parle de la motivation à chanter).
Toute humeur, tout état psychologique et émotionnel est un bon état pour commencer à chanter.
J'ai vu des gens arriver en colère, tristes, malades. Ils ont chanté et ils ont transformé leur état émotionnel et même parfois physique !
Quand notre cœur n'a pas envie de chanter[48], justement chantons, libérons nos émotions, ce qui permettra aussi de réenchanter notre cœur et de libérer notre joie.

Voici l'histoire de Marine qui n'avait plus le cœur à chanter. En libérant sa peine et ses pleurs, celle-ci a pu libérer son cœur et son accès au chant :

---

48. Voir sur mon site les textes de mes chansons « Chante pour moi » et « Chante mon cœur » qui invitent à chanter même si on a le cœur triste. Voir aussi le texte de ma chanson « Adieu » qui aide à libérer ses émotions dans un processus de deuil.

Marine, dans la quarantaine, gère plusieurs centaines d'employés et s'exprimer par la parole pour diriger ne lui pose aucun problème. Elle tombe par hasard sur un de mes prospectus et m'appelle pour des renseignements. Dans ses propos, je sens qu'une partie d'elle a envie de chanter et qu'une autre partie le redoute et s'est résignée. Je lui pose quelques questions et elle me partage: « Mon père a beaucoup chanté, ma mère ne disait rien et ne chantait pas, et ma sœur aînée, qui chantait très bien, un jour m'a dit "tu chantes faux". Du coup, je n'ai plus jamais rechanté. J'ai banni le chant et toute musique de ma vie. Je ne mets ni radio, ni CD chez moi, car cela me rend triste et me fait pleurer. Si je viens au stage, ce n'est pas par ambition artistique, mais juste par envie de m'exprimer par la voix chantée ».
Je lui dis alors: « À vous écouter, j'ai l'impression que vous avez envie de vous reconnecter avec une part profonde de vous en chantant, mais que dans cet endroit-là, il y a aussi une énorme tristesse. » Touchée, elle éclate en sanglots au téléphone.
Marine décide alors de venir à mon stage d'une journée, qui a lieu à 200km d'où elle vit. Elle me dit: « Ainsi, il n'y a pas de risque que je tombe sur quelqu'un qui me connaît. Je viens que pour moi, pour enfin poser les armes ».
Marine a eu le courage d'écouter son élan pour venir libérer sa voix. Dans le stage, elle a osé pleurer, chanter et entendre sa voix. Elle a osé se reconnecter à une partie profonde en elle qui avait besoin de s'exprimer par la voix et l'émotion...

Invitation
- Expérimentez le fait de commencer à chanter à partir de différents états émotionnels dans lesquels vous vous trouvez. Accueillez l'émotion qui est là, continuez à chanter et notez ce qui se passe pour vous.
- Expérimentez aussi le fait de chanter à l'opposé de l'état émotionnel ou énergétique dans lequel vous êtes : si vous êtes triste ou fatigué, chantez un chant joyeux ou un chant puissant ; si vous êtes stressé, chantez un chant méditatif...
- Trouvez des occasions de chanter à plusieurs car le groupe nous porte et nous aide à nourrir l'envie et l'élan de chanter.

Raison n° 5 : « Je n'aime pas ma voix » ou « Je n'ai pas une belle voix »

Notre voix est une partie tellement profonde et intime de notre être.
Ne pas l'aimer signifie que nous n'aimons pas une partie fondamentale de notre identité.
Nous pouvons nous réconcilier avec cette partie de nous, nous pouvons apprendre à l'aimer et à la laisser s'exprimer librement.
Tout au long de cette deuxième partie, vous trouverez des clés pour aimer et libérer votre voix. (Voir aussi le chapitre « Chanter et exprimer son identité ».)

Invitation
- Lisez à haute voix le texte « Bienvenue à ma voix » en page 93.
- Donnez-vous des occasions d'explorer et d'écouter votre voix chantée de plein de façons différentes pour l'apprivoiser.
- Portez votre attention sur la vibration et la sensation intérieures de votre chant (plutôt que sur le son extérieur).

Voici le témoignage d'une personne qui a commencé à cheminer sur l'acceptation de sa voix, qu'elle refusait jusqu'alors.

> *« Le fait de ne pas avoir pu chanter spontanément enfant a rendu très difficile la possibilité de le faire ensuite. J'avais de la répugnance à entendre ma voix, dans laquelle j'entendais un râle et de la souffrance. Le stage a déjà permis une avancée inespérée. Maintenant j'ose désormais chanter quand je joue de l'accordéon, ce que je ne faisais jamais auparavant. Il me faut le temps, je crois d'accueillir, d'accepter cette voix que je refusais jusqu'à dimanche... »*
> Sylvie

Raison n° 6 : « Ma voix ne sort pas », « J'ai quelque chose de bloqué dans la gorge », « Ça coince dans les notes aiguës », « Ma voix se fatigue vite »

Il y a plusieurs raisons qui peuvent faire que notre voix ne sorte pas, qu'elle soit bloquée, coincée ou qu'elle se fatigue vite.

Nous pourrions penser que c'est par manque de technique vocale, mais très souvent, c'est simplement parce que *nous n'osons pas chanter pleinement.*
Quand nous osons nous lancer et nous donner pleinement dans notre chant, nous nous libérons de la peur, de la retenue, de la crispation, des blocages et ainsi s'ouvre grand le canal de la gorge et de l'expression.
Pour illustrer cela, je donne souvent l'image d'un petit ruisseau (qui représente le canal de la gorge lié aux émotions) dans lequel il y a des cailloux (les peurs-émotions refoulées) qui coincent, ralentissent ou empêchent l'eau (la voix) de couler.
Quand nous chantons en nous donnant pleinement, sans peur, alors nous ouvrons grand les écoutilles du canal (la gorge), et nous pouvons alors laisser venir et couler un grand débit d'eau (la voix). Ce grand courant d'eau élargira le canal et emportera et balaiera facilement ces cailloux (peurs-blocages). L'eau (la voix) pourra alors circuler abondamment sans retenue, dans la joie et la liberté dans ce ruisselet devenu ruisseau, rivière ou fleuve (le canal de la gorge).

Invitation

– Donnez-vous la permission de chanter sans retenue en prenant une chanson que vous connaissez bien et en osant la chanter de façon complètement exagérée, loufoque, exubérante. Osez la déformer, osez en changer les paroles ou la mélodie, osez explorer des émotions différentes en la chantant.

Amusez-vous, vous serez étonné de la façon dont ce jeu libère la voix (et l'être) !

Une autre raison toute simple qui peut faire que notre voix ne sorte pas, peut provenir du fait de *ne pas chanter dans notre tessiture naturelle de voix*, c'est-à-dire dans l'étendue des notes où nous sommes à l'aise naturellement, sans forcer. Parfois le simple fait de chanter la même chanson un peu plus haut ou un peu plus bas, nous redonne une sensation d'aisance et de liberté vocale.

Voici l'histoire de Marielle qui retrouve sa liberté vocale dans une tonalité qui lui convient mieux.

> *Marielle, dans la cinquantaine, avait toujours rêvé de prendre des cours de chant. Quand elle découvre ma petite annonce « Cours de chant sans solfège » tout près de chez elle, c'est ce « sans solfège » et la proximité qui lui permettent d'oser faire le pas de prendre un premier rendez-vous.*
>
> *Je fais chanter quelques notes à Marielle pour me rendre compte de sa voix actuelle et j'entends sa petite étendue vocale nasillarde dans les notes médiums et je vois son regard triste. Je la guide alors pour trouver l'accès à ses notes aiguës et soudain sa voix bascule et trouve le passage vers sa voix de tête, qui se révèle magnifique et je vois son regard qui s'illumine. J'en suis émue aux larmes. Quand je la fais parler un peu sur la place du chant dans son enfance, elle me dit que petite fille elle rêvait d'être chanteuse d'opéra !*
>
> *Ça y est, voilà la voie(x !) d'accès pour la faire progresser et pour l'aider à se sentir plus vivante en chantant !*

Invitation

– Explorez votre chanson en la chantant dans différentes tonalités pour sentir et entendre quelle tonalité vous convient le mieux, parce qu'elle respecte l'étendue de votre registre vocal actuel ou parce qu'elle vous fait plus vibrer !

Il y a aussi d'autres raisons qui peuvent faire que notre voix soit bloquée et nous empêche de chanter. En effet, ces serrements que l'on ressent à la gorge peuvent être la *conséquence de peurs ou d'émotions refoulées, causées par des injonctions négatives ou des chocs traumatiques de l'expression.*

Si nous sentons un grand blocage dans notre gorge et dans notre expression par la voix, il est particulièrement important d'aller visiter notre histoire avec le chant (ce que nous allons faire bientôt) et de faire un travail de libération émotionnelle avec une personne-ressource afin de nous libérer de tout ce non-dit tenu refoulé au fond de la gorge et du cœur...

Vous allez maintenant découvrir le témoignage de Sandrine qui est venue en séance individuelle en me disant que sa voix bloquait, qu'il y avait quelque chose de coupé dans sa gorge, que sa voix était étouffée. C'est en libérant une émotion enfouie ancienne que celle-ci pourra libérer sa voix.

> *« Ma difficulté, quand je parle ou je chante, est qu'on ne m'entend pas ou très peu. Ma voix ne porte pas, comme si elle était étouffée, assourdie avant de sortir.*
>
> *Pour ma part, l'origine émotionnelle et psychologique est indiscutable, car je peux avoir la voix qui porte fort quand je me mets en colère, ou quand je ne pense pas au fait que je veux que ma voix porte, qu'on m'entende ! Quand je pense à mon enfance, je n'ai quasiment aucun souvenir, et aussi une impression de silence, pas de bruit autour de moi, pas de mémoire de paroles autour de moi, ni de ma propre voix. Les sons dont je « sais » qu'ils étaient présents étaient ceux des disques vinyles que j'empruntais à mes grandes sœurs, mais je n'entends pas de bruit dans ma mémoire. Sensation de silence, et moi d'être comme muette. Je sens littéralement le besoin de libérer ma voix.*
>
> *Je me rappelle plus particulièrement d'un cours avec Fleur-Lise où elle m'avait proposé de travailler avec l'énergie du clown, avec une perruque et des lunettes. J'abordais ma problématique comme un clown, et là je lui dis, avec une voix de canard, en serrant mes mains autour de ma gorge : "quand je chante ça sort pas, c'est comme si on me serrait le kiki !". Et là je me suis figée : un souvenir de petite fille est remonté. Ma mère avait des canaris dans une cage, et une fois je suis revenue dans la cuisine, toute fière d'avoir réussi à en attraper un. J'ai tendu la main pour montrer à ma mère l'oiseau que j'avais réussi à attraper, sauf que j'avais serré trop fort pour que le canari ne s'envole pas, et il était mort. Je ne me rappelle absolument pas de la réaction de ma mère. Mais là, avec Fleur-Lise, j'ai éclaté en sanglots. Je ressentais une culpabilité énorme. Dans mon esprit est apparue la pensée suivante : « Tu as tué cet oiseau, à cause de toi il ne pourra plus chanter. Par justice, toi-même tu ne pourras pas chanter ».*
>
> *Fleur-Lise m'a alors proposé de faire un rituel de demande de pardon à cet oiseau où j'ai chanté pour lui en m'accompagnant au tambour, et elle m'accompagnait également. Nous avons ensuite continué le cours par un sketch improvisé en voix parlée sur le thème du chant, et là ma voix portait sans problème ! Un immense merci pour ces moments intenses, une belle étape sur le chemin de libération de ma voix et de mon âme. »*

Invitation

- Prenez le temps d'aller visiter votre histoire avec le chant à l'aide du questionnaire et de son protocole de réalisation en pages 74-77.
- Trouvez une personne-ressource pour faire un travail de libération émotionnelle avec la voix.
- Mettez du jeu et du clown dans votre chant (voir chapitre sur le jeu et l'énergie du clown).

Raison n° 7 : « Je ne me rappelle pas des paroles ou de la mélodie »

Beaucoup de personnes s'empêchent de chanter parce qu'elles ne connaissent pas les paroles de la chanson par cœur ou parce qu'elles n'arrivent pas à en reproduire la mélodie.
Si notre envie pour chanter est vraiment là, sachons que se rappeler des chansons (paroles et mélodie) n'est pas un réel frein.
Pour contourner cet obstacle, voici différentes pistes d'accès au chant :

Invitation

- Procurez-vous des cahiers de chansons populaires ou téléchargez sur Internet les paroles des chansons que vous avez envie de chanter. Avec les paroles sous les yeux, il est déjà beaucoup plus facile de se mettre à chanter !
- Fredonnez les mélodies sans les paroles, en « lala », car c'est souvent la mémoire[48] des paroles qui est le premier blocage.
- Apprenez un petit répertoire de chants courts et simples à mémoriser (comme certains mantras ou chants du monde) dans lequel vous allez puiser des chants faciles à chanter.
- Lancez-vous dans un chant spontané, c'est-à-dire un chant dans lequel vous n'avez pas besoin de reproduire une mélodie ou des paroles. Vous improvisez un chant de l'instant, en laissant votre cœur chanter. Ce chant spontané peut être avec des paroles que vous improvisez ou sans paroles (en « lala », sur des voyelles, avec des syllabes sans signification précise ou avec des onomatopées).

Voici l'histoire de Marie-Anne qui n'avait jamais pu chanter à cause d'un blocage total de mémorisation des paroles et des mélodies. Après quarante ans sans chanter, elle se libère de ce blocage par la libération d'un nœud émotionnel et par le chant spontané :

> *Lors d'un atelier-découverte, je demande à Marie-Anne de nous chanter à son tour un petit bout de chanson. Celle-ci me répond qu'elle est venue « juste pour accompagner sa copine », et pas avec l'intention de chanter elle-même.*

---

49. Il est souvent plus facile de se rappeler de la mélodie, qui est liée au cerveau émotionnel, que des paroles, qui sont liées au cerveau rationnel.

Je réitère quand même mon invitation et c'est alors qu'elle me dit qu'il lui a toujours été impossible de se rappeler des mélodies et des paroles de chansons.
Je lui demande alors de chanter simplement « Frère Jacques » et elle me rétorque qu'elle en est incapable.
Je la questionne alors sur son rapport avec le chant dans son enfance. C'est à ce moment qu'elle partage avec émotion devant le groupe ce souvenir vieux de quarante ans :
« À l'âge de sept ans, mes parents m'ont dit : ta sœur, elle (en insistant sur le "elle"), elle chante bien, toi, tais-toi. »
Marie-Anne laisse alors jaillir ses larmes et sanglots et libère cette émotion enfouie depuis toutes ces années. Après un temps de silence contenu par tout le groupe, je l'invite et la soutiens avec tendresse et détermination, à chanter un simple son sur la voyelle « A », et ensuite à laisser venir une petite mélodie, une note à la fois. Elle ose finalement se lancer et improvise un chant. Sa voix était angélique et sa mélodie improvisée magnifique.
Marie-Anne nous a tous donné des frissons et des larmes aux yeux.

L'histoire de Marie-Anne nous montre *qu'il n'est jamais trop tard pour restaurer et redonner voix à notre voix*, et qu'il est aussi souvent utile d'aller creuser en dessous d'un blocage de surface pour déterrer les blessures qui l'ont causé. Nous en reparlerons dans le chapitre sur l'histoire avec notre voix, le chant et l'expression.

Raison n° 8 : « Je n'ai pas l'occasion de chanter »

« Je chanterai quand j'en aurai l'occasion, l'énergie ou le temps, quand j'aurai les paroles à portée de main, quand je serai vraiment certaine de la mélodie, quand il y aura un professeur de chant ou une chorale près de chez moi, quand il n'y aura personne dans la maison qui pourra m'entendre... »

Il est évident que nous avons trop peu, ou que nous créons trop peu, d'occasions ou de « conditions idéales » pour chanter.
Mais derrière cette raison, j'entends aussi parfois un *manque de motivation* à chanter (qui cache peut-être une peur ou une blessure), ce qui nous ramène à la raison que nous avons vu précédemment « je n'ai pas envie ou le cœur à chanter ».

Pour *nourrir la motivation et l'envie de chanter*, une clé est de *redonner du sens* à notre chant : trouver une raison qui nous donne envie de chanter.
Ensuite, nous devons *décider* de chanter et *trouver ou créer des occasions* de chanter, et nous en donner l'autorisation, le temps, le plaisir et l'indulgence !
Puis, il nous faut *faire un premier pas* pour mettre en pratique cette décision !

> ***Invitation***
> - Trouvez une (ou des) bonne(s) raison(s) pour chanter.
> - Décidez de chanter.
> - Trouvez des occasions pour chanter (cours, atelier, stage, chorale, karaoké...) ou créez les occasions au quotidien (chantez dans la voiture, lors d'une balade dans la nature, en préparant le repas, sous la douche, en organisant une soirée chansons entre amis...).
> - Expérimentez les pistes dans le chapitre « Intégrer le chant dans sa vie quotidienne ».

Si vous faites partie de ceux qui n'ont jamais l'occasion de chanter dans la maison « parce qu'il y a toujours du monde », je vous recommande de chanter « quand même ». Chantez moins fort peut-être mais au moins chantez, ou bien dites aux membres de la maisonnée que vous vous accordez un moment pour explorer votre voix (et du coup, vous leur en donnez aussi la permission !). Vous avez autant le droit de faire du son (ou du bruit selon certains) qu'un musicien qui répète avec son instrument ou une cantatrice qui fait ses gammes ! (Si des personnes se plaignent de votre chant, offrez-leur des bouchons d'oreille ou donnez-leur un casque de musique à mettre sur leurs oreilles, ou bien invitez-les à aller jouer dehors, ce qui est excellent pour la santé !)

Si vous n'avez toujours pas l'élan pour faire ces premiers pas pour chanter, trouvez des personnes pour vous encourager ou vous entraîner à chanter avec eux !
En attendant, poursuivez la lecture de ce livre, qui j'espère vous donnera le *coup « d'en-voix » fatal : l'envie et l'élan de chanter !* »

Raison n° 9 : « Je n'ai pas beaucoup de souffle »

Notre respiration est un lieu intime et profond où peuvent se cristalliser des tensions et des peurs qui réduisent notre capacité respiratoire et nous donnent le « souffle court ».
Chanter sollicite davantage notre souffle et quand nous avons déjà une difficulté à ce niveau-là, celle-ci sera dans un premier temps mise en évidence, mais persévérons car chanter nous aidera ensuite à mieux respirer !

J'ai remarqué que beaucoup de personnes chantent en respirant de cette façon : elles inspirent par le nez en remontant les épaules, en gonflant le haut des poumons et en rentrant le ventre, et puis elles expirent en redescendant les épaules et en gonflant (en relâchant) le ventre.
Pour chanter plus aisément, nous devrions faire l'*inverse* : inspirer silencieusement par la bouche entre-ouverte [50] en gonflant le bas du ventre [51] et expirer par la bouche en dégonflant (en rentrant) le ventre, sans faire bouger les épaules.

50. Il y a des chanteurs qui enseignent d'inspirer par le nez, la bouche fermée. Moi j'ai appris autrement et quand je chante, je préfère inspirer par la bouche entrouverte.
51. Nous respirons naturellement avec le bas-ventre quand nous sommes bébés ou dans un sommeil profond.

J'ai hésité à vous donner le prochain et seul exercice « technique », car je n'ai pas souhaité développer cet aspect [52] dans ce livre, et ce, pour plusieurs raisons.
La première est parce qu'il existe déjà beaucoup de livres sur les techniques du chant. Ensuite, c'est parce que je ne pense pas qu'il soit facile de travailler ces aspects par un livre, voire par un stage de groupe. En effet, je trouve qu'il est mieux d'aborder ces dimensions techniques en séance individuelle avec un professeur de chant compétent. Finalement, c'est aussi parce que pour moi, là n'est pas l'essentiel [53] pour aider les personnes à se remettre en chant.
Cela dit, pour les personnes qui voudraient ici absolument une piste d'exploration pratique, voici un de mes exercices de respiration que vous pouvez expérimenter à la maison. Mais si cela vous semble compliqué ou difficile à intégrer, laissez tomber car ce n'est pas l'essentiel pour l'instant.

Invitation

- Allongez-vous par terre sur le dos (de préférence sur un petit tapis de sol) et relevez les genoux pour soulager vos reins.
  Mettez un dictionnaire ou plusieurs livres sur votre bas-ventre, pour bien conscientiser votre sensation dans le bas du ventre (et pour sentir le poids des mots !).
  Fermez les yeux, relâchez la mâchoire en entrouvrant la bouche et savourez déjà ce moment de détente !
  Par la bouche entrouverte, inspirez lentement, profondément, silencieusement, en gonflant votre ventre qui repousse le dictionnaire vers le haut.
  Puis expirez par la bouche, lentement, en dégonflant le ventre qui fait redescendre le dictionnaire. Sonorisez votre expir comme si vous soufffliez dans une paille ou sur une plume dans les airs.
- Une fois que vous avez intégré ce mouvement respiratoire, chantez « Frère Jacques » (ou autre chant simple), une syllabe à la fois :
  Inspirez comme je l'ai décrit, puis chantez « Frèèèèèèè » (évidemment vous expirez) en dégonflant le ventre, lentement, doucement.
  Ensuite, inspirez à nouveau de la même façon et puis chantez la syllabe suivante « reeeeeeee ».
  Continuez ainsi pour toutes les syllabes de la chanson (Jaaaaaa..... queeeeee.....) : une inspiration et ensuite une syllabe chantée tenue sur tout le temps de l'expiration. Lenteur, conscience, détente sur chaque syllabe chantée, une à la fois. (Si vous vous endormez, c'est que vous avez bien respiré ou que vous avez besoin de repos !)

52. Technique respiratoire, technique vocale, anatomie des organes de chant (larynx, cordes vocales, bouche, langue, palais, résonateurs).
53. Je ne dis pas que la technique n'est pas une aide utile pour certaines personnes ou pour des professionnels du chant.

Raison n° 10 : « Je n'ai pas le sens du rythme »

Beaucoup de personnes ont des difficultés avec le sens du rythme musical[54].
Si d'autres cultures ont ce sens bien plus développé que nous, c'est d'une part parce que les bébés sont longuement portés sur le dos de leurs mères qui marchent, dansent et chantent, absorbant ainsi déjà le rythme du mouvement et de la musique, et d'autre part parce que dans ces cultures, le chant, la danse et les percussions jalonnent régulièrement leur vie en communauté !

Si vous êtes une de ces personnes à avoir de la difficulté avec le rythme[55], une des choses que je propose est de laisser tomber pour l'instant les efforts et le stress pour « reproduire et suivre » le rythme d'une chanson existante. Chantez plutôt votre chanson librement dans votre rythme à vous, ou bien lancez-vous dans un chant spontané où vous créez votre propre mélodie et votre propre rythme.

Dans un deuxième temps, une grande aide sera de travailler avec différents instruments de percussion pour mieux sentir, entendre et laisser pénétrer le rythme en vous.
En effet, une des clés pour intégrer le rythme est la *répétition de rythmes simples et lents afin de prendre le temps d'absorber le rythme et qu'il s'imprègne en nous*. Une fois le rythme intégré, nous pouvons le reproduire, au début lentement, puis progressivement plus rapidement.
Les Africains disent de nous, quand nous jouons des percussions, que nous avons « les doigts mouillés ». Cela veut dire que nous ne jouons pas le rythme assez longtemps, et que pour « sécher nos doigts », il nous faut jouer des nuits entières, comme eux le font ! (Alors, lançons les nuits de percussions !)

Dans ma pratique, j'utilise parfois le son du tambour pour rythmer le tempo d'un chant et les personnes chantent en marchant sur ce rythme et cela les aide énormément. D'autres fois, je fournis des instruments de percussion (notamment djembés) et nous nous amusons à reproduire et à tenir ensemble des rythmes simples.
Pour les personnes qui se vivent comme n'ayant pas le sens du rythme, le fait de pouvoir ainsi jouer des percussions (souvent pour la première fois de leur vie) et *d'être unis dans le rythme est une grande joie.*

---

54. Le rythme est en musique ce qui détermine la durée des notes les unes par rapport aux autres. C'est l'intervalle régulier entre les sons et les silences, entre les temps forts et faibles.
55; J'ai remarqué qu'une des causes de cette difficulté provient du fait que la personne n'a pas intégré que les silences font partie du rythme de la musique et qu'elle n'entend pas la durée des silences entre les notes. J'ai aussi remarqué que lorsqu'une personne a de la difficulté à chanter dans le rythme, elle a souvent aussi des difficultés avec la justesse chantée. Encore ici, l'écoute a besoin d'être rééduquée.

Invitation
- Lancez-vous dans un chant sans vous préoccuper du rythme : soit un chant spontané, soit un chant connu mais que vous chantez dans votre rythme à vous.
- Exercez-vous à chanter tout en marchant d'un rythme régulier. Variez votre vitesse de marche et adaptez le rythme de votre chant à votre marche. Vous pouvez aussi commencer à chanter un chant dans un certain rythme en étant immobile. Puis vous vous mettez à marcher en cherchant à adapter le rythme de votre marche pour qu'il se synchronise en harmonie avec le rythme de votre chant.
- Procurez-vous un djembé ou un tambour (ou tout autre instrument percussif). Amusez-vous à explorer différents rythmes simples que vous répétez de nombreuses fois. Vous pouvez aussi faire cette exploration du rythme en tapant des mains ou sur votre corps. Trouvez un partenaire et synchronisez-vous rythmiquement avec lui, tenez le même rythme ensemble (en tapant des mains ou avec un instrument de percussion).
- Trouvez et installez un rythme régulier (peu importe avec quoi) et commencez à chanter une chanson en harmonie sur ce rythme. Puis faites l'inverse : chantez dans un rythme et ajoutez ensuite la percussion pour soutenir votre chant.

Raison n° 11 : « Je n'ai pas de puissance, on ne m'entend pas »

La clé pour mobiliser et exprimer sa voix avec puissance ne réside pas nécessairement dans la technique vocale ou la corpulence. Il y a aussi d'autres voies pour y accéder.
Je vais laisser parler ces quatre histoires de libération de puissance vocale, pour vous en convaincre. Vous allez voir, c'est puissant !

Voici l'histoire incroyable de Rosalie qui transforme son sentiment son sentiment d'étouffement en libérant la puissance de sa voix.

> *Nous sommes en week-end de stage non résidentiel. Le samedi soir, avant de nous quitter jusqu'au lendemain, nous prenons un temps de partage.*
> *Rosalie est la première à prendre la parole : « Je ne sais pas si je vais revenir demain. Je ne me sens pas bien. Dès que quelqu'un parle ou chante plus fort que moi, j'ai le sentiment d'étouffer. Et j'ai senti cela toute ma vie ».*
> *Je m'adresse alors ainsi à elle : « Rosalie, j'ai la croyance que si tu contactes ta propre puissance vocale, tu ne te sentiras plus étouffée par celle des autres. Je t'encourage vraiment à revenir demain car nous allons justement travailler sur ce thème ».*
> *Le lendemain matin, j'étais heureuse de la voir revenir. Après une série d'exercices progressifs de préparation vocale, j'explique que nous allons maintenant faire un exercice à deux avec des bâtons d'arts martiaux, où nous mobiliserons toute notre présence corporelle pour nous aider mutuellement à laisser sortir un cri puissant, longuement soutenu, et ce, en se regardant dans les yeux, bâton contre bâton.*

Je demande alors à Rosalie si elle veut bien venir faire la démonstration avec moi. J'étais consciente que c'était un quitte ou double. Si je ne réussissais pas à lui faire sortir son cri de puissance en face du mien, elle allait à nouveau se sentir étouffée, dans l'échec et l'impuissance. Mais j'étais persuadée qu'elle avait cette force en elle et j'ai pris ce risque.
Alors, debout en face l'une de l'autre, bâton contre bâton tenus avec énergie et tonus, sans bouger, plongées intensément dans nos deux regards, je lui dis avec assurance, confiance et détermination : « Rosalie, tiens-toi prête pour venir rejoindre ma voix et sortir ton cri aussi puissant que le mien ». Puis j'ai commencé à laisser jaillir un long cri puissant, et par le regard et l'énergie communiqués dans le bâton, j'ai encouragé Rosalie à venir me rejoindre. Elle a alors sorti des tréfonds un cri puissant qui n'en finissait pas.
Elle témoignera en fin de journée : « Je n'avais jamais entendu un tel son sortir de moi. Cela a été un moment de récupération de ma voix et de ma puissance. Quelque chose a bougé en moi, je ne suis plus la même ».

Voici l'histoire de Christian qui contacte pour la première fois la puissance de sa voix.

Christian, dans la trentaine, parle avec un petit filet de voix et porte au quotidien des appareils auditifs. Il vient pour une première séance avec l'objectif de contacter de la puissance avec sa voix. La première chose que je lui demande est de retirer ses appareils auditifs. Il rouspète en disant qu'il entend mieux avec. Je lui dis que la priorité aujourd'hui sera de sentir et non d'entendre (tout en ayant derrière la tête la croyance qu'en lui faisant enlever ses oreillettes, il pouvait renforcer son écoute).
Je lui fais faire une série d'exercices chantés, dont certains avec un bâton d'art martial et d'autres avec un tambour amérindien. Il contacte alors sa puissance de guerrier dans la voix, le corps et le regard, et laisse jaillir de longs cris puissants.
Il me dira ensuite : « Je ne me reconnais pas, je n'ai jamais senti cette puissance en moi ».
Pour la petite anecdote, au moment où il s'apprête à partir, je dois lui rappeler de reprendre ses oreillettes qu'il allait oublier tellement il entendait bien!

Voici un autre exemple avec l'histoire de Lucie, neuf ans, qui après un premier cours de chant sur le thème de la puissance, se libère de sa dépendance à la tétine[56] pour s'endormir.

La maman de Lucie m'appelle et m'explique que sa fille aime chanter, et comme le papa est récemment décédé, elle veut lui offrir quelques cours de chant pour lui faire plaisir et lui permettre d'exprimer et de libérer ses émotions.
Dès les premières notes chantées, j'entends le zozotement et le petit filet de voix cristallin bien sage de Lucie. Je sens intuitivement qu'il est juste de la faire travailler sur sa puissance vocale, en adaptant les exercices et mon discours à son âge. Je la fais crier et chanter le « non » avec un bâton. Ensuite je la fais chanter avec puissance la phrase « J'ai la force en moi ». Sa voix s'affirme sur-le-champ.

---

56. Je pense que les tétines, utilisées de façon systématique pour calmer ou rendre l'enfant silencieux, « bâillonnent » l'émotion et l'expression. Je crois qu'il vaut mieux que l'enfant ait un doudou plutôt qu'une tétine, et encore mieux, qu'il ait des bras, des yeux, un cœur et des oreilles pour l'entendre, l'accueillir, le sécuriser, l'apaiser et l'aimer.

Sa mère me dira par la suite qu'elle ne sait pas si c'est un hasard, mais que depuis ce cours de chant, sa fille ne prend plus sa tétine pour s'endormir le soir. Personnellement, je crois que Lucie a retrouvé de la sécurité et de la force intérieure...

Voici un dernier exemple avec Pascale qui abandonne le ton plaintif d'une victime en osant chanter le « non » avec conviction et puissance.

Lors d'un exercice où je propose à chacun de chanter au centre du groupe une phrase positive pour sa vie, Pascale, dans la soixantaine, choisit de chanter « Je veux vivre ». Dès qu'elle commence à le chanter, j'entends immédiatement son ton plaintif de victime. Au bout d'un moment, je fais signe au groupe de l'encourager à y mettre plus de détermination en chantant avec elle. Mais le « Je veux vivre » chanté de Pascale manque toujours de conviction.

Comme je me rappelle avoir entendu Pascale dire qu'il lui difficile de dire « non », quand elle a terminé, je l'invite à rester encore au centre pour un deuxième tour et à crier le « non ».

Je lui dis alors ces deux phrases (que j'avais un jour entendues et qui m'avaient beaucoup marquée) : « Dire non, c'est dire oui à autre chose » et « Que tes nons soient de vrais non, pour que tes ouis soient de vrais oui ».

Pascale commence alors à crier le « non » mais toujours avec le ton et l'énergie de l'impuissance. Je viens alors me poser au centre face à elle et par le regard et la voix, je l'encourage à me suivre dans l'expression d'un « non » puissant, légitime, de protection et d'affirmation. Entraînée, Pascale se met alors à hurler son « non » avec la force de la louve qui protège ses petits et son territoire !

Crier le non a remis Pascale en contact avec sa puissance et sa force. C'est une expérience bouleversante pour elle et pour plusieurs participants pour qui cette difficulté à dire non résonnait aussi dans leur propre histoire.

J'espère vous avoir convaincu avec ces histoires que nous n'avons pas nécessairement besoin de technique vocale (bien qu'elle puisse nous aider) *pour libérer notre puissance vocale, pour libérer notre puissance intérieure...*

Invitation

- Amusez-vous à chanter n'importe quelle chanson comme si vous étiez un chanteur d'opéra.
- Faites jouer votre chanson préférée avec le volume à fond et tentez de chanter aussi fort (ou plus fort !) que l'interprète.
- Quand vous êtes seul en voiture, profitez-en pour crier et chanter à fond !
- Mettez en pratique l'astuce de chanter fort en étant couvert avec le bruit d'un aspirateur (voir p. 170).

Raison 12 : « Je fais des erreurs quand je chante »

Mieux vaut chanter, expérimenter et faire des erreurs (c'est comme cela que nous apprenons) que de ne pas chanter, de peur que cela ne soit pas parfait dès la première fois !
L'enfant qui apprend à marcher (par lui-même d'ailleurs), doit ramper, marcher à quatre pattes, se mettre debout, chercher son équilibre, le trouver, le perdre et tomber, puis se relever et retomber, encore et encore avant d'intégrer la marche. Si les enfants qui apprennent à marcher percevaient leurs chutes comme des erreurs et renonçaient à poursuivre leurs efforts et leur apprentissage, nous ne serions pas autant à être debout et à marcher !

L'invitation ici est donc de faire un *renversement de paradigme* : au lieu d'avoir peur de nos erreurs (si erreur il y a), il s'agit de les accueillir, de les étreindre avec tendresse, curiosité et même espièglerie, comme des amies bienveillantes qui nous montrent ce qui n'est pas encore intégré afin de nous améliorer.
Comme le dit merveilleusement W. Allaudin Mathieu : « *Examine ton erreur comme si tu avais trouvé une pierre précieuse et quand tu as appris d'elle tout ce que tu pouvais, laisse-la* ».

Invitation

- Si vous chantez une chanson existante, vous pouvez le faire de deux façons.
  Soit vous la chantez à votre façon en portant votre attention sur le plaisir que vous avez à la chanter, sans comparaison à la version que vous connaissez.
  Soit, si vous estimez « faire des erreurs », vous les accueillez et les utilisez pour améliorer votre chant (et non pour vous décourager !).
- Expérimentez le chant spontané régulièrement, dans lequel, il ne peut y avoir « d'erreur » car il n'y a pas de comparaison avec un autre chant existant.

Raison n° 13 : « Je ne sais pas quoi chanter »

Derrière cette raison « je ne sais pas quoi chanter », se cache souvent le fait de ne pas connaître de chansons par cœur. Si c'est le cas, il faut utiliser les pistes que j'ai déjà évoquées pour la raison « je ne me rappelle pas des paroles ou de la mélodie ».

Sinon, tant que notre envie pour chanter est là, ce qui compte, c'est *de se mettre à chanter, peu importe ce que nous choisissons de chanter.*
Nous pouvons relancer ce mouvement de chanter de différentes façons :
- en choisissant la première chanson qui nous vient en tête (souvent une chanson d'enfance) et en commençant à la chanter immédiatement, sans réfléchir.
- en se lançant dans un chant spontané,
- en demandant à une personne de nous entraîner à chanter avec elle, soit en chantant des chansons que nous connaissons en commun, soit en nous apprenant un petit chant simple et facile à chanter.

Invitation
– Lisez le chapitre « Quoi chanter » et expérimentez les pistes proposées pour chanter n'importe quoi, mais au moins chanter !!!

Raison n° 14 : « Je rêvais d'être chanteur(se) mais il est trop tard »

« Ah, quand j'étais plus jeune, j'aurais voulu être chanteur(se), cela ne s'est pas fait donc du coup, je ne chante plus. Il est trop tard maintenant ».

Peu sont élus pour une carrière professionnelle de chanteur(se) et mon conseil ici est très simple : ne cherchons plus à « être un chanteur » mais simplement à chanter et à mettre le chant dans nos vies (dans notre bouche, notre corps, notre cœur et notre âme) !

Il m'est arrivé aussi de rencontrer des personnes qui avaient déjà chanté sur scène en amateur ou en professionnel, et qui, pour différentes raisons, n'avaient plus l'occasion de le faire. À parler avec eux, j'ai souvent constaté que sans ces « contrats de scène », ils ne chantent plus. Eux aussi se privent de chanter parce qu'ils sont « des chanteurs » au chômage.
J'invite alors ces personnes à se remettre en chant, pour elles-mêmes d'abord, et puis aussi à trouver ou à créer d'autres occasions de chanter en collectif, dans la reliance, et non la performance.

Depuis la nuit des temps, l'humain chante… non pas pour « être chanteur » mais pour « être co-créateur » !

> ***Invitation***
> – Basculez votre linguistique et par voie de conséquence votre conception :
> Ne cherchez pas à *être un chanteur* mais simplement à *chanter*, et cela vous redonne du pouvoir !

Raison n° 15 : Et autres injonctions souterraines…

C'est lorsque nous questionnons en profondeur notre histoire liée à la voix et à l'expression que nous pouvons parfois déterrer des injonctions ou des croyances limitantes qui nous empêchent de chanter :
« Je n'avais pas le droit d'exister, donc je ne devais pas me faire entendre, encore moins en chantant ! »
« Rien de ce qui sort de moi n'est bon, comment voulez-vous que je chante ? »

Une fois que ces injonctions souterraines sont déterrées, nous pouvons nous atteler à les guérir…

> ***Invitation***
> – Lisez le prochain chapitre pour visiter en profondeur cette partie de votre histoire.

VISITER SON HISTOIRE AVEC LA VOIX, LE CHANT ET L'EXPRESSION

L'histoire de chacun face à la voix, le chant et l'expression est une part intime de notre histoire et elle a été généralement peu visitée[57].

Dans mon travail, que ce soit en stage ou en séance individuelle, c'est l'une des premières choses que j'invite à faire en posant des questions en ce sens :
Qui t'a encouragé à chanter, à t'exprimer ?
Qui t'a encouragé à te taire ?
Quand tu étais enfant, dans ta famille, est-ce qu'on parlait, chantait, riait ? Pouvais-tu t'exprimer librement ou était-ce le silence, les non-dits, l'interdiction de parler, de chanter, de faire de bruit, de « déranger » ?...

Au fil du temps, j'ai développé toute une série de questions que j'ai résumées dans mon questionnaire « *Visiter son histoire avec la voix, le chant et l'expression* ».
Devant ces questions émergent de bons souvenirs mais aussi des prises de conscience de blessures qui nous empêchent encore de réclamer notre droit et notre pouvoir de chanter librement et joyeusement comme les oiseaux.

Vous pouvez bien sûr répondre aux questions de ce questionnaire par vous-même. Cependant, je trouve qu'il est plus réparateur de visiter cette partie intime et vulnérable de notre histoire en étant dans un lien de bienveillance et d'écoute avec une autre personne.
C'est pourquoi je recommande de faire cet exercice avec un partenaire qui accepte aussi en retour de se livrer avec authenticité sur sa propre histoire, en suivant le *protocole* que j'ai développé qui permet de réaliser ce partage dans les meilleures conditions : pouvoir s'exprimer, être écouté avec une grande qualité d'attention, libérer des émotions enfouies, et écouter l'autre avec une tout aussi grande qualité d'attention et l'accueillir dans ses émotions.
Ceci est déjà un grand pas vers la guérison.

57. La presque totalité de mes participants m'ont dit n'avoir jamais visité en conscience cette partie de leur histoire avant de le faire ainsi avec moi.

QUESTIONNAIRE
Visiter son histoire avec la voix, le chant et l'expression

1- La place du chant dans ta vie

- Dans quelles circonstances, ou à quelles occasions, chantes-tu ? (quand, où, comment, avec qui, pour quoi ?)

2- Tes ressources

- Quels sont tes meilleurs souvenirs avec le chant (enfant et adulte) ?
- As-tu été encouragé à chanter, à t'exprimer ? Si oui, par qui et comment ?
- Quels sont les messages positifs que tu as reçus sur ta voix, ton chant et ton expression ?
- Qu'est-ce que tu aimes dans ta voix parlée et chantée ?
- Quels sont les éléments positifs favorisant l'expression avec lesquels tu as grandi : Pouvais-tu t'exprimer librement (parole, chant, émotions[57], rires, créativité) et te sentais-tu écouté, entendu, apprécié ? Comment et par qui ?

3- Tes blessures

- Quels sont tes mauvais souvenirs liés au chant (enfant et adulte) ?
- As-tu été encouragé à te taire ? Si oui, par qui et comment ?
- Quels sont les messages négatifs que tu as reçus sur ta voix, ton chant, ton expression ?
- Y a-t-il quelque chose que tu n'aimes pas dans ta voix parlée et chantée ?
- Quels sont les éléments négatifs limitant l'expression avec lesquels tu as grandi : T'es-tu senti réprimé dans ton expression (parole, chant, émotions, rires, créativité) ? As-tu ressenti l'injonction du silence, l'interdiction de parler, de chanter, de faire de bruit, de « déranger » ? Comment et par qui ?
- Qu'est-ce qui te fait le plus peur dans le fait de chanter ?

4- Le sens de chanter

- D'après toi, pourquoi les peuples ont-ils depuis toujours chanté ?
- Qu'est-ce que tu crois que chanter peut apporter à ta vie, quel en est le sens pour toi ?
- Qu'est-ce que tu aimerais ressentir ou vivre en chantant ?

---

58. Joie, tristesse, peur, colère...

PROTOCOLE
pour le partage à deux à l'aide du questionnaire : « Visiter son histoire avec la voix, le chant et l'expression »

Conseils généraux pour la mise en route de ce partage

- Choisissez une personne que vous savez bienveillante pour vous écouter, avec qui vous vous sentez en confiance et qui accepte aussi en retour de se livrer avec authenticité sur sa propre histoire avec le chant.
- Choisissez un lieu et un moment où vous ne serez pas dérangés. En condition idéale, prévoir un temps de 40 à 75 minutes pour l'aller-retour, c'est-à-dire pour que chacun puisse à tour de rôle se livrer sur son histoire, écouter l'autre et faire un dernier partage sur le processus.
- Prenez le temps de trouver une position confortablement assise où vous êtes face à face, l'un près de l'autre[58], dans une posture intérieure d'ouverture et de totale présence à ce partage intime (prévoir des mouchoirs).
- Déterminez qui sera dans un premier temps la personne qui s'exprimera sur son histoire et qui sera écoutée, et qui sera la personne qui va poser les questions et écouter les réponses.
- Lisez ensemble le protocole entier avant de commencer.

Conseils pour la personne qui s'exprime

- Après avoir écouté la question qui vous est posée, respirez. Prenez le temps de laisser remonter les souvenirs, prenez le temps de sentir et d'accueillir les émotions qui émergent et refont surface. Puis, partagez vos souvenirs, vos émotions, votre ressenti, vos prises de conscience. Vous avez tout votre temps, ce temps est pour vous.
- Sentez combien il est libérateur de partager ainsi avec votre partenaire qui vous accueille et vous soutient par son écoute entière, son regard, ses mains (si vous vous tenez les mains). Votre partenaire est là pour vous.
- Visitez ainsi une à une toutes les questions.
- À la fin de ce premier tour, remerciez votre partenaire de vous avoir ainsi écouté, puis inversez les rôles.

Conseils pour la personne qui écoute

- Commencez à poser lentement la première question (ne posez qu'une question à la fois) et *donnez toute votre écoute attentive* à votre partenaire qui commence à se livrer.
- Dans l'écoute de la réponse, *laissez de la place pour le silence* qui permet au souvenir et à l'émotion le temps d'émerger. Soutenez votre partenaire par le regard (et par les mains), en silence.

---

59. Si vous le sentez, vous pouvez avoir un contact physique, par exemple vous tenir les mains.

- Vous êtes invité à ne pas donner de conseil, ni à plaindre, ni à renchérir les propos, mais plutôt simplement à *accueillir* tout ce qui est déposé.
- Si besoin, vous pouvez répéter la question et aussi inviter votre partenaire à préciser ou à développer davantage ses réponses.
- Si vous êtes submergé par votre propre émotion en écoutant votre partenaire, c'est peut-être que cela fait écho à votre propre histoire. Redonnez-lui toute votre attention, vous aurez votre tour pour être écouté après.
- Quand votre partenaire a terminé de répondre à toutes les questions, exprimez-lui ce qui vous a le plus touché et remerciez-le pour ce partage intime.
- *Étape supplémentaire optionnelle :*

  Vous pouvez aussi après chaque question, essayer de refléter (résumer) à votre partenaire l'essentiel de ce qu'il (ou elle) vous a partagé, afin qu'il (ou elle) se sente entendu(e) et compris(e) et qu'il (elle) puisse, si besoin, rectifier ou préciser des choses. Si cela est trop difficile, vous pourrez, à la toute fin de son partage, simplement lui résumer les éléments importants que vous retenez et lui demander de compléter si nécessaire.

  À la fin de son partage, vous pouvez aussi *valider* son histoire, c'est-à-dire lui dire que, étant donné ce qu'il (ou elle) vous a partagé, vous comprenez qu'il (ou elle) ait pu « sentir cela et réagir ainsi ». Je vous donne un exemple : « Quand je repense à ce que tu m'as partagé, que ton père t'a interdit de te faire remarquer, je peux comprendre comment tu t'es adaptée en te faisant toute petite, inaudible et invisible, et comment il a été difficile pour toi d'oser chanter et te faire voir et entendre jusqu'à présent... ».

  Je peux vous assurer que d'être ainsi écouté(e) et validé(e) [59] dans son histoire est très réparateur.

Conseils pour un partage final sur le processus

- Une fois que chacun a pu parler de son histoire, vous pouvez maintenant prendre un temps pour *partager ensemble* sur le *processus*, c'est-à-dire sur ce que cela vous a fait d'avoir raconté votre histoire et d'avoir été entendu avec cette qualité d'attention et de présence, ainsi que sur ce que cela vous a fait d'avoir écouté l'histoire de l'autre avec cette qualité d'attention et de présence. Après un dernier remerciement mutuel, si nous en avons l'élan, ne nous empêchons pas de nous offrir une étreinte pour sceller ce partage intime.

60. Ce déroulement de refléter en miroir, de résumer et de valider les propos de l'autre est un processus de communication, utilisé notamment dans les stages « IMAGO ».

Quand dans notre histoire, il y a une énorme souffrance

Grâce à ces questions et au cadre d'écoute mutuelle bienveillante, il arrive que nous prenions conscience que si notre voix est devenue faible ou muette, ou que notre oreille est devenue sourde, ce n'est pas par hasard. C'est parce que dans notre histoire, il y a une énorme souffrance qui avait été jusqu'alors banalisée, oubliée ou gardée secrète et qui refait surface à ce moment-là de partage.

Quand je demande aux personnes de remonter dans leurs souvenirs pour mettre de la lumière sur les injonctions négatives, situations conflictuelles ou évènements douloureux, voire traumatiques qui ont pu causer *leur blessure d'expression avec la voix*, il arrive que j'aie des réponses comme celles-ci :

« Quand je cherche dans mes souvenirs, je réalise que ma voix a été coupée à huit ans suite à un abus sexuel[61] par mon grand-père ».

« Un jour de mes dix ans, on m'a forcé à chanter devant tout le monde alors que je n'en avais pas envie, que j'en avais même très peur. Depuis ce temps-là j'ai un blocage ».

« J'ai de la difficulté avec l'écoute car mon père était militaire et chez nous, écouter voulait dire obéir, et comme je ne veux plus obéir, je n'écoute plus ».

« Quand j'étais petite, je parlais très lentement, jusqu'au jour où une tante s'est moquée de moi en prononçant mon prénom hyper lentement. Depuis, je parle hyper vite sans respirer et je chante aussi en apnée ».

Je vais vous raconter les histoires de trois personnes qui ont pu déterrer une grande souffrance dans leur histoire et qui s'en sont libérées.

Tout d'abord, voici l'histoire bouleversante de Jeanne qui se libère de l'injonction intériorisée « je n'ai plus le droit de chanter » suite à un drame dans son enfance.

> *Nous sommes en week-end de stage. Le dimanche matin, je demande si quelqu'un a fait un rêve important durant la nuit qui pourrait avoir un lien avec la voix et l'expression, et s'il ou elle souhaite le partager.*
>
> *Jeanne, une femme d'une cinquantaine d'années, nous livre ce rêve et ce témoignage poignant :*
>
> *« Avant de vous raconter le rêve, nous dit-elle, je dois vous expliquer qu'avant de venir à ce stage, je n'avais plus chanté depuis quarante ans, depuis ce drame que j'ai vécu lorsque j'avais dix ans : nous étions en train de chanter à l'église, quand ma cousine de huit ans à côté de moi a été tuée sur le coup par la cloche qui s'est décrochée du plafond et qui est tombée sur elle. À partir de cet instant dramatique, je n'ai plus jamais été capable de chanter, sauf hier, avec vous dans le stage.*
>
> *Cette nuit dans mon rêve, ma petite cousine est venue me parler et elle m'a dit :*
>
> *« Le deuil est terminé. Maintenant il est temps de chanter et de danser[62]... »*
>
> *Nous étions tous à fleur de peau et de larmes.*

61. Je précise que cela porte un nom : l'inceste. Ce mot est encore tabou. L'inceste est interdit par la loi et cause des ravages à long terme sur les victimes.

62. Je co-animais un stage « Chant et Biodanza ».

Jeanne continue : « Depuis qu'elle était morte ainsi, j'avais intériorisé que je n'avais plus le droit de chanter. Maintenant elle me redonne, je me redonne la permission de chanter, je me redonne mon droit à la Vie... ».

Voici l'histoire de Marie qui se libère de « l'interdiction de parler ».

Nous sommes dans un exercice fort de libération des voix dans lequel les participants ont les yeux bandés. Dans toute la première partie de l'exercice, alors que tout le groupe s'en donne à coeur joie dans une cacophonie et une libération sonore jouissive, je vois que Marie n'émet aucun son et je lis sur son visage qu'elle est en souffrance. Je guide alors le groupe vers une accalmie sonore pour ensuite repartir doucement, puis de plus en plus fort, sur des chants à consonances chamaniques. Et là je vois Marie s'élancer et se donner à coeur joie de chanter de tous ses poumons, de tout son être. En retour d'expérience, elle partagera :

« Pendant ce voyage sonore, j'ai revisité une partie de mon histoire. Dans la première partie de l'exercice, je n'ai pas sorti un son, j'ai recontacté mon interdiction de parler. J'ai cru que j'allais rester dans cet engrammage tout le long de l'exercice. Il faut savoir que je n'avais pratiquement jamais parlé jusqu'au jour de mes quinze ans, où une bonne fée m'a demandé : "Et toi Marie, qu'est-ce que tu en penses ?" Pour la première fois, quelqu'un me demandait ce que je pensais... Pour la première fois, mon avis, ma parole, ma voix comptaient... Et c'est à ce moment-là que je me suis enfin donné la permission de crier, de chanter et que je me suis lâchée. Quelle libération ! »

Enfin, voici l'histoire de Florence qui se libère de l'injonction « ne te fais pas remarquer ».

Florence me partage qu'elle ne chante jamais devant les autres, qu'elle ne chante que seule et en voiture. En la questionnant sur l'ambiance autour de l'expression dans sa famille, elle fera cette prise de conscience :

« Je suis issue d'une famille protestante où le message a été : Ne fais pas de vagues, ne te fais pas remarquer, ne te fais pas entendre, sinon cela veut dire que "tu te la pètes[63]". Pour moi, parler était déjà difficile alors pour chanter, n'en parlons pas ! Je réalise que j'ai intériorisé ces voix et que je me limite moi-même car je n'ai pas confiance en ma voix ».

Quelques cours de chant ont suffi à lui faire voir la beauté de sa voix et de son chant. Elle me dira tout heureuse : « Pour moi maintenant chanter, c'est vivre, c'est oser être ».

Je crois que c'est en mettant de la lumière et de la conscience sur nos blessures que la guérison peut se mettre en route[64].

Pouvoir trouver des personnes-ressources qui auront *l'art de bénir et d'encourager notre chant est un autre ingrédient essentiel à une guérison profonde*. C'est tout l'art du *Sponsorat génératif* que nous allons voir maintenant.

---

63. S'enorgueillir, se mettre en avant.

64. Si après avoir visité votre histoire avec le chant, vous restez avec de fortes émotions ou un ressenti de souffrance, je vous invite à aller faire également un travail en thérapie.

Au Cœur du Chant
une voie(x) vers le vivant,
une voie(x) d'épanouissement...

FACILITER L'ÉPANOUISSEMENT DES CŒURS EN VOIX PAR L'ART DU « SPONSORAT GÉNÉRATIF »

Chanter, ce n'est pas qu'une histoire de voix.
Chanter, c'est l'histoire de notre cœur qui se met en voix. C'est l'histoire de tout notre être qui s'exprime à travers notre chant et nous avons besoin que notre chant et notre être soient les bienvenus...
Or, nous vivons dans une culture où domine la disqualification et celle-ci cause beaucoup de blessures à notre chant et à notre être.
Pour nous épanouir dans notre chant existentiel, nous avons le besoin légitime d'être entendu, vu[65], accueilli, reconnu, qualifié, soutenu, encouragé, bienvenu quand nous chantons. Nous avons besoin de cet accueil, de cette *qualification*, de cet *encouragement à chanter*, ingrédients du *Sponsorat génératif*.
Partons maintenant à la découverte de cette notion nouvelle de *Sponsorat génératif* apportée par Stephen Gilligan et voyons ensuite comment nous pouvons l'appliquer au chant en apprenant à nous donner mutuellement cet accueil, ce soutien, cet encouragement quand nous voulons chanter.

65. Quand nous chantons, en règle générale, nous sommes plus exposés, plus vus.

LA NOTION DE « SPONSORAT GÉNÉRATIF »

C'est en lisant l'œuvre de *Stephen Gilligan*[66] que j'ai découvert sa notion de *Sponsorat* (aussi traduit par *Parrainage*), qui dans l'essence est « l'art de *voir* et de *bénir* » (bénir étant utilisé ici dans le sens premier du mot bénédiction « dire le bien, le dire bien »).

« Tant qu'une personne n'a pas été vue et bénie par une autre personne, elle n'existe pas encore pleinement. »
Albert Camus

L'art du Sponsorat dont il est question ici n'a donc rien à voir avec le sponsorat à connotation commanditaire et c'est afin de bien le distinguer de ce dernier que je le nomme ainsi « génératif », c'est-à-dire génératif *de Vie* et qui nous éveille à qui nous sommes vraiment. (Gilligan parle de *Sponsorat* et non de *Sponsorat génératif*, mais il le sous-entend de par le principe de générativité qui imprègne toute son œuvre).
N.B. Afin d'alléger le texte, le Sponsorat Génératif sera ci-après appelé Sponsorat.

Le Sponsorat dont nous parle Gilligan est une forme de *relation générative* qui fait émerger la Vie, et qui permet d'*accompagner un processus de déploiement des capacités et de l'identité*, pour rendre possibles la créativité, la transformation et la guérison.
C'est l'art de voir et de se relier à la beauté intrinsèque d'une personne, de la reconnaître à un niveau profond, de lui donner une bénédiction, une confirmation de sa valeur, ce qui va lui permettre de voir la beauté et le bon (dons, talents, unicité) en elle-même, d'accéder à ses ressources et de sentir qu'il y a une place pour elle et sa contribution dans le monde.

Autrement dit, le Sponsorat, c'est *l'art de la validation, de la qualification, de la bénédiction* et cet art de soutenir et de promouvoir ainsi l'identité unique de chacun génère de la *confiance* et *de la puissance personnelle*[67] (à l'inverse de la disqualification[68] qui génère de l'impuissance et une diminution de l'estime et de la confiance en soi).

Rappelons-nous d'un moment dans notre vie, où une personne nous a fait sentir que nous étions quelqu'un d'unique et de bon, que nous avions de la valeur, une personne qui a cru en nous et surtout qui nous a fait croire en nous, en nos talents, qui nous a fait sentir qu'il y avait une place pour nous dans le monde...
À ce moment précieux, nous avons bénéficié de Sponsorat, nous nous sommes sentis *vus*, *bénis* et cela nous a donné confiance en nous et dans le monde.

66. Thérapeute américain, élève du célèbre Milton Erickson, et qui a développé la thérapie du « Soi Génératif », qui est le plein épanouissement de sa nature profonde. Voir Ressources.
67. L'estime de soi se structure sur la base de la qualification (dire les qualités) et de la confirmation affective provenant de l'entourage proche (êtres chers, parents, amis, thérapeute). Il est aussi très important de se qualifier soi-même, cependant ceci est plus facile à faire quand nous l'avons déjà reçu de l'extérieur.
68. Gilligan parle de « malédiction », dire le mal, le dire mal, comme étant le contraire de la bénédiction.

Bénir et Encourager : ma vision Yin et Yang du Sponsorat

Gilligan définit le Sponsorat comme l'art de « voir et de bénir », mais personnellement, je le définis plutôt comme l'art de « *bénir* et *d'encourager* ».

En effet, dans mon travail avec le chant, j'ai toujours eu à cœur de créer un champ de Sponsorat qui voit, valide, bénit et célèbre ce qui est là (*la dimension Yin*), mais j'ai toujours aussi eu à cœur de créer un champ de Sponsorat qui encourage, propose[69] et célèbre un dépassement de soi (la *dimension Yang*) dans des conditions soutenantes et bienveillantes.

En effet le Sponsorat, ce n'est pas seulement croire en l'autre et le qualifier. Le Sponsorat, c'est aussi *encourager* l'autre à dépasser une peur, une limite, un blocage, à sortir de sa zone de confort, afin de l'aider à accéder à ses ressources et à d'autres niveaux de réalisation, bref à se dépasser, à se transformer, pour aller vers l'expression de son plein potentiel. (L'inverse est aussi vrai : le Sponsorat, ce n'est pas qu'encourager l'autre à se dépasser, c'est aussi qualifier et bénir ce qui est déjà là !)

Cet art du Sponsorat qui bénit et encourage[70], est une clé de voûte pour l'épanouissement de notre chant existentiel.

N.B. Si le terme « bénir » ne vous convient pas, vous pouvez le remplacer par les autres termes qui le définissent : accueillir, reconnaître, qualifier, valider (confirmation de la valeur)...

69. J'appelle cette proposition de dépassement de soi un *défi transformateur et générateur de Vie*. Pour qu'une personne ose et réussisse à le relever, il faut qu'elle soit volontaire, qu'elle en ait l'envie (même si elle en a peur) et qu'elle soit suffisamment sécurisée, préparée, encouragée et accompagnée de façon bienveillante et habile.

70. Bien que Gilligan n'utilise pas le terme « encourager », il est quand même question de cela dans l'esprit quand il dit que le Sponsorat est l'art de faciliter le plein épanouissement du potentiel, ce qui demande des dépassements de soi.

DONNER DU SPONSORAT AU CHANT ET À L'ÊTRE

Bienvenue à ta voix, bienvenue à ton chant, bienvenue à toi.

Co-créer un champ collectif de Sponsorat

Ce Sponsorat pour l'épanouissement de notre chant et de notre être, nous étions en droit de le recevoir. Si autant d'entre nous ne l'ont pas reçu, c'est parce que les personnes autour de nous ne l'avaient elles-mêmes pas reçu, ni appris à le donner.
Mais nous pouvons *inverser les choses, nous pouvons apprendre à le donner*[71] *même si nous ne l'avons pas reçu.* Comme je l'explique dans mon témoignage, c'est parce que j'ai souffert d'un manque de Sponsorat pour le chant de mon être que j'ai développé ma capacité à donner ce que j'aurais aimé recevoir.
Donc, même si nous n'avons pas pu profiter de ce terreau béni, j'ai la croyance et la foi que nous pouvons tous apprendre à développer les compétences pour le donner et ainsi co-créer ensemble un champ collectif de Sponsorat.
Nous pouvons répandre cette ambiance contagieuse où *nous nous donnons mutuellement* cette validation, ce soutien et cet encouragement quand nous voulons chanter, où nous devenons des miroirs embellissants les uns pour les autres.
Nous pouvons co-créer ces espaces d'exploration où nous pourrons expérimenter ensemble, en confiance, dans la bienveillance et le plaisir, en nous encourageant mutuellement à oser déployer notre voix, à oser nous dépasser pour aller vers le plein épanouissement de nos potentiels chantés et de Vie.
Il n'en tient qu'à nous de créer ce nouveau *champ contagieux de bénédiction, de qualification, d'encouragement pour nos voix, nos chants et nos êtres !*

Voyons maintenant comment chacun de nous peut apprendre à développer le savoir-faire et le savoir-être pour donner du Sponsorat à la personne qui veut chanter.

Donner du Sponsorat à la personne qui veut chanter

Donner du Sponsorat à la personne qui veut chanter[72], c'est *donner du Sponsorat au chant et à l'être.*
C'est œuvrer à *la restauration d'un cœur qui se met en voix, à la mise au monde du chant de l'être qui veut exprimer son identité, sa créativité, ses émotions, sa beauté, sa valeur et sa place dans le monde.*
Donner du Sponsorat à la personne qui veut chanter, c'est la *bénir* avec tendresse *et l'encourager* avec confiance et ardeur, pour qu'elle puisse oser se réapproprier et déployer sa pleine capacité et sa pleine joie à chanter.

71. En attendant de pouvoir le recevoir de l'extérieur ou de se le donner soi-même (c'est alors de l'auto-Sponsorat).
72. Et cette personne peut être soi-même.

C'est l'entendre, la voir, la reconnaître, lui refléter la beauté de sa voix et de son chant en lui disant, ou en lui faisant sentir ce message :
« Je te vois, je t'entends. Ta voix et ton chant sont les bienvenus. Tu es le(la) bienvenu(e). Ton chant est beau, il est un cadeau. Je t'encourage aussi à oser te dépasser, à faire émerger ton plein potentiel de connexion, d'expression et de transformation par le chant ».

Donner du Sponsorat à la personne qui veut chanter, c'est aussi porter et transmettre cette *conviction profonde, véritable injonction bénédiction* : *« Il y a une place pour ta voix et ton chant dans le monde. Ta voix, ton chant, ton être sont les bienvenus ».*
J'ai vraiment à cœur de faire ressentir la profondeur et la portée existentielle de cette conviction car elle est un ingrédient primordial pour la libération des cœurs en voix. Cette clef de voûte, qui aimante toute mon approche du chant, est une vraie bénédiction à entendre, à recevoir et à donner !
Elle est aussi une métaphore de vie qui convoie ce message : « Il y a une place pour *le chant de ton être* dans le monde », c'est-à-dire qu'il y a une place pour toi, ton unicité, tes talents, tes dons, tes forces, tes compétences, ta contribution dans le monde.
C'est pour toutes ces raisons que je parle *d'injonction bénédiction*, car elle est *positive, réparatrice, porteuse d'éclosion de Vie.*
Beaucoup de personnes sont bouleversées[73] et émues aux larmes quand elles se sentent ainsi accueillies dans leur voix, leur chant et leur être. C'est pour dire la puissance de cette injonction bénédiction quand elle est portée et transmise de façon complètement habitée.

Nous pouvons tous apprendre à développer les *qualités complémentaires de* Sponsorat Yin et Yang pour *bénir* et *encourager* les personnes qui veulent chanter (dont nous-mêmes faisons partie). Les voici énumérées dans le tableau qui suit[74] :

73. Certaines m'ont même témoigné que cela leur avait fait toucher quelque chose de l'ordre de la reconquête de leur droit d'exister et du sens de leur valeur profonde.
74. Gilligan ne parle pas de ces qualités en termes de Yin et Yang. C'est moi qui fais cette distinction. J'ai repris certaines de ces qualités dans l'œuvre de Gilligan et les ai placées dans le côté Yin, et j'en ai rajouté d'autres, notamment toutes celles dans les qualités Yang, à partir de mon expérience personnelle.

Les Qualités complémentaires de Sponsorat

Les qualités YIN pour BÉNIR

- fournir un espace Yin de tendresse, de présence, d'accueil, d'écoute, de sensibilité, de reconnaissance, de qualification, de sécurité et de bienveillance, qui permet à la confiance de s'installer et au cœur et à la voix de s'ouvrir,
- avoir la capacité de sentir, de voir, de nommer et de bénir les dons et les blessures,
- être à l'écoute de ce qui éclôt et contenir ce qui émerge,
- sentir le bon moment et la bonne façon pour proposer un dépassement de soi.

Mots-clés pour Bénir: voir, reconnaître, accueillir, qualifier, écouter, tendresse, sécurité, bienveillance, confiance...

Les qualités Yang pour ENCOURAGER

- fournir un espace Yang d'ardeur, d'enthousiasme communicatif et de liberté qui autorise et encourage l'instinct d'exploration, en faisant passer l'autre par l'expérimentation pour oser le nouveau, l'inconnu, la prise de risques et pour se dépasser,
- avoir une attention et un engagement intense pour éveiller, dynamiser, guider, soutenir, transmettre l'élan et l'énergie qui encourage l'autre à oser se dépasser et à accéder à ses ressources,
- célébrer l'autre pour avoir osé l'inconnu et ce qui lui faisait peur, pour s'être dépassé,
- aider l'autre à mettre du sens, de la conscience et des mots sur ce qui se passe (pourrait aussi être mise dans qualités Yin).

Mots-clés pour Encourager : soutenir, élan, dépassement, oser, ardeur, prise de risques...

Alors, développons ces belles qualités Yin et Yang et co-créons ensemble ce champ de Sponsorat, terreau fertile pour le déploiement de nos potentiels chantés et de notre résilience chantée !

DEVENIR UN RÉSILIENT CHANTANT

La *résilience*, souvent le *fruit d'un Sponsorat*, est cette capacité que nous avons à rebondir sur une épreuve et à la transformer.

« Dans la résilience, il y a généralement une rencontre : quelqu'un qui regarde l'enfant abandonné et le reconnaît[75]*. À partir de là, une volonté de vivre peut renaître ».* Boris Cyrulink

Bénéficier de Sponsorat pour chanter agit comme un puissant tuteur ou baume de résilience pour restaurer et libérer nos voix perdues, emprisonnées, refoulées, éteintes, muettes, et même pour faire naître des voix qui ne savaient même pas qu'elles existaient[76] !
Reconquérir ainsi sa voix et son chant participe à une guérison profonde de notre être. *Chanter est un tel outil de résilience.*

Stop à la castration des voix,
devenons une voix de la résilience chantante ! ☺

La résilience chantante : devenir résilient *du* chant et résilient *par* le chant

En donnant la permission à notre voix chantée de se faire entendre, en reconquérant notre capacité à chanter la Vie, nous pouvons devenir ce que j'appelle un *résilient chantant :* un *résilient du* chant et un résilient *par le* chant (les deux sont liés).
Devenir un *résilient du chant*, c'est reconquérir sa capacité de chanter et se nourrir de tous ses bienfaits. Cette simple remise en voix est une victoire, une résilience en soi.
Cette *remise en chant* permet souvent une *remise en vie* plus globale.
Je parle alors de devenir *résilient par le chant* : par la libération de notre voix chantée, nous pouvons permettre à d'importantes et bénéfiques transformations de vie d'être générées.
Par exemple, les personnes résilientes *par le* chant :
- se réconcilient avec leur voix, élément important de leur identité,
- développent leur capacité de connexion, de reliance, d'écoute,
- libèrent leur capacité d'expression, réveillent et déploient leur créativité,
- libèrent des d'émotions enfouies, retrouvent leur joie d'exister,
- retrouvent confiance et estime de soi...

Histoires et témoignages de résilients chantants

Nous allons voir maintenant quelques histoires et témoignages de résilience chantante soutenue par un Sponsorat.
Nous y verrons que pour devenir un *résilient chantant*, parfois nous n'avons besoin que d'un

75. Cette personne qui voit et reconnaît l'enfant, est un Sponsor de vie !
76. Beaucoup de personnes disent : « Je n'avais jamais entendu ma voix comme cela avant ! »

simple compliment ou encouragement, et d'autres fois, nous avons besoin d'un Sponsorat plus soutenu pour permettre aux émotions enfouies de se libérer et pour retrouver notre droit, notre liberté et notre joie de chanter.

Voici l'histoire de Johanne qui est née à son chant suite à un simple encouragement à offrir son chant à la nature.

> *Lors d'un voyage de groupe dans le désert où je suis participante, je parle avec Johanne tout en marchant dans les dunes et celle-ci m'avoue n'avoir jamais osé chanter. Tout simplement, je l'invite à aller trouver une dune dans l'immensité de l'espace de cette nature silencieuse et à offrir sa voix et son chant spontané au désert.*
> *Visiblement émue de ma proposition, elle s'éloigne du groupe et part marcher à l'écart. Je la retrouve quelques heures plus tard et elle me dira :*
> *« Merci, grâce à ton invitation, à ton encouragement, je suis née aujourd'hui à mon chant... J'ai osé chanter et le désert m'a entendue ».*

Notez que Johanne aura eu deux sponsors en simultané... moi par mon encouragement et le désert qui a accueilli et entendu son chant...

Voici le témoignage détaillé et poignant de Catherine[77] qui nous raconte comment elle a pu dépasser sa terreur du chant, à l'occasion de la démonstration faite avec moi sur l'exercice « Chante pour moi »[78]. Cette libération de sa voix (résiliente *du* chant) aura aussi d'autres répercussions profondes sur sa vie (résiliente *par* le chant). Voici ses mots.

> *« Je savais depuis l'adolescence que j'avais un travail sur ma voix à faire, mais bien qu'adepte du dépassement de soi et de l'aventure, je n'avais pu affronter ce qui était, je pense, une de mes plus grandes peurs.*
> *En 2012, la Vie m'a apporté la possibilité de me lancer. Dès que l'on m'a tendu le flyer du stage, sans même l'avoir lu, j'ai su que je devais me jeter à l'eau. Pendant trois mois, j'ai dû calmer mon mental qui régulièrement revenait avec des "n'y va pas, ça va être trop dur". Et puis le grand week-end est arrivé.*
> *Ne pouvant revenir sur tous les évènements du week-end tant il fut riche en émotions, je reviendrai sur l'exercice le plus marquant pour moi.*
> *Après avoir travaillé sur les raisons de notre présence à ce stage et notre rapport à la voix, il m'est clairement apparu que mon profil était un peu atypique. Je n'étais pas là pour améliorer ma voix, mieux la connaître ou la maîtriser, je n'étais pas là non plus parce que le chant est un plaisir, un épanouissement et du pur bonheur. Non j'étais là parce que pour moi c'était douloureux !*
> *En exprimant ouvertement ma difficulté, je ne m'imaginais pas être choisie pour cet exercice qu'a proposé Fleur-Lise, à savoir « chanter Son son"* [79], *le laisser sortir tout simplement. Je*

77. Je vous ai déjà raconté son histoire avec mes mots en p. 55-56.
78. Voir p. 94-99 pour la présentation détaillée de cet exercice.
79. C'est comme cela qu'elle a nommé mon exercice « Chante pour moi »..

me sentais si peu concernée que je regardais mes pieds pendant qu'elle expliquait qu'elle allait choisir quelqu'un pour la démonstration, mais pas au hasard. Il était clair pour moi qu'elle choisirait quelqu'un qui savait chanter, pour nous montrer comment faire. Et pourtant, au même instant j'ai vu ses pieds se tourner face aux miens ! Moment surréaliste, impensable, mon pire cauchemar ! J'ai relevé la tête, elle était bien là face à moi, pleine d'attentes, avec son sourire bienveillant et ses mains tendues pour m'inviter à la suivre. En cet instant, j'ai senti mon corps se rétracter, la panique m'envahir, je redevenais une petite fille incapable d'avancer, me contentant de dire "non, non ce n'est pas possible, ce n'est pas possible". Je ne savais où raccrocher mes yeux, où trouver de l'aide, je ne voyais que les yeux de Fleur-Lise qui insistaient. Tout mon corps disait "c'est impossible, je ne peux pas, je ne sais pas, je ne suis pas capable". Avec beaucoup de patience, elle s'est assise près de moi, m'a parlé tendrement, m'a proposé de me jeter dans le vide avec elle, non pas pour tomber mais pour m'envoler avec elle. Combien de temps a-t-elle insisté ? Et puis, au bord de l'effondrement, j'ai tout à coup senti la panique laisser place à un vide intense annihilant mon mental. Mue par une force inconnue, sans avoir la moindre idée de ce qui m'attendait, je me suis levée. Je l'ai laissée me guider. Mon mental s'est totalement arrêté. Je ne voyais rien, hormis Fleur-Lise, mais je sentais le groupe autour de moi et forte de la confiance que j'avais nouée avec chacun d'eux le matin lors des magnifiques vivencias de Biodanza, j'ai pu les "oublier" en sentant juste la force qu'ils créaient autour de moi (c'était un stage Chant et Biodanza [80]).

J'ai fermé les yeux et j'ai laissé ce qui voulait bien sortir s'exprimer. J'ignorais ce que ça donnait à l'extérieur pour les autres, il n'y avait plus ni honte, ni contrôle de l'image, il n'y avait que cette ouverture qui se créait en moi, presque chirurgicale, laissant passer le son que je n'aurais pu pousser à la naissance. Faible souffle au départ, éraillé et douloureux. Les larmes montaient, coulaient avec ce son libérateur de souffrances tapies, enfouies au plus profond de moi. J'ai ouvert les yeux et Fleur-Lise m'a remerciée, offert son sourire si doux et réconfortant et m'a demandé si je voulais bien recommencer à chanter pour elle. J'ai fermé les yeux à nouveau et autorisé une nouvelle vague à s'exprimer, peut-être avec plus de force. Et elle m'a encore redemandé de chanter pour elle, mais les yeux ouverts cette fois. Et je l'ai fait ! J'ai osé montrer qui j'étais, j'ai mis à nu, non pas mon corps, mais mon âme qui me soutenait encore et encore. Je venais de faire la rencontre avec une partie de moi-même qui m'a abasourdie.

Je peux dire que j'ai dépassé mon pire cauchemar, mais le plus beau cadeau reçu en retour a été les témoignages du groupe que j'avais fini par totalement oublier. J'ignorai qu'en me dépassant ainsi je pouvais autant faire écho chez eux et les aider. Le partage de leurs émotions, de leurs larmes aussi m'a touchée, émue. Double leçon avec effet immédiat. Un moment réellement merveilleux, magnifique, enrichissant. Et tout au long du week-end il en a été ainsi, de dépassement en dépassement, et j'ai découvert un possible que mon mental avait écarté.

80. Catherine pratiquait déjà la Biodanza, ce qui l'a aidée à faire le pas pour s'inscrire à ce stage pour la partie chant.

Pour moi il y a eu un après le stage. J'ai souffert de la gorge à différents degrés, j'ai dû prendre soin de moi. J'avais ouvert un passage à certaines émotions, à une nouvelle sensibilité que j'avais écartée pour me protéger. Aujourd'hui je me sens plus entière, plus vraie. La compréhension de tout ce qui s'est joué ce week-end-là n'a pas été totalement immédiate. Cela s'est développé au cours des semaines suivantes, notamment lors d'autres vivencias de Biodanza et à l'occasion d'événements que la Vie me resservait. J'ai pris conscience de mon besoin d'air, d'espace, de respect de mon intimité, de savoir dire non en toute sérénité sans être dans la réaction, juste pour me respecter. Des notions somme toute banales, que je connaissais intellectuellement mais que mon être ne pouvait pas intégrer et exprimer tant que cette libération intérieure n'était pas enclenchée.
En m'inscrivant à ce stage, j'ai consciemment marché vers mes peurs, guidée par mon âme, sans essayer de les vaincre, je leur ai fait face les yeux ouverts pour les transcender. Je me suis jetée dans le vide et je me suis envolée. La prise de conscience de mes ressources intérieures me fait vivre dans la joie et me fait faire face aux difficultés avec plus de confiance et de sérénité. »

Voici l'histoire de Marie-Jeanne que j'ai pu accompagner afin qu'elle remette en mouvement son chant qui s'était figé en elle.

Je suis en balade avec un petit groupe d'amis. Je marche avec Marie-Jeanne qui me partage sa difficulté à chanter. Elle me dit que petite, elle chantait tout le temps et qu'elle ne sait pas pourquoi depuis elle s'est arrêtée de chanter. (À ce moment-là[81], je n'ai pas l'occasion de la questionner plus en profondeur sur son histoire).
En cours de balade, Marie-Jeanne nous propose d'aller visiter une église qui se trouve sur le chemin. Nous y rentrons, et par chance, elle est ouverte et il n'y a personne. Je connais la puissance de la résonance sonore dans une église et je sais que celle-ci peut grandement soutenir l'émergence de la voix. Je propose alors que chacun de nous prenne un petit moment de chant solo face à l'autel, que ce soit un chant existant ou un chant spontané.
Nous sommes trois à avoir chanté, il ne reste plus que Marie-Jeanne qui reste en silence. Mon regard et mon attention se tournent vers elle et je l'invite à chanter et elle me répond qu'elle ne peut pas. Alors je me déplace et viens derrière elle, l'entoure de mes bras et lui mets mes mains sur son cœur, pour qu'elle sente ma présence et mon soutien. Je sens qu'elle se détend et que ma présence et mon contact sont les bienvenus.
Je chuchote à son oreille : « Est-ce que tu es d'accord pour que je te vienne en aide ? » et elle me répond que oui. Toujours en chuchotant, je lui dis : « Chanter c'est juste sonoriser ton souffle, une seule note suffit pour lancer le mouvement de ton chant ».
Je souffle alors à son oreille un « ah » chanté très doux. Je l'invite à me rejoindre avec sa voix. Elle ose alors commencer à chanter ce « ah » avec moi. Je la soutiens corporellement, énergétiquement et vocalement. Nous reprenons toujours la même note « ah » et j'impulse

81. Lors d'une autre occasion, j'ai questionné Marie-Jeanne et elle a pu mettre de la conscience sur le fait qu'elle s'était arrêtée de chanter à onze ans, suite à un stress psychologique d'insécurité ainsi qu'à une chute traumatique.

> *progressivement une augmentation de volume sonore pour que le chant devienne de plus en plus résonnant, audible. Puis, je commence à faire des petites variations mélodiques et elle me rejoint dans ce mouvement d'improvisation. (Pendant tout ce temps, je reste en contact proche avec elle).*
> *Quand nous avons terminé notre chant, nos amis, visiblement émus, se rapprochent de nous et viennent nous enlacer et nous entamons un nouveau chant spontané tous ensemble. Un vrai moment de grâce et de guérison.*
> *Au sortir de l'église, Marie-Jeanne partagera : « J'avais besoin d'être aidée et soutenue pour me remettre en chemin avec ma voix ».*

Oui Marie-Jeanne, comme beaucoup d'entre nous, avait juste besoin d'un peu *de soutien et de lien* pour remettre en mouvement son chant.

Enfin, voici le témoignage d'Annie-Chantal qui avait dit en début de stage qu'elle avait un traumatisme lié à la voix et au chant depuis quarante ans et que j'ai invité à venir vivre la démonstration avec moi sur l'exercice « Chante pour moi ».

> *« Dans cet exercice, Fleur-Lise m'invite, de sa voix douce et bienveillante, à venir chanter pour elle. J'entends alors son cœur écouter le mien. L'hésitation et le trac cèdent la place à l'élan d'offrir l'intensité de ce que je ressens à cet instant. L'émotion est vive, étonnement et peur se confondent. Alors je chante les premières notes de "Petit Garçon". Mes sanglots étouffent ma voix. Je continue de chanter dans ses yeux emplis d'amour, je m'appuie sur cette générosité inconditionnelle qu'elle me communique. Ses mains tiennent mes mains, un soutien inoubliable de puissance et de conviction. Elles vont m'accompagner jusqu'au bout de moi. Je touche l'instant magique du lâcher-prise, je ne retiens plus rien, je me laisse aller dans les pleurs jusqu'au bout de cette chanson de Noël.*
> *Puis un deuxième cadeau va transformer ma vie, elle me propose de chanter pour elle une autre chanson sans me laisser reprendre mon souffle. La tristesse infiniment grande laisse la place à la joie, la joie de chanter pour elle sans retenue. Je sens cet océan d'apaisement s'installer jusqu'au plus profond de moi. J'entends ma voix, peut-être pour la première fois depuis quarante ans...*
> *Je souris, je me sens radieuse d'offrir à toutes les personnes du groupe ce qui se passe en moi. »*

Ce témoignage nous montre encore une fois que lorsque nous nous sentons enfin vus et entendus, la guérison pointe à l'horizon...

Nous allons voir maintenant deux exercices pratiques pour se donner et donner du Sponsorat.

SOUHAITER LA BIENVENUE À SA VOIX : UN ACTE D'AUTO-SPONSORAT

Beaucoup n'aiment pas leur voix alors que c'est une partie fondamentale, profonde et intime de notre être, de notre identité.
Il me paraît évident que de se réconcilier avec sa voix, apprendre à l'aimer et lui permettre de se déployer, est fondamental sur le chemin d'accueil et d'amour de soi (nous en reparlerons dans le chapitre sur l'identité).

Comme je me suis aperçue que beaucoup de mes participants n'aimaient pas leur voix, j'ai eu envie d'écrire un texte qui les aiderait à lui souhaiter la bienvenue, qui les aiderait à oser la faire entendre et à retrouver confiance en leur capacité à chanter. J'avais envie de trouver des mots que je pourrais leur lire [82] et qui résonneraient à leurs oreilles et à leurs cœurs comme des injonctions positives et réparatrices.

Ce texte, je vous l'offre maintenant à vous aussi, et je recommande que vous vous le lisiez à haute voix.
Souhaiter ainsi la bienvenue à sa voix est un acte fort d'auto-Sponsorat Yin [83] qui amène un baume de guérison, de résilience.

Conseils pour lire à haute voix le texte « Bienvenue à ma voix »
Je vous invite à un rendez-vous sacré avec vous-même.
Choisissez un moment et un endroit au calme ainsi qu'une douce musique d'ambiance qui sera la base sonore de votre rituel. Vous pouvez allumer une bougie.
Intériorisez-vous un instant, respirez profondément.
Puis, commencez à lire ce texte à haute voix, avec lenteur, profondeur et tendresse envers votre voix.
Accueillez-vous avec toutes les émotions qui émergeront.
N.B. La bienveillance envers soi-même est la clé pour s'adresser à cette partie si intime de nous, souvent meurtrie, qui a besoin d'être bercée avec beaucoup de douceur !

82. Dans mes stages, je fais mettre les personnes en position allongée pour être profondément réceptives à ces mots que je leur lis lentement, avec conviction et tendresse, sur un fond musical doux.
83. Le partage à deux avec le questionnaire « Visiter son histoire avec la voix » était un autre exercice Yin de Sponsorat, dans l'écoute et l'accueil mutuels de l'histoire de l'autre.

Bienvenue à ma voix

Bienvenue à toi ma voix,
bienvenue à toi mon chant...
Il y a une place, pour toi ma voix,
et toi mon chant, dans le monde...

Maintenant, j'ose ma voix...
J'ose la faire entendre et dire au monde :
me voilà, me voix-là !
Je suis vivant(e), j'existe...
j'ai envie d'être vu(e) et entendu(e)...
J'ai envie de partager qui je suis
et de contribuer au Chant de la Vie...

Alors pour cela, j'invite en moi...
Ce qui est silencieux, muet et qui se tait,
à s'exprimer...
Ce qui est endormi, à se réveiller...
Ce qui est latent, à éclore...
Ce qui est caché, à se révéler...
Ce qui se tient immobile ou figé,
à se remettre en mouvement...
Ce qui est plié, à se déplier, à se déployer...
Ce qui est verrouillé, emprisonné, refoulé,
bridé, à se libérer...
Ce qui est déconnecté, à se reconnecter,
à se relier...
Ce qui est éteint, à se rallumer...
Ce qui est mort, à se remettre en Vie...

Maintenant, j'ose chanter...
Pour me connecter, me mettre en lien...
Pour vibrer... sortir du silence...
m'exprimer...
Pour me donner, me dévoi(x)ler...
Pour me connaître, me reconnaître...
Pour m'accueillir, me recueillir, grandir...
Pour me mettre en joie, me mettre en vie...

Je n'ai pas besoin de savoir chanter
pour chanter...
J'ai simplement à renouer avec l'endroit
en moi qui sait chanter...
Pour cela, je laisse jaillir ma voix...
une note à la fois...
Chaque note libérée ainsi...
étincelle de joie et de Vie...

J'ose déployer mon chant spontané,
riche de créativité...
Sans performance, j'entre dans la reliance...
Je m'offre le cadeau du lâcher-prise...
Avec élan, confiance et curiosité de l'enfant...
J'ose l'inconnu pour m'ouvrir à la grâce...

Je chante et j'écoute à l'intérieur...
Je chante et j'exprime à l'extérieur...
J'unis ma voix aux autres...
Je co-crée, partage et célèbre...

Bienvenue à ma voix, bienvenue à moi...
Je suis ma voix... ma voix est une extension
et une expression de moi...
Au cœur de mon chant,
je suis le/la bienvenu(e)...
Il y a une place pour ma voix et mon chant
dans le monde...
Bénédictions...

CHANTE POUR MOI : EXERCICE-CLÉ DE SPONSORAT À DEUX

« *Chante pour moi* » est un exercice que j'ai créé il y a plusieurs années (avant même de connaître la notion de Sponsorat) et qui a pris racine dans ma blessure d'enfance avec le chant : le manque de Sponsorat pour le chant de mon être.
Comme j'ai personnellement vécu ce manque, j'ai été très sensible à le percevoir chez beaucoup de mes élèves et participants. Quand ceux-ci venaient en cours ou en stages, je percevais à un niveau plus profond ce besoin ou cette demande, la plupart du temps non consciente :
« *Entends-moi, vois-moi, valide-moi...*
Accueille mon chant, donne-moi la permission de chanter, d'exister...
Donne-moi une bénédiction, un encouragement...
Aide-moi à oser ma voix et à retrouver ma confiance et ma joie naturelle à chanter...
Soutiens-moi dans mon processus vers le plein épanouissement de mon chant existentiel... ».

C'est donc pour venir en réparation de ce manque vécu par beaucoup qu'est né cet exercice de Sponsorat qui allie le côté *Yin*, *bénir* le chant de l'autre, et le côté *Yang*, *encourager* l'autre à déployer son chant.

C'est un exercice séquentiel, qui se fait à deux, mains dans les mains, yeux dans les yeux, cœur à cœur, dans lequel chacun, à tour de rôle, demande à l'autre « Chante pour moi ».
Chacun est ainsi invité à se montrer et à se faire entendre, ainsi qu'à voir et à écouter l'autre avec une pleine attention et bienveillance.

Cet exercice permet donc à tour de rôle :
- de chanter et d'être *sponsorisé* par l'autre, c'est-à-dire pleinement vu, écouté, entendu, accueilli, encouragé et célébré dans son chant et dans son être,
- de *sponsoriser l'autre*, c'est-à-dire de se rendre totalement présent pour l'autre et de pleinement le voir, l'écouter, l'entendre, l'accueillir, l'encourager, le célébrer, dans son chant et dans son être.

Pour livrer tous ses bénéfices, cet exercice demande un *contexte affectif* de *sécurité, de bienveillance, et de présence*[84] *engagée authentique de celui qui chante et de celui qui écoute.* Dans de telles conditions de don de soi (tant de la personne qui chante que de celle qui écoute), cet exercice peut être un puissant vecteur de confirmation affective, de résilience, apportant réparation, restauration et transformation (deux témoignages y ont fait longuement référence).

84. C'est quand nous sommes dans cette qualité de présence que des guérisons s'opèrent.

Dans mes stages, les participants auront vécu une préparation progressive avant de faire cet exercice séquentiel, que je leur présente en détail pour ensuite leur en faire une démonstration complète viventielle[85] avec un participant volontaire.
Même si vous n'avez pas toutes les conditions fournies en stage, je suis convaincue que le fait de faire cet exercice avec un partenaire en suivant *le protocole de réalisation* suivant, vous offrira aussi de nombreux bienfaits.
N.B. L'exercice « Chante pour moi » est en lui-même assez simple, mais dans cette simplicité, il y a plusieurs subtilités relationnelles importantes à prendre en compte, à intégrer si l'on veut bénéficier des immenses cadeaux de cet exercice. C'est pourquoi je vous invite à lire le protocole une à deux fois avant de commencer.

PROTOCOLE de réalisation de l'exercice « CHANTE POUR MOI »

Préambule

- Choisissez un partenaire qui a envie de vivre ce travail impliquant émotionnellement avec vous.
- Trouvez un endroit au calme où vous ne serez pas dérangés pendant au moins 30-40 minutes, voire plus.
- Positionnez-vous debout face à face, mains dans les mains, yeux dans les yeux, cœur à cœur.
- Déterminez qui sera la personne qui chantera en premier et qui sera sponsorisée, et l'autre qui écoutera et sponsorisera. Il y aura inversion après.
- Avant de commencer les différentes séquences de l'exercice, relisez ensemble le protocole au complet ainsi que les clés que je donne pour la personne qui chante et pour celle qui écoute.

Clés pour la personne qui chante et qui est sponsorisée

- Dans un premier temps, l'important n'est pas ce qui est chanté, ni comment cela est chanté. L'important à ce premier stade est simplement de *remettre en mouvement notre voix et notre chant dans un contexte affectif bienveillant* et d'accueillir les émotions qui émergeront en s'accueillant soi-même avec tendresse.
- Dans un deuxième temps, l'invitation est de chercher à se sentir de plus en plus connecté, habité, engagé et nourri en chantant. Peu à peu, nous cherchons à recontacter la joie de nous sentir vivant en chantant, la joie de nous donner (à soi, à l'autre) pleinement en chantant. (Et cela ne se fait pas nécessairement en une seule fois).

85. Démonstration « viventielle » (du mot espagnol « Vivencia »), où nous vivons l'exercice avec une présence intense et engagée.

Clés pour la personne qui écoute et sponsorise

- Il est très important que l'écoutant écoute *les yeux ouverts*. Même si la personne qui chante a les yeux fermés, l'écoutant garde les yeux ouverts, d'une part pour être témoin de ce qui se vit, et aussi parce qu'à l'instant où son partenaire ouvrira les yeux, celui-ci aura en face un regard, une présence pour l'accueillir.
- L'écoutant donne *toute son attention* à la personne qui chante. Il accueille et contient le chant avec *beaucoup de présence*. Il *ouvre son cœur* et se laisse toucher profondément par ce cadeau de vulnérabilité, de mise à nu, de don de soi que l'autre personne nous fait en chantant ainsi pour nous.
- Doit être accueilli avec la plus grande bienveillance et tendresse, tout ce qui se présente et qui émerge dans le chant de l'autre : la joie, la peur, la tristesse, les pleurs, le petit filet de voix, le rire nerveux, le trou de mémoire...
- Il arrive souvent que la personne qui chante rencontre « un blanc » de paroles, un trou de mémoire. Si c'est le cas, la rassurer et lui dire que c'est OK. Puis invitez-la à prendre le temps de descendre plus profondément en elle pour ressentir et accueillir l'émotion qui veut peut-être émerger dans – ou grâce à – ce silence. Ensuite, elle pourra soit poursuivre son chant jusqu'au bout, soit chanter que les phrases dont elle se souvient, soit démarrer un autre chant ou soit laisser simplement émerger quelques sons en chant spontané. *L'important ici est de rester dans le mouvement, de continuer à chanter et de ne pas figer.*
- Si la personne chante « en faisant » trop le clown, accueillir cela dans un premier temps mais ensuite invitez-la à rechanter en allant plus en profondeur, car parfois une certaine forme d'humour masque l'inconfort de contacter l'émotion.
- Si la personne n'arrive pas du tout à chanter parce qu'elle se sent complètement bloquée, et ce, malgré vos encouragements, vous pouvez à ce moment-là lui proposer de chanter avec elle (même si ce n'est que quelques notes sur une voyelle ou sur un bout de chanson enfantine). Souvent cela suffit à aider l'autre à remettre son chant en mouvement. Si jamais elle reste toujours muette, il est peut-être important de s'arrêter, de s'asseoir, d'aller visiter ou revisiter son histoire avec le chant afin de libérer la parole et l'émotion autour de cela.
- Si l'exercice est émotionnellement très fort pour la personne qui chante, il peut être opportun de se rapprocher d'elle et de lui faire sentir encore plus votre présence et votre soutien par vos mains et votre regard.

Les différentes séquences de l'exercice

N.B. Pour les besoins d'alléger l'explication, la personne qui chante et qui est sponsorisée est dénommée Marie et la personne qui écoute et sponsorise est dénommée Jean.

1 - Avec beaucoup d'affectivité et de présence dans la voix, le regard, le sourire et les mains, Jean demande à Marie de chanter pour lui :
« *Marie, veux-tu bien chanter pour moi... ?* » (Il est important de nommer le prénom).
La clef ici est de demander avec tendresse et un ardent désir que l'autre chante pour nous.
Faites attention à ne pas dire : « Bon, c'est à toi de chanter maintenant » ou « As-tu envie de chanter pour moi ? », car cela ne véhicule pas le même message que « J'ai envie que tu chantes pour moi. »
Si la personne n'arrive pas à démarrer son chant, réitérez la demande et redonnez-lui tout votre soutien et votre encouragement par le regard et les mains, ou appliquez les clefs citées plus haut pour ce cas précis.

2 - *Marie commence à chanter*, soit une chanson qu'elle connaît ou un chant spontané qu'elle improvise (avec ou sans paroles).
Jean écoute en totale présence et soutien.

3 - Quand Marie a terminé de chanter ce premier chant, *Jean la remercie* et lui *demande de rechanter à nouveau pour lui :*
« *Merci Marie pour ton chant ! J'aimerais que tu chantes pour moi encore une fois. Marie, veux-tu bien encore chanter pour moi ?* »
Cette deuxième demande est très importante. Cela montre et confirme notre intérêt à écouter et à accueillir le chant de l'autre. Cela donne aussi à la personne qui chante l'occasion de prolonger et d'approfondir l'expérience.

4 - *Marie rechante une deuxième fois.*
Marie chante ce qu'elle veut, soit le même chant (en essayant de le chanter avec encore plus de détente et de présence) ou un autre. À nouveau, cela peut être une chanson qu'elle connaît ou un chant spontané.
L'important ici est de sentir de plus en plus la connexion à soi en chantant, dans le lien avec l'autre.
Jean continue à donner son écoute et sa pleine attention et encourage Marie par son sourire, son regard, ses mains.

5 - Une fois que Marie a terminé de chanter une deuxième fois, *Jean la remercie et lui demande de chanter une troisième fois pour lui.*
« Merci Marie pour ce deuxième chant ! Chante pour moi encore une fois... »

6 - Marie *rechante alors une troisième fois.*
En règle générale, après la troisième fois, plus on fait, plus cela devient facile (et émouvant, jouissif, ludique... !)

7 - Jean continue ainsi à lui *redemander* de chanter une *quatrième, une cinquième fois* (ou plus). Il peut aussi à présent lui *faire des invitations spécifiques* pour l'aider à oser élargir encore davantage son champ (et chant !) d'expérimentation.
Par exemple :
Si Marie a jusqu'à présent chanté les yeux fermés, il est opportun de l'inviter, si c'est possible pour elle, à oser maintenant chanter les yeux ouverts. L'inverse est aussi possible : si Marie a toujours chanté les yeux ouverts, invitez-la à chanter les yeux fermés, de façon plus intériorisée. Si elle n'a chanté que des chansons existantes, invitez-la à oser se lancer dans un chant spontané, pour être encore plus dans la liberté, la créativité et au plus près de l'instant présent.
« Marie, je t'invite à chanter les yeux ouverts et à oser un chant libre, intuitif, même s'il n'a que deux ou trois notes. Tu peux improviser sur des voyelles ou avec des paroles ».
« Marie, veux-tu bien cette fois-ci oser chanter plus fort (ou plus en douceur) ? »

8 - Marie *rechante ainsi une quatrième, une cinquième fois (ou plus).*

9 - *Jean remercie Marie (en nommant son prénom)* pour ses chants, pour son don d'elle-même, pour son courage ou sa joie ou autre chose positive qu'il a senti, vu et entendu.
Il est très *important d'ajouter* à la fin du remerciement, avec présence et conviction :
« Je t'ai vue et entendue », et de le répéter une deuxième fois.
« Marie, merci infiniment d'avoir chanté pour moi, merci pour tes chants, ton émotion, merci d'avoir osé, c'est un vrai cadeau... Marie, je t'ai vue et entendue, oui je t'ai pleinement vue et entendue ».

10 - *Marie remercie Jean* de lui avoir demandé de chanter, de l'avoir écoutée, en terminant par cette phrase : « *Je mérite d'être vue et entendue* » ou *une variante* : « *Ça fait du bien, c'est bon d'être vue et entendue* » ou bien « *J'ai été vue et entendue* ».
« *Merci Jean de m'avoir demandé de chanter, de m'avoir encouragée et de m'avoir écoutée pleinement. Je mérite d'être vue et entendue. Oh, que cela me fait du bien d'être ainsi vue et entendue !* »
En règle générale, à ce moment, une étreinte est naturellement bienvenue et vient sceller ce partage.

11 - Puis *inverser les rôles.*
Celui qui a chanté devient l'écoutant qui sponsorise. Celui qui a écouté chantera et sera à son tour sponsorisé.

12 - Étape supplémentaire possible : *chanter ensemble.*
À la fin de l'exercice, quand les deux personnes ont chanté chacune à leur tour, vous pouvez aussi, si vous en avez envie, chanter ensemble soit une chanson que vous connaissez tous les deux, soit vous lancer dans un chant spontané co-créé.

13 - Pour clore l'exercice, prenez un temps pour *partager sur le vécu de ces deux expériences* : celle d'avoir été pleinement encouragé, écouté, vu et entendu, et celle d'avoir pleinement encouragé, écouté, vu et entendu l'autre (et celle d'avoir chanté ensemble si vous l'avez fait).

Nous pouvons être très émus pendant et après cet exercice, comme les mots de cette participante en témoignent :

> *« Chanter pour l'autre et recevoir le chant de l'autre m'a fait vivre le goût du don à l'autre et de l'accueil de l'autre, comme dans un partage amoureux entre deux âmes ».* Brigitte

Poursuivons notre voyage pour réclamer notre droit, notre capacité, notre instinct de chanter.

Au plus profond de moi,
je sais chanter...

RENOUER AVEC L'INSTINCT DE CHANTER

Je recontacte l'endroit en moi qui sait chanter,
l'endroit d'où jaillit le Chant de la Vie.

Chanter est pour moi un *instinct*[86] *de vie* que nous avons perdu.
Beaucoup de choses nous ont coupés de notre connexion à cette capacité naturelle : le manque d'enchantement et d'encouragement, les injonctions négatives, le manque d'occasions pour que nous explorions et expérimentions joyeusement et créativement avec nos voix…
Mais nous pouvons réhabiliter, restaurer cet instinct, cette capacité de chanter qui est en chacun de nous.
Nous pouvons réveiller et restaurer nos mémoires ancestrales chantées : au commencement était le son…, le premier langage est musical…, le chant est un art primitif…
Nous pouvons recontacter cet endroit en nous qui sait chanter et le remettre en mouvement.
À cet endroit, il existe un chant profond, connecté à l'instinct.
C'est le Chant de la Vie en nous.

« Quand nous sommes reliées à notre nature instinctive, nous chantons ». Clarissa Pinkola Estés

« Le génie réside dans l'instinct ». Nietzsche

Sur ce chemin pour renouer avec l'instinct de chanter, nous allons apprendre que nous pouvons à tout moment *faire éclore la graine de la capacité de chanter qui est en chacun de nous*, notamment : en simplifiant notre rapport avec le chant, en y mettant moins d'enjeu, plus de jeu, voire en faisant sortir le bout du nez de son clown intérieur, en sortant de la pression du chant performance pour entrer dans la paix du chant reliance, en osant davantage, en improvisant et en laissant émerger des chants spontanés, libres et intuitifs du moment présent.

Nous pouvons tous renouer avec l'instinct de chanter.
La capacité de chanter est en chacun de nous !

86. L'instinct est sain quand il respecte la Vie. L'instinct est sain avant d'être perverti.

FAIRE ÉCLORE LA CAPACITÉ DE CHANTER QUI EST EN CHACUN DE NOUS

Ton chant t'appelle :
il réside à l'intérieur de toi.
Ouvre-lui la porte et va où il t'emporte.

Beaucoup de personnes se privent des bienfaits du chant parce qu'elles pensent ne pas « savoir chanter », alors que *nous n'avons pas besoin de « savoir chanter » pour chanter. Si nous pouvons parler, nous pouvons chanter !* Entre la voix parlée et la voix chantée, techniquement il n'y a qu'un pas : allonger le souffle, faire résonner le son plus longtemps. *C'est tout !*

Par notre voix, nous avons le pouvoir de créer notre propre musique mais nous en avons perdu l'accès naturel en mettant le chant à l'extérieur de nous. Nous avons séparé créateurs, interprètes et spectateurs. Chanter est devenu une spécialisation donnée à des professionnels et nous nous sommes transformés en consommateurs de chansons : radio, télévision, CD, MP3, Internet, concerts.
Pour faire éclore cette capacité de chanter, il est donc important de rééquilibrer la part où nous consommons plus passivement en simples auditeurs et spectateurs et la part où nous sommes acteurs, créateurs de notre musique, où nous *chantons nous-mêmes, avec notre propre voix.*

« Nous transformons notre biologie cellulaire non pas en écoutant de la musique, mais en la faisant, en la jouant. C'est notre propre voix qui nous guérit. » Jonathan Goldman

La plupart d'entre nous ont reçu le message que chanter, et surtout « bien » chanter n'est pas à la portée de tous et même que c'est un métier ! Combien de fois ai-je entendu : « Je laisse le chant à ceux qui "savent" chanter, car moi je ne suis pas un chanteur... ».
Il faut dissoudre cette croyance limitante car *nous n'avons pas besoin d'« être un chanteur » pour chanter !*
Est-ce que nous avons besoin d'être un écrivain public à succès, un danseur étoile, un peintre ou un dessinateur renommé pour écrire, danser, peindre et dessiner ? Non.
Quand j'écris, je suis écrivain, quand je dessine, je suis dessinateur, quand je danse, je suis danseur, quand je peins, je suis peintre et quand je chante, je suis chanteur !
Mais au fond, on s'en fiche d'être écrivain, danseur, dessinateur, peintre ou chanteur, *l'important c'est de sentir le plaisir de la connexion profonde et de l'expression créative : en chantant, en écrivant, en dansant, en dessinant, en peignant... !*
Alors quand je chante, je chante un point c'est... tout !

Ne cherchons plus à *être un chanteur ou à savoir bien chanter* mais simplement à chanter, et cela nous redonne du pouvoir !

Le chanteur que tu attends, c'est toi ! ☺
Chante et ta voix s'ouvrira ! ☺

Alors oui, chanter est à portée... de voix et de tous !
Peut-être que tout le monde ne peut pas chanter l'opéra de « La Traviata » (encore que... et ce n'est pas un but en soi !), mais tout le monde peut renouer avec cet instinct et chanter *immédiatement, avec sa voix telle qu'elle est, dans le plaisir et la liberté.*
La capacité de chanter est en chacun de nous. Il se trouve juste que nous l'avons oubliée.
Depuis la nuit des temps, nous chantons... non pas pour être chanteurs mais pour être co-créateurs...
Réclamons notre droit à l'expression, à la créativité, à faire notre propre musique.
Nous sommes tous des artistes, avec notre chant unique.

La capacité de chanter : une graine en chacun de nous

J'aime bien utiliser l'image de la *graine* pour illustrer cette capacité de chanter qui est en chacun de nous.
Nous savons que le potentiel est déjà contenu dans la graine et qu'il lui faut ces trois conditions réunies – terreau fertile, soleil et eau – pour que celle-ci germe et s'épanouisse.
Cette capacité de chanter est en nous mais celle-ci peut être à *différents degrés de manifestation.*
Elle peut être à l'état :
- de *graine*, qui contient tout le potentiel mais encore à l'état latent, non exprimé, non déployé, non manifesté, non révélé.
- de *jeune pousse* fraîchement éclose *ou d'arbuste en voie de développement*, tous deux encore très fragiles et vulnérables aux agressions,
- de bonsaï, maintenu dans un petit pot, régulièrement taillé, coupé pour rester petit[87],
- d'*arbre mature* épanoui de fruits !

« Et le jour vint où le risque de rester à l'étroit dans un bourgeon était plus douloureux que le risque d'éclore et de fleurir. » Anaïs Nin

Pour faire germer et fleurir en nous la graine de notre capacité, de notre confiance et de notre joie naturelles à chanter, il nous faut oser éclore et laisser émerger le bourgeon de la graine, la fleur du bourgeon, le fruit de la fleur. Il nous faut oser nous libérer de l'état de bonsaï, changer de pot et de terreau, et déployer enfin racines, tronc, branches, fleurs et fruits. Nous avons ce potentiel en nous pour devenir cet arbre épanoui de fruits chantants !

---

87. Et rester gentil, formaté, conforme... Non, non je ne passe pas de message subliminal !

Oui, vient un jour, notamment avec le terreau fertile du Sponsorat, où l'envie et la joie irrésistibles d'éclore deviennent plus grandes, plus fortes que le confort de l'état latent de la graine ou de l'existence limitée du bonsaï...

« Tu ne peux rien enseigner à un homme : tu peux seulement l'aider à le trouver à l'intérieur de lui ». Galilée

Nous pouvons apprendre à faire confiance à cet endroit en nous qui sait chanter...
Cette graine de la capacité de chanter réside en chacun de nous dans *l'implicite*[88] (le non-manifesté) et nous pouvons lui tracer le chemin vers *l'explicite* (le manifesté), dans une danse continue Connexion-Expression pour devenir cet arbre épanoui chantant.
Pour illustrer cette notion d'implicite et d'explicite, prenons l'*image du gland et du chêne*. Le gland contient le potentiel latent (le non-manifesté, l'implicite) pour devenir le chêne, mais il faut que ce potentiel latent se fraie le chemin jusqu'au déploiement du chêne parvenu à maturité (le manifesté, l'explicite).
Nous pouvons aussi prendre *l'image d'un message écrit sur une feuille de papier repliée plusieurs fois sur elle-même*. Quand nous commençons à déplier la feuille, nous ne voyons qu'un mot ou quelques mots à la fois, et au fur et à mesure que nous la déplions, nous découvrons de nouveaux mots et de nouvelles compréhensions du message nous apparaissent. Tout le message est là, dans *l'implicite des replis*, mais il ne prend toute sa dimension et tout son sens que lorsque la feuille est totalement *dépliée, dans l'explicite, dans la révélation du message entier*.

Alors invitons ce qui est plié en nous à se déplier, ce qui est silencieux à s'exprimer.

Réveillons la princesse ou le prince à la voix dormante par le baiser du chant !

Au plus profond de moi, je sais chanter...

88. J'ai découvert la notion d'implicite avec Eugène Gendlin, le père du Focusing. Voir p. 208-209 pour plus de détails.

SIMPLIFIER SON RAPPORT AVEC LE CHANT

Est-ce que les bébés se demandent s'ils babillent en Ré mineur ou en La majeur, s'ils chantent juste ou faux, s'ils chantent mieux ou moins bien que les autres ?
Non. Ils ressentent et expriment, voilà tout.
Oui, *voilà tout*, parce que *leur rapport avec le chant est simple, sans peur, sans enjeu, sans jugement, sans stress de performance.*
Alors, pour renouer avec l'instinct de chanter et libérer nos voix et nos chants, nous allons voir l'importance de *simplifier et de dédramatiser notre rapport avec le chant.* En faisant ainsi, nous ferons un grand pas en avant vers la reconquête de notre capacité, de notre liberté et de notre plaisir à chanter.

ChAmplifiez-vous la Vie ! ☺

(Bon, je traduis mon jeu de mots un peu compliqué :
Utilisez le chant pour *amplifier* la Vie, *simplifiez*-vous la vie
et simplifiez votre rapport au chant. Ouf, il fallait trouver !)

PASSER DU CHANT PERFORMANCE AU CHANT RELIANCE

La peur de « mal » chanter, de se tromper, de ne pas être à la hauteur génère une pression qui stresse, bloque, tétanise beaucoup d'entre nous dans notre capacité à chanter dans le plaisir et la liberté.
Nous pouvons apprendre à vivre le chant, non pas comme une épreuve stressante ou un enjeu de performance, mais comme une merveilleuse occasion de se relier, de s'exprimer et de se transformer !
C'est pour cela que j'invite à sortir de la pression du *chant performance* pour entrer dans la joie de ce que j'ai appelé le *chant reliance*[89].

Le chant reliance est un chant de « *l'être* » plutôt qu'un chant du « *faire* » ou du « paraître ».
C'est un chant dans lequel la participation est plus importante que la qualité d'exécution ou le résultat extérieur.
C'est un chant qui nous relie à notre propre capacité naturelle à chanter et qui génère de la joie, de la paix, qui nous nourrit de sens et de reliance à nous, aux autres, à la Vie.

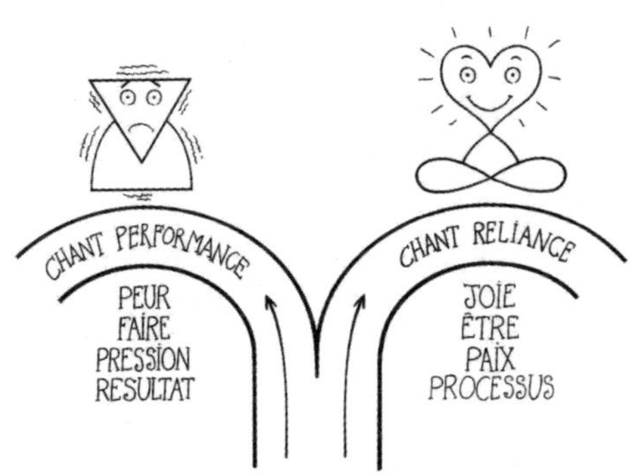

89. Qui est aussi le *chant existentiel*, mais pour la rime, j'ai gardé le *chant reliance* !

Dans le chant reliance, je me connecte à la voix et au chant non pas comme « un chanteur » ou « un musicien », mais comme « un être humain » en recherche d'expression, de communion, de partage, de transcendance.

Alors transformons «*je veux chanter juste*» par «*je veux juste chanter*» !
Abandonnons le paraître, la performance, libérons-nous du projet de «chanter bien» et du stress qui va avec !
Savourons l'expression chantée davantage pour le processus, le chemin, la nourriture, plutôt que pour le résultat, la destination.
Portons notre attention sur ce que nous ressentons en chantant et faisons résonner les sons, les émotions.
Entrons dans *l'être*, l'écoute, la connexion et l'acte de création.

Soyons «juste dans la sensation de chanter» et «justes dans la sensation de chanter». (Je n'ai pas fait de faute d'orthographe, il y a deux sens à cette répétition. Cherchez l'erreur, euh non, cherchez la perle !)

VIVRE MOINS D'ENJEU, PLUS DE JEU

La plupart d'entre nous ont eu peu d'occasions pour vivre le chant de façon ludique et légère. Quand nous le prenons trop « sérieusement » et que nous y mettons de l'enjeu, cela nous fait peur, nous bloque, nous inhibe, nous fige et nous empêche de chanter librement dans le plaisir. L'invitation est donc de prendre le chant avec *plus de jeu, ingrédient essentiel pour aider à libérer la voix, l'expression et la créativité.*

Amuse-toi et les notes tu sortiras ! ☺

Le jeu est un réel *sésame* pour prendre de la distance par rapport à nos difficultés à chanter, car il permet de s'autoriser la transgression et la prise de risques, de rire de soi et dissoudre un peu l'ego ! Il permet d'oser voyager dans des contrées inconnues avec notre voix, d'ouvrir la porte de l'exploration et donc du plaisir de la découverte !
Le jeu nous permet de nous reconnecter à notre enfant intérieur libre, plein de vitalité, confiant, joyeux, spontané, audacieux, inventif, émotif, qui joue, s'amuse, explore, expérimente, ressent, exprime, vit !

Tu vas à un cours de pose de voix ?
Non, je vais me poser et jouer avec ma voix ! ☺

Alors, *jouons avec notre voix*, explorons, expérimentons, osons l'inconnu, osons dépasser notre zone de confort (ou d'inconfort !) avec curiosité, joie et espièglerie ! Ainsi nous ré-apprivoisons notre chant et nous pouvons alors retrouver la joie de nous y abandonner pleinement.

Le jeu nous autorise donc à lâcher, mais avant, il faut s'autoriser à jouer !
Et pour cela, nous allons voir qu'il n'y a rien de tel que de contacter l'énergie du clown intérieur !

CONTACTER L'ÉNERGIE DU CLOWN INTÉRIEUR

Contacter l'énergie de notre clown intérieur nous aide énormément à simplifier et à dédramatiser notre rapport avec le chant.
Contacter l'énergie de notre clown intérieur, c'est se donner la permission de recontacter son *enfant intérieur* pour *s'autoriser* à *s'amuser*, à se lâcher[90], à vivre ce qui nous habite et à l'exprimer (par notre corporalité, nos émotions, notre regard, nos intonations, nos sons, nos silences...).
C'est oser plonger dans l'improvisation avec jeu, liberté, créativité, émotion, présence et authenticité.
C'est aussi se *libérer de la peur de se tromper*. En effet le nez rouge (même si nous ne mettons pas de nez[91]) représente cette permission pour se tromper et en même temps, il permet la confiance qu'on ne peut pas se tromper car *notre clown intérieur ne se trompe jamais, il expérimente, il est !* Alors que la peur de ne pas être parfait nous fige, se libérer de la peur de se tromper est une délivrance qui nous permet de nous remettre en mouvement et d'oser explorer, d'oser vivre.
Voici les mots d'un participant en ce sens.

> *« L'humour dans le jeu est une porte magique qui me permet de contourner mon juge intérieur qui m'empêche de prendre le risque de me tromper. En ouvrant la porte au clown qui est en moi, je cesse de me prendre trop au sérieux et je me donne accès à des capacités jusqu'alors inconnues, j'ouvre en moi un nouvel espace de liberté. »* Nicolas

Histoires de libération avec l'énergie du clown intérieur

Je vais vous raconter ici quelques savoureuses et touchantes histoires qui vous donneront, je l'espère, envie d'oser *aller à la rencontre de l'énergie de votre clown intérieur* pour simplifier votre rapport avec le chant, libérer vos émotions et votre expression et avoir beaucoup de plaisir !

L'histoire de Margaret

> *Dans un stage Chant et Clown[92] que je co-animais, nous avions prévu que chaque participant fasse un passage d'improvisation chantée avec le nez de clown en solo. Tout le monde était passé et avait pu, grâce à la distance procurée par le nez de clown, apprivoiser un peu plus*

---

90. Tout en gardant la fameuse « distance du nez de clown » qui permet une prise de distance avec l'émotion pour être capable de rester dans le jeu.
91. Dans mon travail d'accompagnement, il m'arrive parfois de faire mettre le nez de clown, mais en règle générale, j'invite souvent à contacter cette énergie du jeu clownesque sans nez ou déguisement.
92. Voir remerciements.

la peur de chanter devant un public. Il ne restait plus qu'elle. Son passage reste gravé à jamais dans ma mémoire.

Margaret, dans la cinquantaine, apparaît de derrière le rideau, avec son déguisement, son nez de clown et son air tout à fait inimitable. Elle se pose avec assurance devant nous et nous affirme avec son accent suisse-allemand « Je sais chanter, je sais chanter ». Juste à la voir et à l'entendre, nous éclatons tous de rire. Puis elle poursuit en s'avançant et en ne répétant que cette même et unique phrase « Je sais chanter, je sais chanter », avec des variations de tons et de mimiques. C'est hilarant. Elle semble vouloir répondre à toutes ces personnes qui ont dû lui dire dans le passé « tu ne sais pas chanter ». Elle jubile de joie à nous répéter ses « Je sais chanter, je sais chanter », sous-entendant « même si vous ne me croyez pas, je sais chanter ». Elle terminera son improvisation en laissant jaillir une seule et unique note chantée avant de disparaître avec son air espiègle derrière le rideau... Un moment d'anthologie dans mes stages en co-animation Chant et Clown.

L'histoire d'Élise

Dans la vingtaine, Élise vient me voir en cours privé. Elle a du mal à se laisser aller dans l'interprétation de ses chansons et à exprimer ses émotions. Je lui fais revêtir le nez de clown et l'invite à explorer son chant avec différentes émotions, en exagérant son expression et en laissant libre cours à sa créativité. Je la filme. Au moment de visionner ce que j'avais capté à la caméra, elle ne se reconnaît pas : « C'est moi sur la vidéo ? J'ai réussi à exprimer cela moi ? » C'est une révélation pour elle.

En contactant l'énergie de son clown intérieur, elle a libéré l'espièglerie qui était tenue dormante en elle et trouvé la confiance pour s'ouvrir à son expression et à ses émotions.

L'histoire d'Olga

Nous sommes dans un atelier chant pour adolescents. Olga, jeune fille timide et réservée de 13 ans, a un talent vocal indéniable, mais elle est très mal à l'aise à chanter devant les autres, ce qui bloque une partie de l'expression de ses capacités. Lors d'un de ces ateliers, j'invite chacun à tour de rôle à monter sur scène (il y avait une vraie scène) pour chanter avec le nez de clown. Quand arrive le tour d'Olga, celle-ci se métamorphose en « bête de scène » : elle s'autorise à se lâcher, elle déploie alors toutes ses capacités vocales et scéniques et jubile à oser se vivre et se donner ainsi librement. Stupéfiant.

L'histoire et le témoignage de Anne

Même s'il ne s'agit pas ici de chant mais de voix parlée, je ne résiste pas à vous partager ce dernier exemple de libération de l'expression obtenue par la symbiose de l'énergie du clown et du Sponsorat (un Sponsorat clownesque !).

Anne, collègue de formation[93] en Biodanza, , me rend visite à la maison et me partage

93. Formation que j'ai faite à l'École Biodanza de Bourgogne de France.

sa sensation d'être bloquée au niveau de l'expression (alors que j'admire sa capacité d'utiliser les mots en conscience et en lien avec son cœur !).
Je lui propose alors de revêtir ma perruque rose exubérante avec mes immenses lunettes noires que j'utilise lorsque je fais des sketchs. Je lui dis alors avec enthousiasme et conviction : « Quiconque revêt cette perruque et ces lunettes libère automatiquement son expression ! » Elle n'a pas le temps de réfléchir qu'elle se retrouve embarquée dans la proposition et revêt la perruque et les lunettes. Elle se regarde dans le miroir et éclate de rire. Moi-même je revêts aussi une perruque et des lunettes et je commence à lui poser des questions en m'adressant à son clown intérieur et immédiatement jaillit son expression avec son énergie de clown. C'est une révélation pour elle. Quelque temps plus tard, je propose à Anne d'oser à nouveau cette expérience lors d'une de nos soirées « scène ouverte » de formation.

Voici maintenant son témoignage nous racontant son aventure intérieure.

« Dans son regard, comme à travers ses mots, Fleur-Lise me dit qu'elle me sait capable de cette aventure et que mon potentiel d'expression existe déjà. Je sens la sincérité de son engagement quand elle m'épaule et m'encourage à aller de l'avant, à oser l'incroyable nouveauté. Ceci fait naître la sécurité en moi et induit un "oui" à la vie.
Quelques heures avant la scène ouverte, Fleur-Lise me propose de choisir une perruque et une paire de lunettes parmi sa panoplie. Ses accessoires me donnent une allure si exagérée et excentrique que je ne peux contenir une seconde de plus mon fou rire. Avec ces déguisements, nous nous amusons l'une de l'autre et rions de nous voir si exagérément belles et clownesques. Je me sens transportée, la peur n'a plus sa place en moi tant l'amour est grand à cet instant. De notre authentique complicité naît une joie immense en mon cœur et de notre bonne humeur émergent tout naturellement jeux de mots et rebondissements. La confiance est quelque chose d'impalpable et pourtant je la sens à cet instant. Elle s'associe à une énergie joyeuse. Je me sens animée. Vivante. Dans mon élément. En choisissant le clown, Fleur-Lise a trouvé la voie la plus adaptée pour m'emmener vers l'expression.
Elle me dit : "Ce soir, que de l'improvisation !" Ce que je ne dis pas, c'est que deux heures avant j'étais dans ma chambre, essayant de me rassurer comme je pouvais, relisant des idées-clefs et essayant de les mémoriser. J'ai la confirmation que vouloir à tout prix ne sert à rien, et que me raccrocher au savoir et à la mémoire non plus. Cela ne produit que confusion, blocage, déracinement, perte de mes moyens. Pour moi aujourd'hui, la meilleure des voix est celle qui vient de l'intérieur. Du cœur. De l'intuition.
Lors de la scène ouverte, Fleur-Lise introduit mon passage sur scène : "Toute personne qui revêt cette perruque libère automatiquement son expression". J'entre alors en scène. Avec un plaisir réel, une force enracinée que je croyais perdue et un naturel déconcertant, j'ai pu dire à voix haute devant mes ami(e)s : "Je suis. Je sens. J'existe". Je me sentais à la fois présente à moi-même et tournée vers mes ami(e)s. Un miracle.
Dans cette expérience, j'ai pris de la force et je peux dire avec certitude que ce sketch

> *clownesque marque un tournant dans ma vie : l'expression est un passeport pour recouvrer la santé.* » Anne

Quand nous laissons notre clown ou notre enfant intérieur *oser, jouer et chanter*, cela nous aide à gagner *en joie et en liberté* !

Allons voir maintenant cet autre ingrédient primordial pour renouer avec l'instinct de chanter : OSER !!

OSER, C'EST GRANDI-OSE !

Ose prendre la clé des chants.
Oser est la clé du chant ! ☺

La clé du chant : Oser !

Je me rappellerai toujours de ce que ma professeure de chant[94] m'a dit lors de mon tout premier cours : « Ce qui fait un grand chanteur provient à 50 % de sa voix. L'autre moitié provient de son audace ! ».

Je dirais pour ma part aujourd'hui que notre chant est composé pour 10 % de notre *voix* et 90 % de notre *cœur* et de notre *présence*, et que le tout est démultiplié par notre *audace à OSER* ! (Je sais, c'est un pléonasme, mais c'est parlant !)

Pour oser, il faut une bonne d**ose** d'audace !☺

« L'audace a du génie, du pouvoir, de la magie ». Goethe

Oui, *oser* est une grande clé pour chanter :
- avoir *envie* d'oser,
- se donner la *permission* d'oser,
- recevoir de l'*encouragement* à oser,
- avoir des *occasions*, de *bonnes conditions* pour oser,
- avoir *le courage* d'*oser se lancer* dans l'exploration et l'expérimentation,
- et *se célébrer* et *être célébré* pour avoir osé !!!

À l'inverse, vous l'aurez deviné, un *grand frein* au chant est la *peur d'oser*.

« Ce n'est pas parce que les choses sont difficiles que nous n'osons pas... mais parce que nous n'osons pas qu'elles sont difficiles. » Sénèque

Combien de fois j'ai entendu « *Je n'ose pas chanter* ». Nous n'osons pas parce que nous avons peur de l'inconnu, peur de nous montrer à nu, peur d'être jugés, peur de ne pas être capables ou bien peur de ne pas être « parfaits »...
D'ailleurs beaucoup d'entre nous ont intériorisé cette injonction paralysante de « perfection ».

94. Comme je l'ai déjà mentionné, j'ai eu la chance de prendre une cinquantaine de cours de chant privés avec ma professeure bien-aimée dans ma jeune trentaine.

C'est pourquoi je cite souvent cette phrase comme nouvelle injonction positive : « *La perfection, c'est de l'imparfait qui s'aime et qui se donne*[95]».

Nous aspirons tous à chanter sans jugement de soi, sans peur, sans retenue. C'est pourquoi il a toujours été primordial pour moi d'encourager les personnes à *oser chanter*[96] *sans attendre d'être parfaits, à oser prendre des risques, à oser faire des erreurs, à oser explorer.* Oui, oser est une profonde nécessité. *Oser, c'est vivre.*

« Donnez aux gens la permission d'oser, donnez aux gens la permission de vivre ». Raul Terren

Quand je demande aux participants pourquoi ils sont là, qu'est-ce qu'ils souhaitent vivre avec le chant, le mot « oser » est l'un des mots qui ressort le plus.
Ils veulent oser dépasser leurs peurs et leurs limites, oser déployer leur plein potentiel :
« Je veux oser lâcher mes croyances que je chante faux, que je casse les oreilles ».
« Je veux oser exprimer mes émotions, aimer ma voix, être avec les autres pour partager ».
« Je veux oser dépasser mes peurs et chanter sans tribunal ».
« Je veux oser chanter sans peur et libérer la confiance, exprimer ma vibration intérieure ».
« Je veux oser chanter sans retenue, accepter le regard de l'autre, sentir l'unité en moi, oser exprimer qui je suis et m'accepter telle que je suis ».

Chanter, quel supplice quand on reste dans la peur d'oser, quel délice quand on ose dans la curiosité et la joie !

Pour se donner à soi-même la permission d'oser chanter, souvent la présence d'un encouragement stimulant et bienveillant aide à franchir le premier pas en avant (et cela peut être notre clown intérieur qui nous encourage à oser !).
Et dès que nous osons, dès que nous laissons s'exprimer des parties de nous qui n'avaient peut-être jamais eu droit à la parole ni au chant auparavant, il se produit souvent des petits miracles.

95. Du pianiste et auteur Marc Vella.
96. L'intitulé de mon premier atelier chant en l'an 2000 était : « Oser le plaisir de chanter l'émotion ». Oser le Plaisir. Oser Chanter. Oser l'Émotion.

Voici le témoignage de Jackie, homme dans la cinquantaine qui, suite à un simple compliment sur sa voix, ose se mettre en chemin pour se libérer de ses peurs et de ses freins pour chanter et s'exprimer. Il témoigne de son parcours :

> *« Je n'avais chanté en public que deux fois dans ma vie, parce que c'était une tradition : à ma communion et à mon mariage, et c'était d'ailleurs la même chanson ! Un jour, simplement parce qu'une personne m'a dit : « Ah, tu as une belle voix », un déclic s'est fait en moi, comme une ouverture. C'est la première fois que l'on me disait cela. Il a fallu d'abord que je me débarrasse de tous ces freins que j'avais en moi : timidité, manque de confiance et d'affirmation, je ne savais pas placer ma voix, je chantais faux, je n'aimais pas ma voix, je ne chantais que lorsque personne ne pouvait m'entendre... Un jour, j'ai décidé de faire un premier stage, en guise de vacances, sur la découverte de sa voix. Une fois de retour chez moi, j'ai pris mon courage à deux mains et suis allé prendre des cours de chant particuliers. Ensuite, je me suis lancé à interpréter deux chants de comédie musicale, lors d'un soixantième anniversaire d'une amicale professionnelle, devant mes pairs, à leur grande surprise. Puis ce fut le stage de chant où je t'ai rencontrée. Un grand moment de chant partagé.*
> *Qu'est-ce que le chant pour moi ? Pour un ancien taiseux[97], avant tout un moyen de m'exprimer (enfin !), de libérer mes émotions, de goûter à la musique, d'être en accord avec moi-même. C'est une vibration intérieure qui me fait sentir que j'existe bel et bien, qui résonne dans mon corps et dans ma vie. »* Jackie

Voici un extrait du poème de Philippe qui a lui aussi a osé sauter dans l'inconnu avec sa voix :
« Dans cet Unis-vers chanté où tu nous as entraînés,
j'ai osé sauter bien des fois dans l'inconnu,
accompagné par la bienveillance de la communauté
et contacté des champs vocaux ignorés, enfouis, perdus. »

Sésame ouvre-toi. Voix ouvre-toi.
Ose chanter et la voix s'ouvrira ! ☺

Deux conditions pour oser : sécurité et liberté

Pour oser pleinement, nous avons besoin de bénéficier des deux espaces Yin-Yang fournis par le Sponsorat :
- un espace de *sécurité*, de confiance, de bienveillance (yin-bénir) ;
- un espace de *liberté* qui autorise et encourage l'instinct d'exploration ludique, la prise de risques et le dépassement de soi (yang-encourager).

Avec ces deux espaces réunis, *sécurité et liberté*, nous pouvons alors tendre vers cet état de grâce que nous avions enfant lorsque nous n'avions pas peur d'apprendre et d'explorer, où nous n'avions pas peur de « faire des erreurs », de ne pas être parfaits... (Car le but ici, rappelons-le,

97. Celui qui se tait.

n'est pas de « bien » chanter ou de chanter « juste », mais bien *juste de chanter*, tout simplement, en ressentant du plaisir).

Quand ces conditions de sécurité et de liberté sont en plus réunies au sein d'un groupe bienveillant, le groupe devient telle une matrice contenante, sécurisante, affectueuse, généreuse, qui porte, soutient, facilite et permet la richesse *d'oser expérimenter et de grandir ensemble* (c'est ce champ de Sponsorat collectif que j'ai évoqué).
Lorsque nous voyons les autres oser expérimenter, oser dépasser des peurs, cela nous aide à oser pouvoir en faire autant. Quand nous voyons quelqu'un guérir, cela nous aide à guérir aussi. C'est tout le *pouvoir de l'exemple* (ou des neurones miroirs !).

Osons, ensemble,
pour nous découvrir, nous surprendre, nous dépasser.
Sans attendre d'être parfaits, osons expérimenter, explorer,
dans un esprit joyeux de curiosité, de jeu, de liberté et de solidarité.
Osons notre expression, notre différence, notre talent, notre identité.
Osons avec courage, et si nous trébuchons,
aidons-nous à nous relever sans nous juger.
Célébrons ensemble les pas accomplis et le courage d'avoir osé
dans la reliance, la joie et la créativité.

Oui, ensemble osons chanter.
Délions cette voix et donnons-lui l'audace de se lancer.
Transformons la peur d'oser,
en curiosité d'oser...
en joie d'oser...
en jubilation d'oser !!!
Oui, jubilons d'oser et jubilons de chanter, c'est grandiOse !!!

Quand j'ose, je grandis et quand je grandis, j'ose davantage.
C'est pourquoi oser, c'est grandiOse !☺

Histoires pour aider à oser

Pour aider les participants à oser, en plus de mes encouragements, j'utilise des jeux vocaux, l'humour et des histoires. En voici trois que je leur raconte pour les aider à avoir *l'envie et le courage d'oser*.

Je commence souvent en racontant cette première histoire véridique, courte et percutante.
Dans mon Québec natal, au sortir d'une crise économique, un de nos ministres a prononcé ces mots devant les journalistes :
« Avant nous étions au bord du gouffre, maintenant nous avons fait un grand pas en avant !!! »

Quand je prononce cette dernière phrase en ressortant mon accent québécois[98] « à coucher daouars (dehors) », cela les fait tous éclater de rire.
Je leur dis alors, en gardant mon accent québécois :

« Maintenant nous allons, nous aussi, "faire un grand pas en avant" ! »
Cela les fait tous éclater à nouveau de rire parce qu'ils commencent à comprendre où je veux en venir, où je veux les emmener !
Je renchéris alors :
« Oui, maintenant nous allons faire un grand pas en avant, dans le gouffre, dans le précipice, dans l'inconnu. C'est en osant nous lancer, sans filet, *que nos ailes pour chanter pousseront en cours de vol...* Comme la maman oiseau qui pousse ses oisillons en bas de l'arbre pour qu'ils se mettent à voler, je vais vous inviter à vous élancer dans l'inconnu pour que s'envolent votre voix et votre chant... »

Faisons un grand pas en avant, faisons un saut cantique !☺

Puis, je leur cite ces quelques phrases de Guillaume Apollinaire en guise de deuxième histoire :
– *Venez jusqu'au bord.*
- *Nous ne pouvons pas, nous avons peur.*
– *Venez jusqu'au bord.*
- *Nous ne pouvons pas, nous allons tomber.*
– *Venez jusqu'au bord.*
Et ils y sont allés. Et il les a poussés. Et ils se sont envolés.
Et puis à nouveau je les invite à faire « un grand pas en avant » et à oser sauter dans l'inconnu...

Enfin, je leur raconte cette *troisième* histoire[99] :
En Inde, un homme, sur ces vieux jours, se met à apprendre à jouer d'un instrument à cordes. Pendant des semaines, il répète toujours une seule et même note. Sa femme, patiente, se dit : « C'est normal, il débute ».
Puis un voisin se met lui aussi à apprendre à jouer du même instrument et en seulement quelques semaines, celui-ci arrive à jouer une multitude de notes et de mélodies, sans cesse changeantes et de plus en plus complexes.

98. Comme je vis en France depuis plus de 25 ans, je parle avec l'accent français. Alors quand je ressors mon accent d'origine, cela les surprend et contribue à les faire éclater de rire.
99. Que je tiens de W. Allaudin Mathieu et que j'ai romancée à ma manière.

La femme de notre instrumentiste en herbe à une note, s'impatiente et lui dit :
« Cela fait des semaines que tu répètes et que tu joues toujours la même note, alors que notre voisin en quelques semaines joue plein de notes différentes. Comment se fait-il ? »
Et son sage mari, tranquillement lui répond :
« Notre voisin fait toujours des notes différentes parce qu'il cherche toujours sa note... Moi j'ai déjà trouvé la mienne et elle me comble... ».

Après cette dernière histoire qui évoque la puissance de la simplicité, j'invite à oser chanter une seule note et à laisser les autres naître d'elles-mêmes (s'il y a encore besoin d'autres notes !). C'est tout l'art de laisser jaillir le chant de l'instant présent.

LAISSER JAILLIR LE CHANT DE L'INSTANT PRÉSENT

Quand j'ose le chant de l'instant présent,
je m'unis au courant de Vie sans cesse changeant, sans cesse créant,
et je m'ouvre à la grâce de l'instant suspendu ou jaillissant.

Une autre grande clé pour reconquérir notre capacité naturelle à chanter est d'oser laisser jaillir le « chant de l'instant présent », c'est-à-dire oser improviser un *chant spontané, intuitif, libre.* Nous allons voir dans un premier temps comment l'acte d'improvisation chantée est une nécessité, puis nous verrons plus précisément cette notion et cette pratique du chant spontané[100].

IMPROVISER, UNE NÉCESSITÉ

Improviser veut dire créer spontanément, sans préparation.
C'est cette danse avec l'inconnu, ce chemin vers ce qui est possible mais que nous ne connaissons pas encore, et qui nous permet d'activer en nous un potentiel dormant qui se tenait en attente. Improviser permet *l'écoute et l'expression* de tous les champs des possibles qui nous habitent.
Dans une improvisation chantée, je substitue la préparation et l'apprentissage d'une chanson connue par *l'attention au moment présent* pour laisser jaillir (de mon cœur, mon âme, mes tripes) les sons, les notes, les mots qui veulent s'exprimer et ainsi *faire émerger et créer un chant jusqu'alors inconnu.*
Improviser ainsi ce chant spontané de l'instant présent est donc à la fois une *libre forme d'expression créative* ainsi qu'un *moyen pour se rendre pleinement présent, dans l'ici et maintenant.*
C'est pour tout cela que l'acte créateur d'improviser un chant est une nécessité[101], mais nous en avons souvent peur car nous avons peur de ne pas avoir d'inspiration, peur que rien de nouveau ne sorte de nous, peur de ne pas savoir faire, peur de « court-circuiter » le mental[102], peur de ne pas contrôler ou maîtriser ce qui se passe. Nous avons peur d'improviser parce que nous avons *peur de l'inconnu.*

« Pour vaincre la peur, aller à sa rencontre ». Richard Bandler

Il est important de comprendre que pour commencer à improviser, nous n'avons pas besoin de plan, pas besoin de connaître le commencement ni la fin, et même pas besoin d'attendre que l'inspiration soit là !

---

100. Les termes d'improvisation chantée, chant spontané, chant intuitif, chant libre, chant de l'instant présent sont synonymes.
101. Voir aussi le chapitre « Chanter et exprimer sa créativité ».
102. Restituer du connu ferait plus appel au cerveau rationnel gauche et l'improvisation ferait plutôt appel au cerveau émotionnel droit.

Nous pouvons nous libérer de cette peur d'improviser *en nous exerçant à nous réjouir de ne pas savoir à l'avance ce que nous allons chanter pour entrer dans la magie de l'instant présent !*
Improviser est un acte de confiance, de volonté (décider d'improviser) et de lâcher-prise : je me lance dans le vide, dans l'inconnu, je fais *un grand pas en avant* ! Et le mieux est de se lancer avec la curiosité de l'enfant connecté à l'instinct d'exploration et de jeu.
Passons de l'attitude de l'adulte qui doute, qui hésite et qui a peur d'improviser, à l'attitude de l'enfant curieux qui expérimente et qui *jubile d'oser improviser* !
Une fois que nous osons nous lancer et nous envoler dans l'improvisation chantée, nous sommes surpris et nourris de ce qui a jailli de nous...
Oui, improvisons et découvrons la joie de créer notre propre musique.

Vise l'impro : impro vise ! ☺

Vous allez découvrir le témoignage de Magali qui avait des difficultés à improviser et à se donner librement en chantant. Celle-ci connaissait très bien le solfège et lorsqu'elle chantait, elle me disait voir défiler dans sa tête les partitions, ce qui l'entravait dans sa présence à elle-même et au chant. Par le travail de lâcher-prise d'improvisation, de chant spontané, elle a pu se libérer du stress de la maîtrise de la partition et libérer sa joie et sa belle expressivité.
Voici son témoignage éclairé.

> *« La pratique de l'improvisation en groupe m'a permis de me faire plus confiance dans mon potentiel, dans ma capacité à rebondir, à cheminer sans savoir à l'avance où j'allais, à lâcher prise, à faire sauter mes réflexes de maîtrise et me pousser à sauter dans l'inconnu. Cela m'a ouvert un espace de création, de nouveauté, un espace inconnu où je peux me surprendre dans le déploiement de ma voix. N'ayant pas le choix, j'étais forcée de créer. Et c'est tant mieux. J'ai appris à mettre de côté mes réflexes de jugement pour accueillir ce qui vient. Et en général j'ai été très surprise par la qualité de ce qui venait. De véritables compositions voient le jour, avec des idées très originales et puissantes. Pour moi qui avais été conditionnée par une pratique très intellectuelle de la musique, qui ai beaucoup associé musique à lecture de musique, l'espace de créativité se limitait à une interprétation d'une œuvre (ce qui est bien sûr déjà beaucoup). Je trouve qu'il y a souvent un effet pervers à la pratique conventionnelle de la musique : on oublie de ressentir les choses (au profit de la technique), on perd ses qualités d'écoute de soi et des autres (il suffit de suivre une partition), on peut même oublier le pur plaisir de faire de la musique... L'improvisation, ne faisant pas appel à la mémoire, à la technique, nous pousse avant tout à ressentir, à nous laisser guider, nous laisser porter, à faire confiance à ce qui sort de nous.*
>
> *Nous savons tous à quel point cela peut être difficile d'oser chanter devant les autres et de pratiquer l'improvisation. Le fait de partager ensemble des découvertes, des émotions fortes, des créations collectives, renforce, dans le temps, ce climat de confiance. Ce qui crée un cercle vertueux : nous osons de plus en plus et de mieux en mieux, se montrer aux*

autres tel que l'on est et surtout tel qu'on ne sait pas encore comment on peut être... Ici, pas de compétition, de performance, ni recherche technique. Nous sommes juste guidés par le plaisir de se découvrir, d'être ensemble, de ressentir la beauté de nos voix, de savourer ces belles surprises vocales, de sentir la Vie en nous. C'est, pour moi, le summum de la pratique musicale !»

Tout le monde peut improviser sur-le-champ, sur le chant ! ☺

Nous sommes capables d'oser l'inconnu avec curiosité, audace et confiance que le chemin sera révélé une note à la fois.
Nous sommes capables de laisser jaillir ce *chant spontané*.

LE CHANT SPONTANÉ

Le *chant spontané*, c'est le *chant libre, créatif, intuitif de l'instant présent.*
C'est un chant non appris, non répété, qui me permet d'aller dans l'inconnu, de sortir du raisonnement pour entrer dans la résonance. Il éclot des profondeurs, me permet d'écouter ce qu'il y a à l'intérieur et de l'exprimer à l'extérieur.
C'est un chant pulsant entre connexion et expression, où il n'y a aucune notion de performance, où personne ne chante « faux ». Ce qui compte c'est de ressentir, d'exprimer, de partager.
C'est un voyage dont le chemin est plus important que la destination, dont le processus est plus important que le contenu.
C'est ce chant archaïque, primordial qui existe depuis la nuit des temps.
C'est *un chant de l'être* qui est de l'ordre du mystère.
C'est le chant que je connaissais à quatre ans lorsque je racontais mes journées en chantant.
C'est ce chant que personne ne peut m'apprendre car c'est le chant de mon cœur et de mon âme. Moi seule le porte, moi seule peux le chanter avec ma propre voix unique. Par contre, un accompagnement peut m'en faciliter l'accès, et me donner l'opportunité de le vivre et de l'expérimenter en toute bienveillance, dans un cadre de sécurité et de liberté.

Le chant spontané est une *clef de voûte* pour nous aider à nous réapproprier cette capacité naturelle et instinctive de chanter.

Une note à la fois : une clé du chant spontané

Comme un voyage de mille lieues commence par un premier pas et se réalise un pas à la fois, notre chant spontané commence par une première note et se déploie *une note à la fois.*
Nous n'avons donc pas besoin de chercher à savoir où nous allons, ou à entendre dans notre tête une mélodie avant de nous lancer.
Nous avons juste besoin d'avoir la volonté d'émettre un premier son et puis de lâcher prise, en écoutant ce qu'il y a à l'intérieur de soi.
Il y a alors une sorte d'excitation (et non une appréhension) à écouter, à être attentif à la prochaine note qui va émerger, à savourer chaque son et chaque silence entre les sons.
La clé est d'amener sa pleine attention pour écouter et entendre chaque note chantée, chaque silence, s'en imprégner, s'y perdre (ou s'y retrouver !), puis laisser jaillir la note suivante...
Il se crée alors, note après note, des mélodies, des rythmes, des émotions, qui nous surprennent nous-mêmes...
Cette clé, *une note à la fois* est devenue pour moi un véritable *mantra.*

Commencer, juste là, maintenant, ici.
Pousser la porte d'entrée – ou de sortie,
et chanter un premier son,
le tenir un instant et laisser émerger le second,
voilà déjà un chant fécond.
Donner naissance, une note à la fois,
à mon propre chant qui mène vers moi.

Invitation

– Prenez un moment tranquille pour être avec vous-même.
Dans une position confortable, mettez tendrement vos mains sur votre cou, endroit intime de l'expression.
Yeux et bouche fermés, prenez le temps de respirer.
Commencez à chanter le son « mmm » avec beaucoup de douceur et d'intériorité.
Laissez déployer votre chant lentement une note à la fois, pour sentir la connexion, la vibration, l'expression.
Vous vous chantez ce chant à vous-même... C'est un rendez-vous sacré.
Parfois les larmes peuvent venir. Accueillir. Bénir.

Invitation

- Je vous invite à la simplicité et à la progressivité avec un chant spontané sur des voyelles.
Commencez d'abord par chanter une *seule* note dans un son continu sur une voyelle (A, É, I, O, OU) que vous choisissez (rappelez-vous qu'entre la parole et le chant, il n'y a qu'un pas, celui d'allonger le son de la voyelle, une note à la fois).
Par exemple, si vous prenez la voyelle « A », chantez « Aaaaaaa », en gardant la même note en continu, sans faire de variations. Faites-la résonner[103] ainsi sur tout le temps de votre expiration.
Puis inspirez et rechantez à nouveau votre voyelle sur une seule note tenue, mais cette fois-ci, explorez une autre hauteur de note (plus haut ou plus bas) et faites-la résonner en continu, sans variations, sur tout le temps de votre expiration.
Faites ceci plusieurs fois en savourant la simplicité de ce chant à une note.
- Ensuite, rechantez votre voyelle sur une note continue au début et vers le milieu de votre expiration, commencez à faire des petites variations mélodiques. Explorez ainsi les différentes voyelles une à une.
- Improvisez maintenant librement un chant avec une ou toutes les voyelles[104] (dans l'ordre et de la façon que vous voulez).

103. En anglais, on appelle « toning » cette pratique de faire résonner un son en continu.
104. Je vous invite également à improviser avec le son « nnn », qui n'est pas une voyelle proprement dite, mais qui est un son très intéressant à chanter. Pour le faire, vous devez, lèvres légèrement entre-ouvertes, coller la langue contre le devant du palais. La vibration de ce son résonne dans le nez, dans la boite crânienne, sans forcer sur les cordes vocales.

Invitation

- Cette fois-ci, je vous invite à mettre des mots sur votre chant spontané.
  Choisissez une courte phrase (tant qu'à y être, choisissez une phrase positive !) que vous allez chanter en boucle, non-stop (par exemple : Je laisse enfin chanter mon cœur).
  Improvisez avec cette unique et même phrase en variant les mélodies, le rythme, le volume, les émotions.
  La clé ici est de *prendre le temps de la répétition* de votre phrase chantée qui permet à la créativité de se déployer et à la connexion à soi de s'ancrer davantage.
- Expérimentez aussi votre chant spontané dans toutes autres formes de langages : sur des « lalala », des syllabes à consonance chamanique (hé-ya-hé par exemple), des onomatopées ou en « charabia » (des syllabes et sons qui ne veulent rien dire).

Quand nous laissons jaillir notre chant spontané, une note à la fois, nous renouons avec cet endroit en nous qui sait chanter, nous ouvrons la voie(x) de l'implicite vers l'explicite, nous apprenons à faire confiance à ce qui est en nous et à ce qui jaillit de nous, notre créativité, nos émotions, notre identité.

EXPRIMER QUI JE SUIS PAR LE CHANT

Lorsque je renoue avec l'instinct de chanter, je me connecte à une partie vitale en moi, je vais à ma rencontre et par mon chant, j'exprime qui je suis : ma créativité, mes émotions, mon identité.

Chaque voix compte, pour voter comme pour chanter ! ☺

CHANTER ET EXPRIMER SA CRÉATIVITÉ

Quand je chante, je suis le chanteur et le chant,
Je suis le co-créateur et la création.
Mon chant, ma créativité est une gloire à la Vie.

Chanter est *un acte créateur qui permet de nous sentir vivants* : nous créons des sons, des vibrations, de la résonance, du bien-être, des sensations, des émotions, de l'expression, de la transformation, de la célébration, du lien, du sens...
Ce processus créatif nous met en contact avec notre plaisir, notre liberté et nourrit notre affirmation identitaire et notre confiance en nous.

Être créateur, exprimer sa créativité est un besoin existentiel

Tout de la Vie parle d'élan, de création et de créativité : tout ce qui pousse, grandit et se transforme, l'exprime.
Cette *exaltation créatrice* existe aussi en nous. Je me sens intensément vivant parce que je ressens cet élan créateur et que je l'exprime par ma créativité, en donnant vie à quelque chose qui n'existait pas encore.
Cependant, c'est le *processus créatif* en lui-même, et non pas nécessairement le résultat créé, qui nous fait nous sentir vivants, qui nous donne cet élan vital pour vivre, qui nourrit notre vitalité existentielle[105].
Dans ce processus d'exprimer notre créativité, quel que soit le domaine dans lequel nous l'appliquons (chant, travail, vie[106]) nous osons, prenons des risques, improvisons, imaginons, vivons des

105. Sentiment d'être intensément en vie : sentir son corps vibrant, avoir un sentiment de plénitude, de la joie intérieure, de l'enthousiasme, de l'audace à aller de l'avant, la capacité à jouer... Cette notion de vitalité existentielle est très présente dans la Biodanza. Voir la définition de la Biodanza à la note de bas de page n° 192.
106. On parle alors de *créativité existentielle*, qui est l'art de créer sa vie.

moments d'émotion, d'excitation, de grâce et c'est tout cela qui nous fait nous sentir vivants !
Voici des mots-clés ressortis en brainstorming de groupe sur la *créativité* et le processus *être créatif* :

ÊTRE CRÉATIF :
Improviser, Créer, Exprimer,
Imaginer, Innover, Inventer,
Renouveau, Nouveauté, Profusion,
S'offrir une page blanche,
S'amuser, Plaisir, Jeu, Légèreté,
Joie, Excitation,
Oser, Se donner la permission, Élan,
Audace, Courage, Risque, Dépassement,
Transgression, Repousser les limites, Liberté,
Accouchement, Intensité, Puissance,
Connexion, Émotion,
Ressourcement, Transcendance.

Une créativité souvent réprimée

Alors qu'en nous réside un volcan de créativité et que l'exprimer nous fait nous sentir vivants, nous pouvons nous poser la question : Pourquoi tant d'entre nous ont perdu la connexion à notre partie créative ? Pourquoi avons-nous si peu confiance en notre créativité ?
C'est parce que la créativité est souvent réprimée par notre société qui encourage la conformité. Alors, nous nous « éteignons » et cela entraîne des répercussions néfastes :
Marshall Rosenberg utilise l'expression de « *gentils morts vivants* » pour désigner cet état de vie « éteint » ; Clarissa Pinkola Estés en parle en termes de « *crise psychologique et spirituelle* » ; et Rolando Toro, en termes « *d'extinction des élans innés de vie, de l'élan vital, de la vitalité existentielle* »[107].

Les enfants sont très créatifs : ils chantent, dessinent, écrivent des poèmes, dansent avant qu'on leur dise « c'est nul » ou encore pire « tu es nul ».
Par des paroles blessantes, disqualifiantes ou par l'absence du terreau fertile que sont l'encouragement et le soutien, beaucoup d'entre nous ont été refoulés, découragés, brisés, paralysés, coupés dans notre élan d'expression créative, et par voie de conséquence, dans notre confiance identitaire.

107. M. Rosenberg, créateur de la Communication Non-Violente, C.P. Estés, psychanalyste jungienne spécialiste des contes et de la psyché féminine, R. Toro, créateur de la Biodanza.

J'aimerais vous en donner un exemple en vous racontant l'histoire de Julie qui a été coupée dans son élan créatif dans son enfance :

> *Julie, neuf ans, vient de dessiner sur son ballon son premier chef-d'œuvre artistique. Tout fièrement, elle va le montrer à son oncle qui lui dit en rigolant que son dessin ne vaut rien et celui-ci fait éclater le ballon en le brûlant avec sa cigarette. Julie, profondément blessée fond alors en sanglots.*
> *Julie, devenue adulte, a comme par « hasard » beaucoup de difficultés à terminer ses tableaux et à oser les exposer. C'est par la remise en conscience de cet évènement et par un travail de guérison de cette blessure qu'elle retrouve la confiance en sa créativité dans le dessin et qu'elle réussit à exposer ses tableaux.*

Nous voyons l'importance de s'entourer de personnes qui nous encouragent et célèbrent notre créativité, comme il est aussi nécessaire d'avoir des espaces d'exploration et d'expérimentation pour oser notre créativité en toute sécurité et liberté, *afin de retrouver notre impulsion naturelle créatrice* !

La créativité est un gage de vitalité, d'estime de soi et aussi de santé.
Voici ce que m'a témoigné une de mes anciennes élèves :

> *« Je suis actuellement en dépression suite à une rupture amoureuse. Le psychiatre m'a prescrit des médicaments. Je n'ai pas voulu les prendre. J'ai changé de psychiatre et je lui ai dit que lorsque j'étais en contact avec ma créativité, je me sentais beaucoup mieux. Elle m'a prescrit... des séances d'art-thérapie, et je vais beaucoup mieux ! »* Mélanie

Augmentons la dose de créativité, diminuons la dose de médicaments ! ☺

Pour nous reconnecter à cette exaltation créatrice, à cette vitalité existentielle, à cette expression créative, chanter est une formidable ressource, à titre individuel mais aussi à titre collectif. Vous découvrirez dans le chapitre « Intégrer le chant dans sa vie quotidienne » un beau bouquet de pistes d'explorations pratiques créatives à expérimenter et à savourer. En attendant, j'aimerais vous parler de la co-créativité.

La co-créativité : une danse entre la créativité individuelle et collective

Une autre belle façon de développer notre créativité en chantant est de le faire en groupe, *en co-créativité*.
Ce que j'appelle la co-créativité, c'est l'art de créer, de construire ensemble et de s'enrichir mutuellement au niveau de notre créativité individuelle et collective, en nous écoutant et en nous inspirant les uns les autres.

La facilitation d'exercices de chant permettant l'émergence de cette co-créativité chantée est une autre pierre angulaire de ma pédagogie.
Dans un premier temps, cette co-créativité peut être nourrie par différents *jeux vocaux* qui mettent en œuvre le pouvoir *de l'imitation* (et non de *limitation* !), bénéfique pour apprendre, découvrir et s'approprier un nouveau « vocabulaire sonore » et ainsi se nourrir au sein de la richesse créative vocale et expressive de chaque membre du groupe (ici l'imitation n'a pas de limitation !).
L'invitation ci-contre vous donne un exemple de jeu vocal pour expérimenter le pouvoir de l'imitation.

Invitation

- Le groupe est en cercle. À tour de rôle, chacun laisse jaillir une courte phrase chantée improvisée (le temps d'une expiration) et le groupe répond en écho, en miroir, en imitant, en reproduisant ce que la personne vient d'exprimer : son expression vocale (mélodie, intonation, volume sonore) et physique (regard, mimiques, mouvements).
  (Il est important ici de se lancer spontanément sans réfléchir, il ne doit pas y avoir de délais d'attente).
  Nous tournons ainsi à tour de rôle et tous les membres du groupe vont d'un côté pouvoir avoir leur moment d'expression créative individuelle et nourrir la créativité des autres membres, et d'un autre côté, vont pouvoir à leur tour s'approprier la richesse créative de chacun par l'imitation !
  Cela crée souvent de l'euphorie et de l'exaltation créatrice dans l'air !

Dans un deuxième temps, nous pouvons développer la co-créativité en apprenant à *improviser ensemble* en tant que groupe, *en co-créant un chant spontané groupal*[108].
Quand nous participons ainsi à l'émergence d'un chant spontané collectif, notre *créativité individuelle*, à travers notre voix et notre chant, *se met au service du chant créatif groupal*[109], et en même temps, notre créativité est nourrie en retour par ce que nous entendons de ce chant collectif qui émerge. Nous arrivons ainsi à être d'autant plus créatif parce qu'il y a le chant des autres qui nous inspire.
Donc, dans ce chant collectif co-créé, les *deux pôles de créativité, individuelle et collective*, se nourrissent et se complètent : mon chant spontané individuel nourrit le chant spontané groupal et le chant spontané groupal nourrit mon chant spontané individuel. C'est une danse de co-liberté : la créativité *individuelle en lien avec la créativité collective de la communauté.*

108. J'aurais pu en parler dans le chapitre sur le chant spontané mais j'ai choisi d'en parler ici, dans la continuité de ce chapitre sur la créativité.
109. Qui peut aussi faire ressortir aussi ponctuellement la créativité individuelle.

Dans l'émergence d'un chant groupal co-créé, il peut parfois y avoir un passage que certains qualifieraient de « cacophonique », que je préfère appeler un moment de *chaos créateur*, car de lui jaillit un nouvel ordre.
Ce moment de chaos peut faire peur *a priori*, mais nous pouvons apprendre à l'accueillir et à l'aimer comme une étape fertile[110] de la créativité. J'invite donc à oser aller dans ce chaos premier, car il sera un véritable *humus à la créativité.*
Quand ce chaos créatif se présente, chacun apprend à équilibrer l'écoute de sa voix avec toutes celles du groupe, apprend à équilibrer sa propre créativité avec celle de l'ensemble et une harmonisation s'installe peu à peu. Cela permet par la suite des moments de connexion avec soi et les autres, d'écoute mutuelle et de riche expression créative.

J'aimerais souligner que *la grande clé* de ce processus de co-création, de co-créativité chantée est de développer cette fine et profonde *écoute en feed-back*[111] : apprendre à écouter, à la fois et en même temps, notre propre voix, celles des autres, et toutes les voix de l'ensemble.
Dans un chant co-créé, il faut donc s'exercer à développer ces *deux différents niveaux d'*écoute :
- *l'écoute locale*, qui est de sélectionner et de diriger son attention et son écoute sur sa propre voix,
- *l'écoute globale*, qui est de sélectionner et de diriger son attention et son écoute sur toutes les voix de l'ensemble du groupe (incluant sa propre voix).

Cette écoute en feed-back nous permet d'apprendre à sentir quand se fondre avec les voix du groupe ou quand faire ressortir sa voix ou sa mélodie, quand augmenter ou diminuer le volume ou le tempo, quand oser faire de la place au silence...
Co-créer un chant nous enseigne donc une profonde écoute et conscience musicale.

Dans mes propositions de chants spontanés co-créés en groupe, je vais en règle générale présenter un *cadre co-créatif* pour l'exercice, qui peut être fait *avec ou sans meneur*, à partir duquel chacun improvisera librement (tout en étant attentif à l'importance de l'écoute en feed-back).
Par exemple, le cadre peut être l'intention commune d'improviser un chant de recueillement sur la voyelle « A », un chant d'allégresse sur le mot « Alléluia », un chant à consonance chamanique sur les syllabes « Hé-ya-Hé » ou de chanter une phrase positive en guise de mantra.
Quand la proposition est sans meneur, le groupe démarre ensemble avec le cadre de départ et trouve peu à peu son harmonie.
Quand il y a un meneur, celui-ci démarre seul le chant spontané et installe une ambiance, une couleur personnelle et le groupe vient ensuite dans un deuxième temps soutenir et co-créer à partir de la proposition initiale.
La fin du chant co-crée peut se faire de différentes manières : en *decrescendo* (diminution progressive du volume), par un arrêt net suite à un signe pré-défini (geste ou son d'un instrument),

110. Si vous aviez vu mon rassemblement de notes et de dessins au début de l'écriture de mon livre, un chaos, un désordre infini, à ne plus savoir où donner de la tête ! Mais c'est ce terreau, cet humus qui a nourri le fruit qu'est devenu ce livre.
111. Régulation rétroactive en tenant compte de la réponse en face.

impulsée par le meneur ou naturellement induite quand le groupe s'écoute avec finesse et harmonie.

Invitation

- Expérimentez un chant spontané groupal co-créé sans meneur, avec un cadre pré-déterminé, par exemple : un chant de recueillement sur la voyelle « A », ou un chant sur la phrase « Voilà ma voix », ou bien un chant d'allégresse sur le mot « Alléluia ».

Quelle que soit la façon dont nous co-créons ensemble, je suis toujours émerveillée de la *richesse co-créative de l'entité groupale*. De tels moments sont souvent de l'ordre de la grâce. Voici une participante qui en témoigne :

> *« J'ai pu goûter à la cohésion d'unité dans un groupe, en harmonie, surtout dans l'improvisation ensemble, où j'y ai senti un puits d'énergie sans fin, une puissance au centre de mon corps. Une belle ouverture du cœur et l'intensité de la vie qui vous traverse. »* Céline

Chanter nous permet de libérer notre créativité et inversement, quand nous libérons notre créativité, nous libérons notre chant !

Nous allons voir maintenant que chanter nous permet aussi de contacter et de libérer l'expression de nos émotions.

CHANTER ET EXPRIMER SES ÉMOTIONS

Dans notre société, il est assez courant que nous nous coupions de nos émotions, que nous les réprimions ou que nous les « explosions[112] ».
Apprendre à contacter et à exprimer nos émotions de façon saine est un acte de santé qui contribue à structurer une saine identité.

« Sans émotions, il n'y a pas de guérison ». Silvia Nakkatch

Chanter est une merveilleuse ressource pour ouvrir le cœur et la voie des émotions, et ce n'est pas qu'une parole poétique. La voix chantée est liée au cerveau droit, siège des émotions, tandis que la voix parlée est plutôt[113] liée au cerveau gauche, rationnel.

« La voix chantée offre une route plus directe à l'inconscient que la parole ». Paul Newham

En effet, chanter nous touche et nous permet de ressentir et d'exprimer nos émotions.
S'émouvoir ainsi en chantant est un cadeau, une bénédiction.
Acceptons et honorons toutes les émotions qui montent, s'expriment et se libèrent lorsque nous chantons.
Laissons nos cœurs chanter leur joie, leur espoir, leur tendresse, leur romantisme, leur lyrisme, leur puissance, leur profondeur, leur légèreté, leur exubérance !
Laissons nos cœurs aussi chanter leur révolte et leurs peines. Un cœur en colère ou un cœur triste qui chante, passé la tempête, retrouve une paix et une force profonde.

Chante, chante mon cœur, dans la joie comme dans la douleur.
Chante, chante mon cœur, que la joie prenne en toi demeure[114].

Chanter peut aussi être d'une grande aide pour *transformer nos émotions.*
Comme je l'ai déjà évoqué, il ne faut pas nécessairement attendre d'avoir le cœur à chanter pour chanter. Toute humeur, tout état psychologique et émotionnel est un bon état pour commencer à chanter et peut être utilisé et transformé :
Je suis en colère ? C'est le bon moment pour utiliser cette énergie pour chanter avec puissance vocale et émotionnelle.
Je suis dépressif ou sans énergie ? C'est l'occasion de chanter pour me redonner de la joie, de la vitalité, de l'énergie.

---

112. Colère ou rage non maîtrisée qui nous submerge.
113. Nous pouvons aussi parler à partir de notre cœur.
114. Extrait du texte de ma chanson « Chante mon cœur ».

Je suis triste ? C'est l'occasion de chanter une chanson triste et de laisser jaillir les larmes en chantant, ou c'est peut-être aussi l'occasion d'en profiter pour chanter dans un tout autre registre émotionnel pour sortir de cet état de tristesse.
Je suis en joie, en énergie ? C'est l'occasion de chanter à tue-tête (et d'en faire profiter ses voisins) !

Voici quelques histoires de libération et de transformation des émotions par le chant :

Hélène arrive à son cours de chant énervée et en colère par rapport à une situation. « Génial ! » je lui dis, « nous allons profiter de cette énergie pour travailler la puissance et la détermination dans la voix et le chant. » En l'aidant à canaliser cette énergie par différents exercices, elle accède à sa puissance vocale comme jamais. Au moment de partir, elle me dit que de pouvoir ainsi libérer cette énergie de la colère par le chant lui aura fait un bien fou. Hélène repartira toute joyeuse et sereine.

Daniel, dans la quarantaine chante avec aisance. Je viens de l'inviter à mettre de la conscience et du ressenti sur chaque mot qu'il chante. Tout va bien, quand tout à coup, sur le mot « papa » de la chanson, je le vois troublé et sa voix se coince. Je l'invite à reprendre ce passage et au moment où il rechante ce mot « papa », il se retrouve littéralement plié en deux et en sanglots. Je sens que cette émotion qui se libère est ancienne. J'accueille et contiens en silence avec lui la beauté de sa vulnérabilité qui s'exprime. Il me partage alors avoir été en manque de relation avec son père et n'avoir jamais pleuré ce manque auparavant. Après cette libération émotionnelle, il a pu facilement chanter ce mot « papa » et être à l'aise vocalement et émotionnellement.

Judith commence à chanter une chanson en solo devant le petit groupe de l'atelier, mais soudain sa voix se coince par une émotion retenue. Je l'invite à recommencer ce passage et à accueillir cette émotion. Elle se remet à chanter et cette fois-ci elle laisse jaillir les sanglots. Après avoir contacté et libéré cette émotion, je l'invite à rechanter la chanson avec le nez de clown dans un tout autre registre émotionnel : l'espièglerie, la légèreté. Alors qu'elle venait de pleurer, la distance que procure le nez de clown lui permet d'explorer autre chose et de s'amuser. Puis, je la réinvite à rechanter (sans nez de clown) sa chanson avec ce qui est là maintenant. Elle la rechante alors avec profondeur, sans être déstabilisée. Elle se sent ancrée et libérée d'un poids.

Françoise parle très rapidement et ne prend pas le temps de respirer, ni en parlant, ni en chantant. Je l'invite à lire son texte de chanson au ralenti puis à chanter très lentement mais c'est difficile pour elle. Je la fais alors se coucher par terre sur le dos, et lui demande de chanter sa chanson lentement, une syllabe à la fois. Cette façon de chanter dans la lenteur

extrême lui fait alors recontacter un souvenir ancien : « Lorsque j'étais petite, je parlais hyper lentement, et du jour où ma tante s'est moquée de moi, j'ai compensé par l'inverse ». Françoise prend alors conscience que son essence était en fait la lenteur, et non la vitesse. Une grande émotion émerge pour elle et nous prenons le temps de l'accueillir.
Je la fais alors s'asseoir, respirer, entrer en silence et puis je l'invite à prendre un tambour et à exprimer un chant spontané avec des notes lentes, tenues, habitées. Elle me dira en fin de cours : « Dans ce chant lent avec le tambour, j'ai contacté un espace de tranquillité, de lenteur et de centrage extraordinaire et j'ai entendu et ressenti ma voix comme jamais auparavant ».

Oui, notre cœur, notre âme et notre corps aiment chanter et libérer l'expression de notre créativité, de nos émotions et de notre identité, comme nous allons le voir maintenant.

CHANTER ET EXPRIMER SON IDENTITÉ

Chanter est une voie vers moi pour donner voix à qui je suis.

Dans les façons dont je me vis et me manifeste au monde, ma connexion et mon expression par la voix en est une très importante.
Ma voix, extension de moi, de qui je suis, est une expression de mon identité profonde.
Nous allons voir comment chanter renforce l'identité, ce qui m'a amené à cette équation : *épanouissement de voix, épanouissement d'identité !*

« La voix est l'expression maximale de l'identité. » Rolando Toro

Chanter renforce l'identité

Premièrement, chanter renforce l'identité en permettant à beaucoup de *se réconcilier avec leur voix*, ce qui est une réconcili*ation avec soi-même*... En effet, cette voix, souvent méconnue, mal aimée, meurtrie, est *la plus intime de nos expressions* (je m'y « dévoile », je m'y dé-voix-le), et ne pas l'aimer, c'est ne pas aimer une partie essentielle de soi.
Il me paraît évident que se réconcilier avec sa voix, apprendre à l'aimer et lui permettre de se déployer, est fondamental sur le chemin d'accueil et d'amour de soi.
Quand nous faisons la paix avec notre voix, que nous en faisons notre alliée, nous touchons alors un sentiment de liberté, d'estime de soi et de confiance.
Chanter se révèle être un des meilleurs outils pour se réconcilier avec sa voix et pour arriver à l'aimer telle qu'elle est, ou bien pour nous en découvrir une autre que nous ne connaissions pas jusqu'alors ! En effet, plusieurs personnes, quand elles arrivent à oser être elles-mêmes et à laisser leur voix naturelle se libérer, s'exclament :
« Je ne m'étais jamais entendue comme cela, on dirait que ce n'est pas moi qui chante, que c'est quelqu'un d'autre, mais en même temps c'est véritablement moi... et j'aime cette voix. J'ai osé être moi en chantant ».

Chanter renforce également l'identité par la *connaissance* et la *reconnaissance de soi* qu'il permet. En effet, chanter est *un outil de connaissance de soi* car dès lors que je vais à la rencontre de ma voix, je vais à la rencontre de moi. De plus, quand je chante, je me découvre à travers ma connexion, mon expression, ma créativité, mon lien aux autres...
Chanter est également *un outil de reconnaissance de soi* car à travers ma voix, je m'entends, je me reconnais, je prends ma place. À travers ma voix, je suis aussi entendu, vu [115] et reconnu par les autres [116]. À travers ma voix, je me sens exister.

115. Souvent quand nous chantons, nous sortons du silence, nous sommes « repérés » et plus vus !
116. Je rappelle que notre fleurissement est facilité par des relations de Sponsorat qui promeuvent, soutiennent, valident l'identité unique de chacun. Notre identité est relationnelle, nous sommes des êtres grégaires, notre cerveau est social. Nous avons besoin de la communauté et la communauté a besoin que notre identité (dons, talents, richesses, qualités, capacités) s'exprime. Quand

Pour me connaître et me reconnaître,
j'ai besoin de m'entendre, de me faire entendre et d'être entendue.

Chanter renforce aussi beaucoup d'aspects qui constituent le développement d'une identité forte et saine[117].
En effet, chanter renforce notre capacité de connexion (de lien à soi et à l'autre ainsi que le sentiment d'appartenance), notre capacité d'expression libre et créative, notre capacité d'être présent, centré, de rayonner, notre capacité au plaisir, à la joie, à la transcendance.
Chanter peut nous donner de la confiance, de la force, de l'estime de nous.
Chanter peut aussi permettre à des voix et à des personnalités craintives, plaintives ou inaudibles à retrouver leur centre de puissance personnelle pour rayonner et vibrer de leur vraie voix, de leur vraie identité.

C'est pour tout ce je viens d'évoquer que je dis que chanter est une expression identitaire fondatrice.
Chanter peut faire *épanouir des voix... et des identités !*

Nous pouvons nous épanouir et resplendir comme des soleils. Nous avons soif de grandeur. C'est pourquoi j'aime faire lire ce texte à tous mes participants.

---

nous l'exprimons, toute la communauté en bénéficie et quand la communauté s'enrichit, les individus qui la composent s'enrichissent aussi. C'est un cercle vertueux !

117. Et le développement d'une identité forte et saine permet d'être dans son pouvoir personnel. En ce sens, chanter est un acte de pouvoir personnel. Un autre élément d'une identité saine est la capacité de connaître et d'exprimer ses besoins (ses « oui ») et ses limites (ses « non »). Beaucoup de personnes témoignent que le fait de s'affirmer par le chant leur permet de mieux faire ceci.

Ne pas vivre petit (que j'ai rebaptisé **« Oser sa lumière »**)
Texte de Marianne Williamson, lu par Nelson Mandela lors de son discours d'investiture à la présidence de la République de l'Afrique du Sud.

Notre peur la plus profonde n'est pas que nous ne soyons pas à la hauteur.
Notre peur la plus profonde est que nous sommes puissants au-delà de toute limite.
C'est notre propre lumière et non pas notre obscurité qui nous effraie le plus.
Nous nous posons la question : « Qui suis-je, moi, pour être brillant, radieux, talentueux et merveilleux ? »
En fait, qui êtes-vous pour ne pas l'être ? Vous êtes un enfant de la Vie.
Vous restreindre, vous déprécier, vivre petit, ne rend pas service au monde.
L'illumination n'est pas de vous rétrécir pour éviter d'insécuriser les autres.
Nous sommes nés pour rendre manifeste la gloire de la Vie qui est en nous.
Elle ne se trouve pas seulement chez quelques élus : elle est en chacun de nous et, au fur et à mesure que nous laissons briller notre propre lumière, nous donnons inconsciemment aux autres la permission de faire de même.
En nous libérant de notre propre peur, notre présence libère automatiquement les autres.

Voici le récit de Gilles qui parle de l'impact du chant sur son *identité d'homme* en contact avec sa puissance.

> *Chanter, la joie de l'enfant ! Quand j'étais petit, je chantais tout le temps. Mais ça énervait mon beau-père. Alors je me suis tu. Puis retrouvé...*
> *Un jour, par curiosité, je décide de faire un cours de chant lyrique. Premier cours : j'en bave. Pas à l'aise. Pas de plaisir. Deuxième cours : la prof trouve un moyen de faire sortir la puissance de ma voix. Stupéfaction ! Un volume de voix sort, que je n'avais jamais imaginé. Ça me fait mes frissons de bonheur partout. Je me sens homme puissant. Je suis émerveillé. Et plein d'envie de chanter. Ce jour-là, c'est comme si on avait ouvert le volet de ma fenêtre : tout d'un coup, je découvre un nouveau paysage. Une nouvelle joie dans ma vie s'est installée : chanter. Et ne m'a plus jamais quitté.*
> *Par la suite, j'ai fait des cours de chant avec une prof qui avait chanté avec les Indiens Lakota. Nous avons fait du chant chamanique. Encore une fois : puissance. Mais intérieure. Ancrage dans le corps. Le Bassin. Sensation de puissance, virilité. Et puis du chant romantique : italien, espagnol. Sensation de cœur qui s'ouvre. Puis dernièrement, c'est avec toi que j'ai trouvé grand plaisir à chanter avec créativité.*
> *Je suis étonné aujourd'hui que peu d'hommes chantent. Peu d'hommes intègrent le chant dans leur vécu. Enfin... en Occident. Car en Amérique du Sud, c'est plus courant. En Afrique noire, c'est même, comme la danse, un attribut... de virilité !*

Chanter son prénom

Une autre composante forte de notre identité est notre prénom, c'est pourquoi *le chant du prénom* est une autre clef de voûte de mon travail avec le chant.
Chanter son prénom est un *rendez-vous sacré avec soi-même.*
C'est contacter le courage de vivre et dire oui à qui je suis.
C'est me reconnaître et me célébrer avec fierté.
C'est contacter un endroit profond en moi et l'appeler à se manifester : comment je m'appelle, comment je m'appelle à moi-même pour me rendre présente à mon essence.
C'est renforcer et confirmer le sens de ma valeur, à mes yeux et aux yeux du groupe quand il est chanté en groupe.

Invitation

- Prenez un moment au calme et chantez votre prénom pendant plusieurs minutes, en explorant différentes façons de le chanter et en étant attentif à comment vous vous sentez à l'intérieur. Si vous avez un prénom que d'une syllabe, par exemple Marc, vous pouvez chanter « je m'appelle Marc » pour avoir plus de syllabes à chanter, ou bien n'hésitez pas à chanter plusieurs notes sur une même voyelle ou syllabe, par exemple : Ma-a-aaaaa-aa-aarc.
- Si vous êtes à deux, vous pouvez, mains dans les mains, vous chanter mutuellement à tour de rôle vos prénoms en guise de reconnaissance et de célébration mutuelle de vos identités.

Chanter les prénoms en groupe [118] prend l'importance d'une véritable cérémonie car cela permet de célébrer l'identité de chacun.
Dans certaines tribus, à chaque naissance, un chant unique est créé pour l'enfant et il est chanté par la tribu pour célébrer sa venue au monde. Ce chant sera plus tard chanté par l'enfant pour se relier à son essence, pour célébrer des moments forts de sa vie ou bien il sera chanté par la tribu, pour lui rappeler son identité s'il se perd ou lors de son décès.
Je crois que chaque membre de la communauté devrait avoir son prénom chanté et célébré par sa tribu, sa famille, sa communauté.

Se réconcilier avec son prénom en le chantant

Lors d'un voyage en train, je discute avec une vieille dame assise à côté de moi. Je lui parle de mon travail et que je fais notamment chanter les prénoms. Elle s'exclame alors : « J'ai 75 ans et je déteste mon prénom ! »

118.J'ai développé au fil des années, un processus autour du chant des prénoms en groupe. C'est une séquence d'exercices qui permet la restauration et la célébration de l'identité de chacun au travers de différentes façons de chanter son prénom et de l'entendre chanter par d'autres. Par cette expérience, les participants tissent de nouveaux liens avec leur prénom et avec eux-mêmes. C'est profond et puissant, un baume de santé pour l'identité, le sentiment de valeur personnelle et le sentiment d'appartenance au groupe.

Je pense que ne pas aimer son prénom, ne pas être en paix avec lui, apporte une tension dans notre bien-être identitaire.
Le chant de son prénom est ici un merveilleux outil pour se *réconcilier avec son prénom*.

Laissez-moi vous raconter l'histoire incroyable de Guillemette, dans la quarantaine, qui se réapproprie une partie de son identité en chantant son prénom :

> *Lors d'un déplacement professionnel, j'ai l'occasion de donner un unique cours de chant à Guillemette où je lui propose de chanter son prénom. Elle se met à chanter d'un ton monocorde « Guille, Guille, la Guille ». Je suis surprise qu'elle ne chante qu'une partie de son prénom et intérieurement j'attends qu'elle complète son « Guille » avec un « mette ». Je lui demande alors de rechanter le prénom au complet mais cela est difficile pour elle.*
> *Je la questionne sur son enfance et j'apprends qu'en fait son père l'appelait « La Guille » et non Guillemette... Je lui dis qu'en l'appelant ainsi, son père la dépossédait de la part féminine de son prénom et d'une partie de son identité. Guillemette me dit alors que la féminité n'est pas simple pour elle. Je l'encourage alors à rechanter son prénom en liant les syllabes « Guille » et « mette », Guille-mette, Guille-mette.*
> *Puis c'est moi qui prends le relais et qui lui chante son prénom en mettant beaucoup de légèreté et de joie sur ce « mette » de Guillemette. Elle éclate en sanglots. Elle me dit qu'elle se sent rebaptisée. Puis elle rechante à nouveau son prénom au complet avec plus de liant et de joie.*
> *À la fin du cours, son visage n'est plus le même et au moment de se quitter, elle me partage que par ce travail sur le chant de son prénom, elle a le sentiment d'avoir récupéré une partie manquante d'elle-même. Elle se sent ré-unifiée.*

L'histoire de Guillemette nous montre bien que chanter son prénom est un beau chemin de retour à/en soi-même et de reconquête personnelle de son identité.

SE LAISSER TRAVERSER PAR LE CHANT SACRÉ DE LA VIE

La Vie chante en moi et autour de moi,
et La chanter soulève mon âme de joie.

Nous avons besoin d'écouter et d'exprimer qui nous sommes par notre chant et nous avons aussi besoin de chanter pour *célébrer* la Vie, pour *sentir le Chant de la Vie nous traverser.*
Nous avons besoin de *transcendance, de sacré.*

« L'âme mère nous promet que si nous entrons en contact avec les instruments de la force psychique, nous sentirons son souffle, son pneuma ; son haleine pénétrera la nôtre et nous serons emplis d'un vent sacré pour chanter. C'est ce chant sacré que nous cherchons. » Clarissa Pinkola Estés

« Le sacré ne se résume pas à un espace rituel mais s'étend à toutes les circonstances où la Vie se manifeste. Tout de la Vie est sacrée. » Rolando Toro

CHANTER POUR CÉLÉBRER LA VIE

Chanter est un puissant *rituel de célébration de la Vie*[119] qui porte en son sein *la transcendance.*

« Le chant est le point de contact entre le corps humain et le transcendant. » Jack Kessler

Quand nous célébrons la Vie, nous ressentons une joie profonde, nous nous sentons plus vivants, plus reliés, à nous-mêmes et aux autres.

« Le seul péché est d'être séparé de sa capacité à la Vie, à fleurir, à louer la Vie. » Christiane Singer

Une des raisons pour lesquelles nous chantons si peu est justement parce que nous avons beaucoup perdu la joie, le sens et l'usage de rituels de célébration de la Vie, qui ne sont certes pas *productifs de biens* mais *productifs de lien, de sens*, de *transcendance* !

Pour moi, la *transcendance*, c'est un sentiment profond de *reliance*, avec moi-même, avec l'autre et le Tout.

119. Sauf dans le cas où un chant est véhiculé avec des paroles et une intention de violence. À ce moment-là, il ne célèbre pas la Vie et n'est pas dans la transcendance.

C'est voir la beauté et de la valeur sacrée de la Vie et *m'en émouvoir*.
C'est être dans un état de grande sensibilité, de bien-être et dans une capacité de regard neuf, d'émerveillement, de *poésie envers la Vie*.
C'est vivre un moment profondément nourricier dans lequel je me sens connectée à quelque chose d'autre qui me transcende.
C'est *un moment suspendu* d'éternité, de plénitude, de gratitude, de révélation.

« Le sacré ne vient pas de l'explication mais de la révélation. » Hélène Levy Benseft

Un dicton dit que « chanter, c'est prier deux fois ». Je dirais que chanter, c'est aussi *célébrer deux fois* !
Depuis la nuit des temps, les communautés se sont rassemblées autour du feu pour chanter (et danser) dans une connexion à soi et une communion aux autres, dans un esprit de *célébrer ce qui nous unit : la Vie !*
Alors, ré-introduisons le chant comme moyen pour célébrer la Vie et entrer dans la transcendance, à titre individuel et ensemble, en groupe.
Et comme nous l'avons vu dans le chapitre sur les bienfaits, *chanter ensemble* instaure ou restaure également un sentiment de confiance, de bienveillance, de partage, d'appartenance, de fraternité, d'unité.
Une participante en témoigne :

> « Le chant en groupe a été pour moi une expérience d'unité, je me suis sentie reliée. J'ai été touchée au plus profond de mon être par une forme de Grâce touchant l'essence même de la Vie, de l'ordre du domaine du sacré ». Marie-Jo

« Seul sur la terre, le chant célèbre et sanctifie. » Rainer Maria Rilke

CHANTER AVEC PRÉSENCE

Chanter est mon école de Présence.
Je chante pour m'appeler à moi-même, me rappeler en moi-même,
pour être habitée de moi, en contact avec mon essence,
en présence avec la Vie, en présence en la Vie.

Habiter mon chant : chanter avec présence

Être dans la présence, dans *l'ici et maintenant* est un art exigeant et paradoxal : mon corps physique ne peut vivre ailleurs que ici et maintenant, et pourtant, je peux être dans un « *ailleurs* » et « *ne pas être là* ».

Quand je chante, c'est la même chose. Je peux chanter sans vraiment « être là ». En effet, quand je ne suis pas entièrement engagée dans mon chant, parce que je pense à autre chose[120], parce que je m'ennuie, parce que je n'y mets pas tout mon cœur et mes tripes, parce que j'ai peur ou que je n'ose pas, je perds alors une partie de ma connexion au moment présent et à mon chant. À ce moment, je chante sur ce que j'appelle le *pilote automatique*, c'est-à-dire de façon mécanique, dissociée[121], peu vivante, avec peu de présence, d'énergie vitale et d'émotion. Je suis alors *dispersée, fragmentée et un peu endormie dans mon chant.*

À l'opposé, je peux chanter de *façon complètement habitée*, c'est-à-dire être entièrement là, présente, vivante, engagée de tout mon être avec conviction, attention, intensité, densité. Je suis alors *concentrée, entière et éveillée dans mon chant.*

Quand je me *rends ainsi présente*[122] et *vivante* en chantant, *j'habite mon chant et je le rends vivant. Habiter mon chant*, c'est *l'animer, lui donner Vie, intensité de présence.*

Habiter[123] mon chant, c'est aussi *m'animer moi*, m'illuminer tout entière en chantant avec un grand oui, un grand soleil dans les yeux, en insufflant une vibration de Vie et de joie en moi. C'est plonger au cœur du moment présent en me donnant cœur-corps – pensée-voix, pleinement reliés et devenir le chant.

Un chant habité est donc un chant rempli de présence, un chant ému et émouvant parce que chanté par une personne habitée, dont la voix est chargée d'âme et de Vie. C'est cette façon de chanter habitée qui est nourricière et transformatrice et qui a le goût d'éternité.

« *L'éternité, c'est quand tout de moi est là* ». Christiane Singer

---

120. « *Au clair de la lune mon ami Pierrot* »... mince j'ai oublié d'éteindre la lumière..., « *prête-moi ta plume pour écrire un mot* »... ah justement il faut que je réponde au courrier d'un tel... « *ma chandelle est morte* »... moi aussi je me sens un peu morte. Euh, c'est quoi chanter avec présence ?

121. Le cœur, le corps et la tête ne sont pas pleinement ensemble.

122. En anglais le mot « *presence* », peut être transformé en verbe « *presencing* », que je traduis par *se rendre présent* (devenir présent). J'aime beaucoup ce qu'il revêt, car actif, concrètement ici et maintenant.

123. J'aime aussi dire « vivencier » mon chant (de l'espagnol *vivencia*), c'est-à-dire donner intensité et vie à mon chant.

Pour chanter de façon habitée, pour me rendre présente et vivante en chantant, j'ai besoin de prendre le temps de m'arrêter, de respirer, d'écouter, de sentir, d'exprimer, de partager, de célébrer. Ces moments de *pleine présence et conscience,* qui appartiennent au temps *Kairos*[124] (temps de l'instant présent vécu intensément, qui ne se mesure pas par la montre mais par le ressenti), sont des moments profondément nourriciers dans lesquels nous sommes connectés à quelque chose d'autre qui nous transcende. Ce genre de moments au goût d'éternité, nous en avons tous un jour vécu. Ce sont des moments-cadeaux, d'ailleurs, ne dit-on pas le temps « présent » parce qu'il est un cadeau...

Chanter est donc un merveilleux outil par lequel je peux apprendre à *augmenter mon état de présence.*

Nous allons voir maintenant que la *qualité de présence est directement liée à la qualité d'écoute* (et vice versa).
Et quand il y a l'écoute et la présence, il y a transcendance, tout est lié !

124. *Kairos* est le temps vertical, métaphysique, immatériel, qualitatif, qui ne se mesure pas par la montre mais par le ressenti. À l'inverse, le temps *Chronos* est le temps qui court, qui file sans cesse et qui fait vivre une course en avant contre la montre. C'est le temps horizontal, physique, matériel, quantitatif, qui se mesure chronologiquement.

OUVRIR SON ÉCOUTE

Écoute l'instant présent et chante au cœur de toi-même.
Écoute, écoute bien,
et tu entendras peut-être pour la première fois,
ce qui depuis toujours chantait à l'intérieur de toi.

Lien entre écoute et voix

Il existe un *lien intime et fondamental entre écoute et voix.*
Alfred Tomatis[125] dit que la voix ne contient que ce que l'oreille entend.
Dans le même sens, Annick de Souzenelle explique[126] que les problèmes relatifs à l'émissivité sonore sont pour la plupart conditionnés par un blocage au niveau de la réceptivité (de l'écoute). Elle rapporte également ces paroles de la Bible[127] sur le lien entre écoute et voix: « *"Ephéta, ouvre-toi", ordonne le Christ au sourd et muet que ses disciples lui amènent pour le guérir, aussitôt ses oreilles s'ouvrirent et sa langue se délia* ».
C'est parce que l'écoute s'est ouverte sur l'extérieur que la voix s'est déliée.
Mais cette écoute peut aussi s'ouvrir sur l'intérieur: c'est parce que j'écoute à l'intérieur de moi que je peux entendre et laisser émerger mon chant. Clarissa Pinkola Estés nous invite à « *Prêter oreille pour entendre notre âme nous chanter sa Vie, lui redonner de l'espace, du sens, de la médecine* ».
Donc j'écoute à l'extérieur et à l'intérieur pour mieux chanter.
Mais l'inverse est aussi vrai: je chante pour mieux écouter et entendre[128] la vibration extérieure de ma voix et la vibration intérieure de mon être profond. Je dois faire chanter mes cordes vocales pour écouter le son et le chant à l'intérieur de moi.
Kabir nous le dit à merveille: *« Si vous voulez connaître la vérité, je vous la dirai. Écoutez le son secret, le son vrai qui est en vous, la musique que font les cordes que personne ne touche. »*

Ouvrir et développer son écoute

La qualité de l'écoute est liée à la présence, à l'attention.
Plus j'ouvre mon écoute, c'est-à-dire plus j'écoute *attentivement*, entièrement engagée dans cet acte, *plus j'entends* (et plus j'agrandis ma capacité à chanter).

---

125. Qui a mis au point « la méthode Tomatis » pour développer l'écoute et la voix.
126. Chapitre « L'oreille et la langue » de son livre *Le symbolisme du corps humain*, Albin Michel.
127. Marc V11, 32-37.
128. Dépendant de la définition que nous donnons aux mots *entendre et écouter*, ceux-ci peuvent revêtir des sens différents: Je peux *entendre sans écouter*, comme je peux *regarder sans voir*. *Entendre* veut alors dire que je ne suis pas sourd, j'entends physiquement le son qui parvient à mon champ de perception auditif global, sans y être vraiment *attentif*. Dans ce même cas, *écouter* veut dire que je suis totalement là, en écoute active, en présence. Cela demande une concentration de notre *attention*. Mais je peux aussi donner à ces mots un autre sens: je peux *écouter sans entendre*. Dans ce cas-là, je ne suis pas attentif, je n'écoute qu'à moitié et sans m'ouvrir au message. Quand nous écoutons *et* entendons, entendre a alors ce sens: « J'ai bien compris ce que tu me dis, je t'ai bien entendu ».

Un chef d'orchestre peut dire immédiatement si un musicien du groupe n'écoute pas, car il n'a alors pas la même qualité de présence, pas la même qualité de réponse à ce qui se passe.
Une difficulté au niveau de l'écoute peut donc provenir d'un manque d'attention et de présence, mais peut également provenir d'une source plus profonde car écouter veut aussi dire être ouvert, vulnérable. Fermer son écoute est un moyen de se protéger pour éviter d'être blessé. Mais en même temps, quand notre écoute est fermée pour se protéger, elle s'est aussi fermée pour recevoir et accueillir le beau...
L'histoire d'Éva nous l'illustre bien.

> *Éva, une de mes élèves, avait de grosses difficultés à écouter. À force d'attirer son attention sur ce point, un jour elle a pris conscience qu'écouter, pour elle, voulait dire obéir, se soumettre et souffrir, et c'est pour cela qu'elle avait fermé son écoute ! Elle a en même temps réalisé qu'elle avait aussi fermé son écoute à ses besoins profonds.*
> *Grâce à cette prise de conscience sur l'origine de sa difficulté à écouter, celle-ci a pu remettre un sens positif au verbe « écouter » et commencer à se ré-ouvrir à entendre, à l'extérieur d'elle-même comme à l'intérieur.*

Quelle que soit notre difficulté à écouter, nous pouvons nous entraîner à devenir plus présents dans le chant que nous chantons, nous pouvons réapprendre à aimer ce sens qu'est l'écoute, ce plaisir qu'est entendre.
Le son de notre voix chantée va justement nous aider à écouter, à nous relier, à nous concentrer, à nous rendre présents.

Pour entrer dans cette écoute et cette présence, une chose toute simple que nous pouvons faire[129] est de chanter en fermant les yeux, car cela permet de descendre à l'intérieur de soi et d'avoir une écoute plus profonde.
W. Allaudin Mathieu parle de cette qualité d'écoute : « *Lorsque nous fermons les yeux, nous avons plus faim d'entendre que de voir, notre cerveau s'ouvre à nos oreilles et le son se rue pour remplir tout le crâne. C'est comme si nos oreilles écoutaient à travers un microscope et que nous entendions ce que nous avons toujours entendu mais à la puissance dix* ».

« Fais de chaque chose en toi une oreille, chaque atome de ton être, et tu entendras à chaque instant ce que la Source te chuchote ». Rumi

Alors écoutons ce que nous chantons, entrons dans le son avec toute notre qualité d'ouverture et de concentration, et au fur et à mesure de la pratique, nous pourrons *chanter et écouter en même temps, avec cette même qualité d'attention et de présence.*

---

129. J'utilise aussi des mantras et certains exercices de communication pour aider à développer l'écoute et l'attention.

Invitation

- Faites résonner un son (avec une cloche, un bol tibétain, une corde de guitare ou autre) et tendez l'oreille et l'écoute pour entendre le son jusqu'à ce qu'il s'évanouisse dans le silence et continuez à écouter le son même quand vous ne l'entendez plus physiquement...
- Chantez une seule note tenue jusqu'au bout de votre expiration et portez toute votre attention sur l'écoute de ce son.
- Chantez les yeux fermés ou avec un bandeau sur les yeux et exercez-vous à donner toute votre attention pour écouter chaque note chantée et chaque silence entre les notes.
- Prenez un papier et un crayon et devenez attentif à tous les sons que vous entendez et notez les uns après les autres, dans l'ordre où vous prenez conscience que vous les entendez. Vous pouvez le faire en alternant les yeux ouverts ou fermés, en vous concentrant sur les sons aigus et graves, proches ou éloignés, à l'intérieur de vous ou à l'extérieur. Si vous faites cet exercice à plusieurs, vous pouvez ensuite partager les sons dans l'ordre où vous les avez entendus. Vous constaterez que nous n'entendons pas tous la même chose ni dans le même ordre !

Invitation

- Dans cet exercice qui se fait à deux, nous ouvrons grand nos oreilles, notre écoute et nous accordons nos voix.

En position rapprochée, mains dans les mains, yeux fermés, une personne mène le chant en improvisant une note à la fois, lentement, et l'autre personne suit en en reproduisant les sons, en venant rejoindre le chant du meneur. Savourez les deux voix chantant ainsi ensemble pendant un moment puis inversez.

(La personne qui mène le chant tient la note suffisamment longtemps pour que le partenaire ait le temps de bien l'écouter et la reproduire avant d'en faire une autre. Plus le partenaire qui suit arrive à reproduire facilement les notes, plus le meneur du chant peut les faire varier rapidement. Si la personne qui suit n'arrive pas à reproduire la note, c'est à celui qui mène le chant de s'adapter pour chanter des notes que le partenaire peut reproduire dans sa tessiture de voix.)

Si nous sommes entiers dans l'écoute, nous nous surprenons au bout d'un moment à avoir la sensation de chanter exactement en même temps l'un que l'autre, alors qu'il y en a un qui mène et l'autre qui suit ! Entendu de l'extérieur, on dirait deux personnes qui chantent à l'unisson un chant qu'elles connaissent déjà alors que nous sommes en chant improvisé avec un meneur !

Après avoir vu (et entendu) l'importance de l'écoute des sons, allons voir maintenant l'importance de l'écoute du silence...

DEVENIR AMI AVEC LE SILENCE DE VIE

Les notes, comme nous, ont besoin de silence, de gestation, de respiration.
Le silence, véritable écrin des notes, est un ami du chant.

« La véritable musique est le silence. Toutes les notes ne font qu'encadrer ce silence. » Miles Davis

Mais avant d'aller plus loin, de quel silence parlons-nous ?
J'ai distingué *deux types* de *silences*.

Le premier est ce que j'appelle le *silence de Vie*, et c'est lui qui est un ami du chant.
C'est le *silence choisi*, dans lequel nous entrons librement et en conscience.
C'est le silence *connecté*, dynamique, *le silence de révérence à la Vie*.
Dans ce silence, il n'y a pas que l'absence de son, mais une présence mystérieuse... pleine de Vie.
C'est ce silence qu'il est bon de mettre à contribution dans notre chant.
Nous pouvons chanter et entrer dans ce silence de Vie.

Entrons dans ce silence, plein de présence et de Vie.
Dans ce silence, il y a le Chant de la Vie aussi.

Le deuxième type de silence est ce que j'appelle le *silence de mort*.
C'est le silence *imposé* où nous avons appris à nous taire, où nous n'avons pas droit à la parole, au chant, à l'expression.
C'est le silence *de peur, d'enfermement, d'inhibition, de castration, de résignation.*

« Lorsque nous sommes trop peu à élever la voix, la voix de la femme sauvage se tait. Et dans le monde, la nature sauvage se tait également. On n'y entend plus les loups, les ours. Ni les chants, ni les danses, ni la créativité. Ni l'amour, ni l'air, ni l'eau, ni la voix de la conscience. Nous finissons par devenir mortellement silencieuses, résignées ». Clarissa Pinkola Estés

Nous pouvons sortir de ce silence de mort et chanter...
Deux de mes participantes me l'ont si bien écrit en retour de stage :

> *« Depuis le stage, je crois que j'ai attrapé un virus et je n'arrête plus de chanter, c'est fou. C'est comme une force, un élan que rien n'arrête. Comme si le désir, l'élan de chanter était devenu suffisamment fort pour briser un mur intérieur de silence qui empêchait mon chant de sortir. C'est surprenant et jouissif. ».* Sandrine
>
> *« Personnellement, je trouve très fort que je sois sortie de mon silence de chant, et je viens rejoindre le clan de celles qui sont aussi sorties de leur silence. »* Noëlle

La danse des sons et du silence

Dans l'art de chanter, la danse des sons et du silence est très importante.
Nous allons voir comment le silence peut être situé *entre les notes* et *au début et à la fin du chant.*

Le silence entre les notes

Nous avons besoin de silence et d'espaces vides entre les notes pour nous permettre de faire respirer notre chant (et par la même occasion nous-mêmes[130]), nous permettre les nuances et l'émotion, nous permettre le temps de nous laisser toucher en profondeur par les mots et les sons, nous permettre la gestation des nouveaux sons...

« Les notes que je fais ne sont pas meilleures que d'autres pianistes. Mais les pauses entre les notes – oui c'est là que l'art réside. » Artur Schnabel

Pour vous montrer l'importance de ces silences entre les notes, voici un extrait d'un de mes textes de chanson sans ponctuation, sans respiration, sans silence :
Femmelavraiebeauteestaudeladescorpssontresorresidedansnotreamedabordalorsdansonsencorealafetedetouteslesbeautestantdeblessuresserontenfinpanseeslestimelaconfianceretrouveestoutcelanous transformeratuessacreerappelletoi

Même si vous êtes arrivé à lire ce texte, je pense que sans sa respiration poétique, vous n'avez pas pu en apprécier sa beauté ! Sans les silences, les espaces, les virgules, les points d'exclamation, de suspension et les retours à la ligne, même les plus beaux textes et les plus beaux chants perdent leur sens et leur magie.
Le même texte[131] repris avec des silences, des virgules et des points de suspension, du coup respire :
« Femme... La vraie beauté est au-delà des corps...
Son trésor réside... dans notre âme d'abord...
Alors, dansons encore...
À la fête de toutes les beautés...
Tant de blessures seront enfin pansées...
L'estime, la confiance, retrouvées...
Tout cela nous transformera...
Tu es sacrée... rappelle-toi ! »

Le silence au début et à la fin du chant

Le chant commence et se termine dans le silence de Vie, l'alpha et l'oméga.

---

130. Si vous avez des auditeurs, ceux-ci vont souvent caler inconsciemment leur respiration sur la vôtre. Alors, plus vous faites respirer votre chant, plus vous les faites respirer eux aussi !
131. Extrait de ma chanson « Féminitude ». Vous pouvez l'écouter sur mon site.

Avant de démarrer son chant, il est important d'entrer en soi, en silence, pour être pleinement présent, avant même la première note chantée. Puis, à la fin du chant, après la dernière note chantée, il est bon de rester habité de son chant encore quelques secondes, en silence (ce qui n'empêche pas d'entendre encore chanter en soi). À ce moment-là, le fait de goûter le silence et d'écouter la respiration de la Vie peut nous combler profondément.

J'aime faire contacter *ce silence* de *l'après-chant* à mes participants.
Parfois après des exercices de chant très intense, je les fais s'allonger par terre pour qu'ils puissent goûter quelques minutes ce silence qui nous permet de mieux écouter en nous et autour de nous. (J'ai d'ailleurs du mal à les faire se relever tellement ils sont bien dans le silence de cet après-chant ! Mais pour qu'ils apprécient autant l'après-chant, il faut qu'il y ait eu avant le chant !)

Les chanteur(se)s de chants sacrés ou de mantras commencent et terminent leurs chants par de tels moments de silence. D'ailleurs certains[132] demandent expressément au public de ne pas applaudir après les chants et de rester un moment dans le silence afin d'en garder les bienfaits à l'intérieur encore quelques secondes d'éternité...

« C'est seulement quand vous vous abreuverez au fleuve du silence que vous chanterez réellement...
Khalil Gibran

Invitation

– Avant de commencer votre chant, prenez un temps en silence, les yeux fermés. Puis commencez à chanter en prenant soin de chanter lentement. Faites respirer votre chant en mettant des respirations, des silences entre les mots, entre les phrases. Quand vous avez terminé de chanter, restez en silence les yeux fermés quelques instants encore et savourez le silence de l'après-chant.

Silence, on tourne... pardon, silence, on chante ! ☺

132. J'ai découvert cela dans les concerts de Deva Premal et Miten.

CHANTER DES MANTRAS

Pour terminer ce chapitre, j'ai à cœur de vous parler de ces chants sacrés que sont les *mantras*, car ils sont importants dans ma vie. Ils créent en moi un immense espace de présence, de profondeur et de célébration de la Vie et font partie intégrante de mon quotidien : je les chante, les écoute, les danse, les partage, les transmets.

« Les mantras sont des mots de passe magiques qui transforment le banal en sacré. Les chanter crée un espace infini et intemporel, qui apporte un calme et une dimension sacrée à toute la journée ».
Deva Premal

Les *mantras*, du sanskrit[133] *« protection de l'esprit »*, sont des formules sonores sacrées, rythmées, qui peuvent être formées d'une seule syllabe ou d'une série de syllabes et de mots.
Les mantras peuvent être récités, psalmodiés[134], chantés de façon traditionnelle ou chantés avec des mélodies et des arrangements musicaux plus accessibles pour des Occidentaux.
La puissance des mantras est fondée sur le *pouvoir de la répétition* des *sons*[135], véritables incantations et prières.
La science actuelle confirme maintenant les bienfaits de cette pratique millénaire de santé et de spiritualité. Notre neurophysiologie est affectée par les sons répétitifs des mantras : augmentation de l'activité des ondes alpha-thêta, production de mélatonine, diminution du stress, détente, synchronisation des hémisphères...

Dans notre société « hyper-active-mentale-zapping », chanter des mantras aide à canaliser les pensées, à régulariser la respiration et à induire un état méditatif et de bien-être. D'ailleurs, le fait que ces mantras soient dans une langue étrangère contribue à faire lâcher le mental, et la répétition des sons suffit en elle-même à apporter les bienfaits.
Quand nous chantons un mantra, chaque répétition des mots permet de nous re-concentrer sur ce que nous chantons, pour essayer d'apprécier chaque répétition aussi pleinement que la précédente et la suivante. Cette conscience et cette attention dans la répétition permettent d'être plus présent aux mots, aux sons et à leur vibration, de les laisser descendre et résonner en nous.
Chanter des mantras est donc une forme de yoga par le son qui permet de se centrer, de s'apaiser, de se connecter profondément en soi. C'est aussi une forme de méditation, de prière, de célébration qui permet de se nourrir de joie et de transcendance.

---

133. Langue ancêtre de toutes les langues indo-aryennes.
134. Comme le font les moines bouddhistes notamment. Il y a aussi une pratique courante en Inde où l'on psalmodie le mantra 108 fois parce que nous aurions 108 principaux canaux d'énergie (nadis) qui se rencontrent dans le « cœur sacré ». Par ces 108 répétitions, l'énergie pénétrerait le corps entier, physique et subtil.
135. On parle alors de « sound medecine », c'est-à-dire de « *médecine par le son* » ou « *sons médecine* ».

Comme d'autres, j'ai élargi la notion de mantra traditionnel en sanscrit avec d'autres chants du monde, à partir du moment où ils sont simples, répétitifs et avec des paroles de Vie.
Chaque fois que je fais expérimenter le chant des mantras, les participants apprécient cette autre façon de chanter : mots sacrés de différentes langues et cultures, simplicité, répétition, respiration, méditation, reliance, paix et joie profonde.
Pour ceux qui seraient encore résistants à chanter des chants dans une autre langue ou dans une autre tradition spirituelle, j'invite quand même à en faire l'expérience et à vous laisser baigner dans la joie de chanter ces sons.

Invitation

- Procurez-vous des enregistrements de mantras. Écoutez-les, chantez-les.
- Créez ou rejoignez un Cercle de chant de mantras.
- Apprenez des mantras par cœur et expérimentez diverses façons de les chanter : de façon lente et intériorisée, rapide et dynamique, a capella ou avec instruments de musique, ainsi que de façon créative en improvisant de différentes façons.

Voici les mots d'une participante :

> *« Avec les mantras – ces chants sacrés qui nous viennent d'ailleurs – j'ai touché du doigt la sérénité de mon âme et ouvert – sans forcer – les portes de mon cœur. »* Anne

Pour moi, les mantras font partie de ces « *chants médecine*[136] » dont l'humain a tant besoin : des chants sacrés qui nourrissent la connexion profonde à notre cœur et à notre âme. Les chanter ou les entendre chanter crée un espace de paix, de transformation et de guérison.

OM,
Shanti,
OM.
(Du sanscrit *OM* : le son primordial, *Shanti* : paix).

136. Ce terme existe en anglais « medicine song », mais *a priori* n'existe pas en français. Je n'ai trouvé aucune définition, ni en anglais, ni en français.

INTÉGRER LE CHANT DANS SA VIE QUOTIDIENNE : Champs d'explorations pratiques

L'intention de ce chapitre est de faciliter l'intégration et l'ancrage de la pratique du chant dans nos vies quotidiennes, en donnant un concentré de pistes d'explorations pratiques notamment à travers les questions : *Pour quoi, où, quand, comment, quoi et avec qui chanter ?*
Vous verrez qu'en définitive c'est très simple : nous pouvons chanter *pour n'importe quelle raison, n'importe où, n'importe quand, n'importe comment, n'importe quoi et avec n'importe qui !!!*
Ou si je le formule de façon encore plus positive : nous pouvons chanter *pour toutes les raisons, partout, tout le temps, comme on veut, tout ce que nous voulons et avec tout le monde* !

J'espère que ces pistes vous faciliteront une « remise en chant » en insufflant vie et élan à votre âme exploratrice et créative, afin que vous *expérimentiez un grand champ (et chant) des possibles.* Vous découvrirez qu'il existe mille et une raisons, façons et occasions de chanter, avec lesquelles nous pouvons composer à l'infini, au gré de nos envies, de nos besoins, des circonstances, de notre créativité, de notre audace et de notre folie (tout en restant à l'écoute de notre environnement et en nous adaptant aux circonstances, bien entendu !).

N.B. Je tiens à préciser que même avec la meilleure description écrite de pistes d'explorations, c'est la mise en pratique par l'expérimentation qui est la clé. Cette mise en pratique peut se faire seul mais peut être grandement facilitée en trouvant des ressources pour nous soutenir et nous guider, notamment en nous faisant bénéficier de démonstrations[137] des exercices, ce qui nous permet de voir (neurones miroirs), d'entendre (neurones auditifs !), de sentir (neurones kinesthésiques !) la proposition, pour ensuite mieux passer à l'action (neurones actifs !).

Calendrier Au Cœur du Chant

LUNDI	MARDI	MERCREDI	JEUDI	VENDREDI	SAMEDI	DIMANCHE
Chant du silence		Chanter dans la cuisine + aspirateur en chantant	Balade chantante dans la nature	Chant de mantras	Stage de chant	
Chanter dans le bain	Cercle de chant spontané		Chorale	Soirée de partage en chansons	+ co-voiturage en chantant	

137. Nous pouvons bénéficier de ces démonstrations lors d'un cours ou d'un stage ou par le biais de vidéos que l'on achète ou que l'on trouve gratuitement sur Internet (vous en trouverez aussi sur mon site).

POUR QUOI CHANTER

Tout au long de ce livre, nous avons déjà exploré et approfondi ce « pour quoi[138] » chanter en questionnant le sens du chant et en découvrant tous ses bienfaits.
La question ici est donc plutôt d'identifier *la raison du moment* pour laquelle nous avons *envie* de chanter, pour laquelle nous *saisissons ou créons l'occasion* de chanter *ici et maintenant* (et pas ailleurs, ni plus tard !).

Voici quelques exemples de *pour quoi* chanter :
- pour se dynamiser ou s'apaiser,
- pour libérer l'expression,
- pour libérer ses émotions,
- pour partager un moment de communion avec d'autres,
- pour se centrer, méditer, prier,
- pour endormir un bébé,
- pour contacter sa puissance ou sa douceur,
- pour prendre confiance en soi,
- pour mettre de la présence dans la maison,
- pour contacter sa joie,
- pour libérer un excédent d'énergie,
- pour oser l'exubérance et l'humour… etc.

Nous pouvons donc chanter *pour n'importe quelle raison* (ou pour toutes les raisons), et bien sûr aussi, nous pouvons chanter *sans aucune raison* (ce qui est aussi une raison !), tout simplement parce que le chant nous traverse et que nous nous mettons à chanter sans y réfléchir !

Une bonne raison pour chanter ? Pour le plaisir de résonner ! ☺

Invitation
– Posez-vous la question : « Ici et maintenant, pour quelle raison aurais-je envie ou besoin de chanter ? »
Puis chantez pour cette raison, ou bien mettez-vous à chanter spontanément, sans raison !

138. Je vous rappelle que c'est intentionnellement que j'écris « pour quoi » en deux mots et non en un mot (pourquoi), afin de mettre l'emphase sur le sens, la direction, le « vers quoi » je veux chanter.

OÙ ET QUAND CHANTER

Nous pouvons chanter *n'importe où* et *n'importe quand* ou autrement dit, nous pouvons chanter *partout* et *tout le temps*, du matin au lever, jusqu'au soir au coucher !

Voici quelques[139] exemples parmi les variantes infinies de *où et quand* nous pouvons chanter :
- à la maison, en faisant la vaisselle, le ménage, le repassage, en prenant son bain ou sa douche,
- dans la voiture, quand nous sommes seul ou à plusieurs,
- dehors en balade avec la nature comme auditrice,
- dans une gare au moment de vacarme où le TGV passe sans s'arrêter, laisser jaillir un cri chanté puissant,
- dans une cage d'escalier ou sous un pont pour entendre l'écho de notre voix,
- quand nous sommes fatigués pour nous redonner de l'énergie ou quand nous sommes stressés pour nous apaiser (ici le *quand* chanter rejoint le *pour quoi* chanter),
- avant de s'endormir, bien au chaud sous la couette, en laissant vibrer le son « mmm »,
- en dormant... (je ne blague pas, lors d'une formation où nous dormions en dortoir, une amie, avec qui j'avais chanté la veille, a chanté un « OM » dans son sommeil ! Cette même amie, au sortir d'un stage de chant, a dans son sommeil fredonné des berceuses, au dire de son mari ébahi !)

Invitation

- Retrouvez l'âme exploratrice et créative et *expérimentez* plein de *où* et de *quand* chanter différents ! Si vous craignez de déranger les autres, vous pouvez toujours fredonner tout doucement ou bien chanter la bouche fermée en murmurant.

139. Voir d'autres exemples dans les pistes complémentaires, pages 170-177.

COMMENT CHANTER

Je vais aborder ce *comment* chanter sous deux grands angles qui génèrent sept possibilités. Dépendant de notre envie, des circonstances et de l'environnement, nous pouvons :
- chanter avec un volume sonore plus ou moins fort, c'est-à-dire : chanter *pleine voix*, chanter *en fredonnant* ou bien chanter *silencieusement dans notre tête*,
- chanter sans ou avec accompagnement musical, c'est-à-dire : chanter *a capella*, chanter avec *des bandes orchestrales*, chanter avec les *enregistrements de nos artistes préférés* ou chanter avec *des instruments de musique*.

Reprenons une à une ces sept façons de chanter.

Chanter pleine voix

Chanter pleine voix, c'est oser s'autoriser la puissance vocale en amplifiant le volume sonore. Chanter ainsi fait énormément de bien, toutefois, il peut arriver que chanter aussi fort sans préparation ou sans en avoir l'habitude « chauffe » un peu les cordes vocales. Personnellement, je préfère que l'on chante fort un bon coup et avoir un peu de fatigue vocale (sachez qu'il existe des petites astuces de santé au naturel[140] pour cela), plutôt qu'avoir la voix intacte et tout garder à l'intérieur. Mais bien sûr, l'idéal est de chanter pleine voix sans forcer sur les cordes vocales !

Invitation
- Faites jouer l'enregistrement d'une chanson que vous connaissez bien dans laquelle l'artiste se donne à pleine voix et mettez le volume du son très fort. Osez alors chanter en puissance, cherchez à chanter la chanson aussi fort, voir plus fort que l'interprète !
- Amusez-vous à reprendre n'importe quelle chanson (même « Frère Jacques ») et chantez-la en mode opéra ! Prenez-vous pour un(e) chanteur(se) d'opéra, cherchez à imiter comment il/elle chanterait et osez laisser sortir la puissance de votre voix !
- Chantez à tue-tête dans la voiture ou avec l'astuce de l'aspirateur (voir page 170).

Chanter en fredonnant

Fredonner, c'est chantonner doucement, à mi-voix ou en murmurant bouche fermée avec le son « mmm » (si, si, on peut chanter la bouche fermée, c'est délibéré et non imposé !).
J'ai entendu des personnes dire « Moi je fredonne, je ne chante pas vraiment », alors que fredonner, c'est chanter ! C'est d'ailleurs un excellent moyen pour se remettre en chant. En effet,

140. Voici mes astuces personnelles pour voix fatiguée : Granules homéopathiques d'Arum tryphillum composé à faire fondre sous la langue. Teinture mère d'Erysimum et tisane de sauge, à boire et en gargarisme. Propolis à mâcher. Foulard de soie autour du cou. Repos vocal (pour la plus grande joie de votre entourage !).

en chantant ainsi doucement et discrètement, le plaisir est tout aussi grand, sauf que nous prenons moins de risques : nous nous exposons moins, nous pouvons chanter sans essayer de prouver quoi que ce soit, sans trop nous faire remarquer et sans déranger. Du coup, nous pouvons *fredonner presque partout et tout le temps !*

Il existe plusieurs façons de fredonner que nous pouvons explorer :
- Nous pouvons fredonner des chansons que nous improvisons ou des chansons existantes,
- Nous pouvons fredonner plein de chansons différentes ou un même petit bout de chanson en boucle toute la journée,
- Nous pouvons fredonner avec des paroles ou sans paroles (sur des voyelles, en « lala », avec des onomatopées ou des syllabes sans signification précise, ou en murmure la bouche fermée),
- Nous pouvons fredonner consciemment en étant tout entier présent à notre chant ou bien fredonner sans en avoir conscience, en étant absorbé par autre chose. Dans ce dernier cas, souvent nous nous « surprenons » en train de fredonner ou bien ce sont les autres qui nous disent « ah, tu chantes ! »

Invitation
- Si vous fredonnez déjà souvent, l'invitation est juste d'y mettre plus de conscience « ah je suis en train de fredonner ! » et de savourer le plaisir que cela vous procure. Vous pouvez aussi expérimenter les différentes façons de fredonner proposées.
- Si vous n'avez pas encore l'habitude de fredonner, commencez par expérimenter la sécurité de chanter bouche fermée, en murmurant une mélodie que vous connaissez ou que vous improvisez. Puis, vous pourrez ouvrir la bouche et chantonner tout doucement, rien que pour vous, sans enjeu.
- Je vous invite aussi à goûter le plaisir de fredonner ou de murmurer à deux ou en groupe.

Chanter dans sa tête

Chanter dans sa tête est aussi une façon de chanter (et ce n'est pas une blague).
C'est un peu comme si nous écoutions une chanson avec des écouteurs sur les oreilles, sauf que cette fois-ci, c'est nous le poste émetteur, c'est nous qui créons le chant en nous. Et même si le volume extérieur de notre chant est à zéro, ça chante dans notre tête et notre cœur, et cela emplit notre monde intérieur !
Nous pouvons chanter ainsi dans notre tête parce que nous ne voulons pas que les autres nous entendent, mais aussi parfois parce que « ça chante » dans notre tête malgré nous ! Personnellement, lorsque j'ai beaucoup écouté ou chanté une chanson, celle-ci continue à chanter « en moi ». D'autres fois, une mélodie, qui vient de je ne sais d'où, s'installe et chante dans ma tête et mon cœur.

En règle générale, *quand le chant prend ainsi en nous demeure, tôt ou tard, il se fraie un chemin vers l'extérieur...*

Invitation

- Si vous avez l'impression de n'avoir jamais chanté dans votre tête, je vous encourage à découvrir et à tester cette proposition.
  Tout d'abord, vous pouvez vérifier si vous arrivez à entendre dans votre tête un bout de chanson que vous connaissez bien. Par exemple, vous prenez « Frère Jacques », vous le chantez normalement et puis après, vous le chantez que dans votre tête.
  Vous pouvez aussi faire l'inverse, entendre d'abord un son ou un bout de chanson dans votre tête et le reproduire ensuite à voix haute.
  Une fois que vous avez bien identifié votre « voix de tête », amusez-vous à chanter dans votre tête de temps en temps, ou à vous surprendre en train de le faire !
  A priori tout le monde est capable de le faire, sauf que nous n'avions peut-être jamais mis de conscience dessus.
- Si vous chantez déjà dans votre tête, je vous invite simplement à mettre plus de conscience quand cela arrive, et à savourer ce cadeau extraordinaire que *d'entendre chanter en soi* !

Enfin, je vous invite à vous amuser et à chanter de ces trois façons différentes : dans votre tête, en fredonnant ou murmurant, et à pleine voix (une même chanson ou trois chansons différentes) !

Chanter a capella

Chanter *a capella*, sans musique, permet cette grande liberté de pouvoir chanter partout, à tout moment, justement parce que nous n'avons besoin d'aucun support autre que notre voix, instrument musical à part entière.

Chanter *a cappela* nous permet aussi de chanter dans la tonalité (plus haut ou plus bas) et dans le rythme (plus rapide ou plus lent) qui nous conviennent vraiment.

Enfin, chanter ainsi sans autre musique, nous permet la joie de bien entendre notre voix !

Mais pour des personnes qui n'ont jamais entendu leur voix chantée « à nu » ou qui n'aiment pas leur voix, chanter *a capella* peut dans un premier temps faire peur. Si c'est le cas, je vous invite à apprivoiser progressivement votre voix et à découvrir, seul ou en groupe, la joie de cette façon de chanter la plus ancienne du monde.

Invitation

- Pour faire vos premières notes *a capella*, choisissez un endroit et un moment qui vous est favorable pour expérimenter : soit lorsque vous êtes seul et où personne ne peut vous entendre, soit quand vous êtes dans le brouhaha de la foule, des transports en commun ou dans un endroit très bruyant[140]. Explorez votre chant *a capella* avec différents niveaux sonores : avec le murmure, le fredonnement et aussi en chantant plus fort, pleine voix.
- Si vous chantez déjà facilement *a capella*, je vous invite à élargir le répertoire du « quoi, où et quand » chanter *a cappella*, et aussi à en expérimenter les différents volumes sonores.
- Je vous invite également à découvrir la joie du chant *a capella* en groupe !

Chanter sur des bandes orchestrales

Depuis plusieurs années, nous pouvons facilement trouver une multitude de *bandes orchestrales* enregistrées (avec la musique mais sans le chant principal), communément appelées *karaokés* ou *play-back*.

Grâce à ces bandes orchestrales, nous avons le plaisir d'être accompagnés par notre propre « orchestre virtuel » qui nous soutient dans le rythme, la mélodie et l'élan pour nous donner pleinement dans le chant.

Nous pouvons chanter avec de telles bandes orchestrales seul à la maison ou en famille, avec des amis, collègues ou dans les lieux publics (la mode « karaoké » a permis à beaucoup de réaliser un vieux rêve : chanter devant un « vrai » public !).

141. Voir aussi p. 174 « Chanter dans le bourdonnement collectif. »

Invitation

- Si vous êtes à l'aise avec la mélodie et le rythme, mon invitation est de trouver des karaokés dans les tonalités qui vous conviennent vraiment[142]. Ensuite, il s'agit de mettre un peu d'attention pour apprendre à bien suivre le rythme de la bande orchestrale. Une fois cet exercice maîtrisé, il vous restera à savourer le plaisir de chanter ainsi accompagné par la musique de « votre orchestre » !
- Si au contraire, cela est pour vous une difficulté, demandez à vous faire aider par une personne ou un groupe qui vous entraîne à suivre le rythme et la mélodie.
- Et si c'est encore trop difficile, mieux vaut chanter *a capella* et en chant spontané.

Chanter sur les enregistrements de nos artistes préférés

Une autre façon de chanter que nous adorons et qui nous apporte beaucoup de bonheur est de chanter « avec » nos chanteurs(ses) préféré(e)s, en chantant sur leurs enregistrements (CD, MP3, radio...).

Leur musique et leur voix nous soutiennent et nous emportent dans notre propre chant et nous donnent l'impression d'être avec eux.

Cependant, chanter sur des chansons enregistrées n'a pas le même effet que de chanter avec des personnes en chair et en os. Dans le livre *Votre cerveau n'a pas fini de vous étonner*[143], il est dit : « *Nos neurones ont absolument besoin de contacts physiques et sensoriels, ils ont besoin de la présence physique des autres et d'une mise en résonance empathique. Les relations cybernétiques, sms, Internet, contacts virtuels ne suffisent en aucun cas à nos neurones. Notre cerveau est social* ».

C'est pourquoi j'invite à compléter nos chants individuels par des chants partagés. Ces derniers peuvent eux aussi être faits a capella, sur des orchestrations musicales, avec des instruments de musique et même sur les enregistrements de nos artistes préférés ! Dans ce dernier cas, nous avons alors la dimension du chant groupal et le soutien musical et vocal enregistré des artistes !

142. Sur lesquelles vous chantez facilement, sans forcer votre voix. Il existe aussi sur Internet la possibilité d'acheter à l'unité certains karaokés en ajustant la tonalité de la musique sur quelques demi-tons, ce qui est souvent suffisant pour être plus à l'aise sur une chanson.

143. Déjà cité à la note n° 34.

Invitation

- Montez-vous un répertoire d'enregistrements de chansons que vous aimez, dans des styles différents, pour répondre à vos besoins et envies du moment.
  Que vous fassiez jouer ces enregistrements à la maison, dans votre voiture ou en vous promenant avec votre baladeur MP3, chantez souvent avec eux et explorez différentes manières de les chanter (en les fredonnant, en les chantant « à fond », en improvisant des deuxièmes voix au-dessus de la voix principale).
- Découvrez la joie de chanter à plusieurs en entraînant d'autres personnes à chanter avec vous sur ces enregistrements, dans la cuisine, le salon ou en voiture.

Chanter avec des instruments de musique

Grande est aussi la joie de *chanter en étant accompagné d'un instrument de musique* comme une guitare, un piano, une percussion, que nous jouons nous-mêmes ou qui est joué par un ami musicien. Parfois nous avons aussi le plaisir de chanter avec la présence musicale de plusieurs instruments (donc de plusieurs amis musiciens !) voire d'un orchestre !
Le son des instruments ainsi que la présence des musiciens potentialisent notre chant et nous permettent (ou nous obligent !) aussi de développer l'écoute mutuelle !
(Si vous ressentez de la difficulté pour chanter avec des instruments de musique, n'hésitez pas à demander aux musiciens d'ajuster la tonalité et le rythme pour que vous vous sentiez plus à l'aise dans votre chant).

Invitation

- Si vous ne jouez d'aucun instrument, demandez à des amis musiciens de vous accompagner dans votre chant avec leur instrument (et pourquoi pas aussi avec leur voix). En règle générale, les musiciens n'attendent que des occasions pour jouer et faire de la musique ensemble !
- Si vous jouez d'un instrument qui laisse votre bouche libre, je vous invite à chanter plus souvent en le jouant !

QUOI CHANTER

Nous pouvons choisir notre « quoi chanter » sous plein de critères :
- selon un *style* de chanson : traditionnelle, enfantine, religieuse, festive, dansante, méditative...,
- selon un *type* de chant : lent ou rapide, doux ou puissant, mélodique ou rythmique, léger ou profond (ces critères sont aussi de l'ordre du *comment* chanter !)...,
- selon « la *linguistique* », c'est-à-dire que nous pouvons chanter un chant dans une langue ou une autre, qu'avec des mots, qu'avec des voyelles, qu'avec syllabes sans signification précise et qu'avec des onomatopées,
- et bien sûr nous pouvons mélanger toutes ces possibilités !

Malgré ce que je viens d'énumérer, j'ai choisi de développer ce thème du *quoi chanter* principalement au niveau de la *nature* des chants à chanter, c'est-à-dire :
- des *chants permanents* (pérennes), c'est-à-dire des chants reproduisibles[144] créés par d'autres (*chansons existantes*), ou créés par nous (*créations personnelles*),
- des *chants éphémères*, c'est-à-dire des chants non reproduisibles[145] qui émergent spontanément du moment présent, créés par nous, en individuel ou en groupe[146] (*chants spontanés ou deuxièmes voix*).

Regardons ces différentes possibilités.

Chanter des chansons existantes

L'humanité recèle un trésor gigantesque de *chansons existantes.*
Nous avons donc un choix immense (presque infini !) de chansons que nous pouvons apprendre à chanter.
Chanter ces chansons existantes nous relie à leur origine et leur époque, nous évoque parfois des souvenirs, crée en nous des émotions.
Par exemple, nous pouvons chanter :
- *un chant traditionnel du monde* pour nous relier aux traditions, aux ancêtres, à nos frères et sœurs du monde,
- *une chanson de notre culture d'origine* pour nous relier à nos racines,
- *un vieux tube* des années 1950 pour la nostalgie ou *le dernier tube* de l'été pour nous faire danser,
- *une chanson enfantine* pour nous relier à notre enfance ou pour la rechanter à nos enfants ou petits-enfants,
- *un mantra ou un autre chant sacré* pour nous centrer, méditer, prier ou communier avec d'autres,
- *une chanson tirée du cahier à chansons* pour animer nos soirées de fêtes,
- *un joyeux anniversaire* pour célébrer un être aimé...

144. Des chansons retransmises oralement ou ayant déjà fait l'objet d'un enregistrement.
145. S'il n'y a pas l'effort de mémorisation ou si elles ne sont pas enregistrées et pérennisées.
146. Voir en p. 125-128, la dimension du chant spontané co-créé en groupe.

Invitation

- Procurez-vous ces bons vieux cahiers de chants ou constituez-vous votre propre cahier de chansons. Grâce à Internet, il est désormais facile en un clic[146] de retrouver les paroles de nos chansons préférées, de les imprimer et de les chanter avec les textes sous les yeux.
- Au fil du temps, apprenez par cœur un petit répertoire de chants simples, courts, faciles d'accès à votre mémoire pour pouvoir les chanter aisément dès que vous en avez envie.
- Pour élargir vos horizons musicaux, demandez aux personnes autour de vous qu'elles vous fassent découvrir de nouvelles chansons qu'elles aiment, soit en vous les faisant écouter ou encore mieux en vous les apprenant pour ensuite les chanter ensemble !

Chanter nos créations personnelles

Pour la grande majorité, écrire et composer une chanson relève du domaine des « chanteurs ou musiciens professionnels » et la plupart d'entre nous n'y pensent même pas. Nous nous disons : « Je ne sais pas écrire, je ne joue d'aucun instrument, je ne sais pas composer ». Du coup, peu d'entre nous écrivons et composons nos propres chansons personnelles, et quand nous le faisons, encore moins d'entre nous osons les chanter devant les autres, sans parler de les enregistrer.

À l'inverse de cette croyance, je suis persuadée que chacun d'entre nous peut écrire et composer une chanson à sa façon, pour le plaisir de la création et de l'expression, et pour le plaisir de la partager ensuite. Nous pouvons faire ce « grand pas en avant » d'écrivain-compositeur-chanteur !

Déjà, nous pouvons oser la page blanche qui n'attend que nos mots pour évoquer nos visions, sentiments, émotions, sensations, rêves, révoltes. Notre texte de chanson peut être très simple[148]. Rappelons-nous que les mantras sont des chants qui n'ont parfois que quelques mots. Ensuite[149], même si nous ne jouons d'aucun instrument, nous pouvons facilement inventer des mélodies en improvisant avec notre propre voix comme instrument. La différence avec le chant spontané est que cette fois-ci, on cherche à se rappeler du chant créé, pour ensuite le reproduire et le pérenniser ! C'est pour cela qu'il est bon d'avoir un petit enregistreur pour garder une trace de nos chefs-d'œuvre ou bouts d'inspiration !

Après, il ne vous reste plus qu'à répéter votre chanson jusqu'à ce que vous soyez à l'aise pour la chanter et ensuite l'offrir en partage.

147. Vous tapez dans le moteur de recherche le titre de la chanson ou l'artiste qui l'a interprété.

148. Je ne vais pas entrer ici dans des considérations plus complexes d'écriture de chansons comme la rime, l'isométrie, la structure couplet-refrain...

149. Soit vous écrivez les paroles en premier et après vous trouvez votre mélodie, soit il vous est plus facile de trouver une mélodie en premier et d'y ajouter vos paroles ensuite, ou soit les deux vous viennent spontanément ensemble !

Invitation
– Amusez-vous, pour votre propre plaisir, à tenter l'expérience créative d'écrire et de composer une chanson comme je viens de le décrire. Vous pouvez aussi saisir l'occasion d'une prochaine fête en famille ou entre amis comme tremplin pour partager votre chanson.

Voici d'autres variantes simples et faciles de création de chansons.

Invitation
– Je vous invite à expérimenter un *haïku chanté*[150]. D'origine japonaise, les haïkus sont de courts poèmes, composés de trois vers, respectivement de 5-7-5 syllabes. Ici, il n'y a pas besoin de rime ou de texte long ou compliqué pour évoquer une sensation, une émotion, une ambiance ou une situation. Voici deux de mes haïkus en exemple :

Qu'il fait bon chanter
Avec ma voix reliée,
Ainsi célébrer.

Libérer ma voix,
Cette intime partie de moi,
Libérer ma joie.

Prenez quelques minutes pour en écrire un, et ensuite chantez plusieurs fois d'affilée votre haïku en chant spontané et enregistrez-vous. Amusez-vous à expérimenter cette façon de créer une chanson !

Invitation
– Reprenez un air connu et changez-en les paroles dans le but d'offrir ce cadeau créatif et affectueux (souvent humoristique) à une personne lors d'une occasion spéciale. Le fait de préparer et ensuite de partager cette nouvelle version personnalisée d'une chanson procure beaucoup de plaisir et remporte un vif succès !

Invitation
– Écrivez un court texte pour votre répondeur téléphonique, puis improvisez une mélodie dessus, en guise de *message téléphonique chanté*.
Amusez-vous à préparer et à enregistrer cette surprise pour ceux qui vous laisseront un message sur votre répondeur !

Laissez-moi vous raconter cette anecdote qui est arrivée la dernière fois que j'ai fait faire cet exercice du message téléphonique chanté.

150. Cette idée de chanter un Haïku me vient de W.A. Mathieu.

Mylène est la seule de l'atelier qui n'arrive pas à écrire un texte pour son futur message chanté sur répondeur. Comme je la connais un peu, je me permets de lui suggérer avec humour que si elle n'arrive pas à trouver un message pour ses appelants, c'est peut-être parce qu'elle n'a pas envie d'être appelée ! Elle s'exclame alors : « Oui c'est cela, j'ai envie qu'on me laisse tranquille ! À chaque fois qu'on m'appelle, c'est pour me demander quelque chose ou pour se plaindre ». Nous rions toutes les deux. Je l'invite alors à faire un message téléphonique humoristique en ce sens. Son regard s'illumine de malice et elle nous improvise avec jubilation ce message chanté pour son répondeur téléphonique : « Je ne suis pas là et c'est bien comme ça. Ne me laissez pas de message, à moins que cela ne soit pour me donner une bonne nouvelle ou pour m'inviter au restaurant ! »

Chanter des chants spontanés ou improviser des deuxièmes voix

Comme j'ai déjà beaucoup parlé du *chant spontané*, ce chant libre et intuitif du moment présent (dont je vous ai déjà donné quelques pistes d'explorations), j'aimerais ici plutôt mettre en lumière *l'improvisation de deuxièmes voix* où il s'agit d'improviser une variante mélodique ou rythmique sur le chant de base existant (stable, prévisible[151]) qu'on appelle la *première voix*. Nous pouvons improviser une multitude de « deuxièmes voix », qui sont à chaque fois un *chant nouveau*. C'est une capacité qui s'acquiert par la pratique et qui procure beaucoup de joie.

Invitation

- Pour explorer l'improvisation de deuxièmes voix, mettez un CD avec une chanson lente que vous connaissez bien et au lieu de chanter comme d'habitude la mélodie (la première voix) avec l'interprète, laissez jaillir d'autres notes chantées (avec ou sans paroles) pour accompagner de façon harmonieuse le chant de base. Vous pouvez chanter des notes plus haut ou plus bas, les allonger ou les raccourcir, chanter dans les silences...
  Un petit conseil, ne changez pas de notes constamment, prenez le temps de vous installer dans une note, d'écouter comment elle entre en résonance avec le chant de base, et savourez la vibration de la joie des deux chants ensemble !
  Une fois que vous avez plus de facilité, vous pouvez vous amuser à improviser des deuxièmes voix sur n'importe quel type de chant, qu'il soit enregistré ou chanté en « live » !
- Si vous n'en avez pas déjà, procurez-vous des enregistrements de chants répétitifs et simples, pour improviser des deuxièmes voix avec plus de facilité et de liberté.

« Un oiseau ne chante pas parce qu'il a une réponse, il chante par ce qu'il a une chanson ». Maya Angelou

Alors chantons, peu importe *quoi*, mais chantons, et élargissons notre champ des possibles de *quoi chanter* !

151. À la différence du chant spontané où nous improvisons à partir du « vide » si nous chantons seul ou de l'imprévisibilité de la co-création groupale.

AVEC QUI CHANTER

Je vais traiter la question «*avec qui chanter*» sous l'aspect de chanter *avec soi, en solo, en chant individuel*, ou de chanter *avec les autres, en groupe, en chant collectif*.

Certaines personnes ne connaissent que la joie et la richesse du *chant individuel*, et d'autres que la joie et la richesse du *chant collectif*.
Bien évidemment, vous l'aurez deviné, j'invite aux deux !

LE CHANT INDIVIDUEL

Comme j'ai déjà beaucoup parlé du chant individuel sous plein d'angles différents, je vais juste ici préciser deux choses.
D'une part, que nous pouvons chanter notre *chant solo* rien que *pour nous-mêmes*, comme nous pouvons le chanter aussi *pour d'autres*, parce que nous avons envie d'offrir notre expression individuelle à une autre personne ou au collectif (au « public »).

> ***Invitation***
> - Si vous voulez chanter votre chant individuel rien que *pour vous*, saisissez les occasions où vous êtes seul, où personne ne peut vous entendre pour expérimenter avec votre voix et votre chant, en toute sécurité et liberté !

Si vous avez peu d'occasions d'être seul, ne vous empêchez plus de chanter parce qu'il y a des personnes qui peuvent vous entendre dans votre environnement sonore ! D'une part, vous pouvez toujours chanter en murmurant ou en fredonnant, en étant rassuré de ne pas être trop entendu. Vous pouvez aussi demander aux personnes autour de vous si elles vous entendent vraiment, et si oui, si cela les dérange. Si elles n'entendent pas ou si elles entendent mais n'en sont pas dérangées (voire, elles aiment), vous aurez bien fait de ne pas vous en priver ! Et si jamais elles en sont dérangées, tenez-en compte, mais peut-être pouvez-vous aussi les inviter à venir chanter avec vous ou à se réconcilier avec le chant !
- Si vous voulez chanter pour d'autres personnes, mon invitation est alors d'aller dans le plaisir du chant reliance, en partage avec « le public », en leur demandant leur bienveillance et leurs encouragements !

D'autre part, je voulais aussi dire que si vous souhaitez chanter une chanson existante, je vous invite à vous *l'approprier*, c'est-à-dire à la chanter à votre façon à vous. Pour cela, il est parfois bon de passer par un temps d'exploration en la chantant de plein de façons différentes. Cette réappropriation, cette personnalisation de la chanson, permet une plus grande authenticité et présence, et c'est ce qui nourrit le chanteur (et les auditeurs s'il y en a).

Invitation
- Je vous invite à explorer une chanson existante en la chantant de plein de façons différentes. Tout d'abord, vous pouvez la chanter *habité de plusieurs émotions différentes* (que vous pouvez exagérer). Chantez votre chanson avec une confiance énorme, puis avec tendresse à fleur de peau, ensuite avec une joie débordante, avec sensualité, avec espièglerie, avec nostalgie... Toujours pour enrichir la palette d'expression, vous pouvez aussi expérimenter de chanter votre même chanson de différentes façons : lentement ou rapidement, doucement ou puissamment, voix de poitrine ou voix de tête, opéra, jazzy, gospel ou avec l'énergie du clown[152]... Après avoir visité ces différentes manières de chanter votre chanson, rechantez-la avec vos émotions et votre expression du moment. Votre chanson aura gagné en couleur, en nuances émotionnelles et expressives.
- Je vous invite également à chanter devant une caméra (ou sinon un miroir) pour vous voir et vous entendre et pour ensuite apprécier les aspects positifs (l'auto-qualification) de votre chant et de votre présence chantée, ainsi que les aspects que vous souhaiteriez développer ou améliorer pour aller vers l'épanouissement de vos potentialités !

152. J'invite parfois à chanter avec l'énergie du clown pour sortir de nos rigidités et habitudes.

LE CHANT COLLECTIF

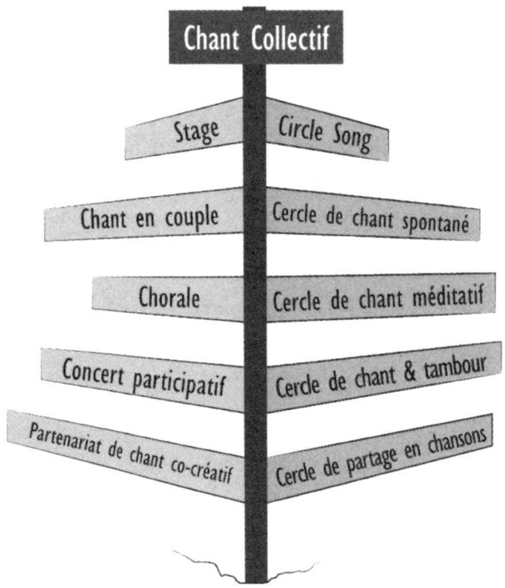

Chanter en groupe est aussi un réel bonheur.
Il existe plusieurs façons de *chanter ensemble* (à deux et plus) et la plus connue et répandue est celle de chanter en *chorale*.
Cependant, je vois plusieurs autres formes de chant collectif aussi appelées à se développer :
- Les *Cercles de chant* et leurs différentes variantes : *Cercle de partage en chansons, Cercle de chant méditatif, Cercle de chant et tambour, Circle song, Cercle de chant spontané (ou intuitif),*
- Les *concerts participatifs,*
- Les *stages de chant développement personnel ou vacances,*
- Les *partenariats de chant co-créatifs,*
- Le *chant en couple.*

Nous allons voir chacune de ces possibilités.
À nous de les expérimenter et de trouver ce qui nous convient le mieux à un moment donné !

« L'intégrité individuelle trouve sa transcendance dans l'expression collective. » W. Allaudin Mathieu

Les Chorales

Chanter dans une chorale permet la joie de retrouver un groupe sur une base régulière pour apprendre et travailler un répertoire de chansons (gospel, jazz, classique, sacré, populaire...) avec l'aide d'un chef de chœur.
En règle générale, quand nous rejoignons une chorale, cela implique des partitions à suivre, des voix[153] à apprendre, des répétitions régulières avec à la clé, une ou des représentations publiques.

Les Cercles de chants et leurs différentes variantes

Ce que j'appelle les *Cercles de chant* sont dans l'esprit, l'expression collective du chant reliance ou existentiel : chanter dans le plaisir sans notion de performance et créer du lien ensemble.
Dans un Cercle de chant, chaque membre est un participant actif, il n'y a pas de spectateurs,

153. Généralement il y a quatre « pupitres », c'est-à-dire quatre voix : basse, ténor, alto, soprano.

pas de répétitions en vue d'une représentation publique, pas de pression de performance.
Dans beaucoup de ces Cercles, il y a un « meneur » qui fait *partie intégrante* du Cercle. Celui-ci chante aussi et sa fonction est de donner l'impulsion et de faciliter la participation de tous autour de chants existants ou bien de guider l'émergence de chants spontanés.
Les Cercles de chant, qui peuvent être organisés de façon ponctuelle, régulière ou jaillir spontanément, fonctionnent généralement intrinsèquement avec les principes *d'inclusion, de coopération et de qualification* (qui sont aussi des principes d'éducation à la paix[154]) et nourrissent le sentiment d'appartenance à la communauté humaine.

Comme son nom l'indique, dans un Cercle de chant, nous sommes généralement disposés en cercle. Ce qui est très puissant dans cette *forme*[155] *du cercle*, c'est que chacun est sur le même pied d'égalité, à égale distance du centre. Chacun voit et est vu de tout le monde. Il n'y a plus de frontière sociale, plus de hiérarchie, mais une *ronde humaine* où chacun a sa place. C'est comme si nous étions une tribu autour du feu avec au centre, un feu qui réchauffe, illumine et vivifie et autour, un groupe, des voix et des cœurs qui chantent et communient (l'ancêtre des Cercles de chant !).

« *Quand se forme le Cercle, apparait le Champ qui sait* ». Proverbe amérindien

J'aimerais maintenant vous présenter différentes *variantes* de *Cercles de chant*, qui selon moi, sont appelés à se développer :

Les Cercles de partage en chansons

Ce que j'appelle *le Cercle de partage en chansons* est dans l'esprit, le *Cercle de chant convivial autour du feu*[156]. C'est donc avant tout un moment de partage en chansons qui peut être organisé en famille, en communauté ou en entreprise, pour instaurer un moment de convivialité, en permettant aussi à chacun de se découvrir et de créer du lien autrement.
Ce Cercle peut surgir spontanément mais il peut aussi être prévu et organisé. À ce moment, il est souvent opportun qu'il y ait une ou deux personnes qui facilitent « l'animation » de ce temps de partage. Si vous êtes l'initiateur(trice) du Cercle, prenez soin de préparer des photocopies de paroles de chants pour tout le monde (tout en invitant les personnes à en amener aussi, ainsi qu'un instrument de musique s'ils en ont, pour accompagner certains chants).

---

154. Accueil bienveillant où chacun a sa place, ce qui développe un sentiment d'appartenance au groupe ; travail de groupe, écoute et expression mutuelle, danse de la créativité individuelle et collective ; reconnaissance et gratitude pour la contribution de chacun. En musique, ces trois principes sont développés notamment par Kalani, éducateur musical et facilitateur renommé de Cercles de Percussions.
155. Quand ce n'est pas possible d'être en Cercle, l'esprit relié à la forme du Cercle est quand même présent.
156. Cependant, comme il est de plus en plus interdit de faire un feu à l'extérieur, il devient difficile de le pratiquer, mais que cela ne nous arrête pas, nous pouvons toujours chanter autour du feu de la convivialité ! Les Scouts, les camps et colonies de vacances sont d'autres exemples de cet état d'esprit de Cercle de chant convivial.

Au moment de commencer, invitez les personnes à se disposer en cercle (confortablement assises pour la durée du Cercle) et commencez par des chants collectifs simples et connus de la majorité. Ensuite, vous pouvez inviter différents sous-groupes à venir offrir et partager une chanson (ex. : les aînés, les hommes ensemble, tous ceux qui parlent telle langue...). Vous pouvez aussi inviter des personnes à venir chanter une chanson de leur tradition ou à apprendre au groupe des chansons simples et faciles. Pour clore ce Cercle de partage en chansons, je recommande de terminer par un chant collectif.
Notez également qu'un ou deux chants spontanés en co-création groupale sont aussi à envisager, s'il y a une personne qui se sent capable de mener le groupe dans ce processus.

Les Cercles de chant méditatif

Ce que j'appelle un *Cercle de chant méditatif* (appellé *Satsang*[157] dans la tradition indienne) est un Cercle de chant où l'on chante ensemble des mantras ou des chants sacrés du monde, ou même que des voyelles, avec une intention de méditation et de célébration dans la paix et la joie.
Comme le dit Deva Premal :
« La musique, la méditation et la communauté sont nécessaires pour nourrir et soutenir nos vies quotidiennes. Les Satsangs nous offrent l'opportunité de nous rencontrer, de chanter et de savourer le silence ensemble sans aucun prérequis et sans frontières. Nous nous retrouvons dans un espace sacré ensemble, sans jugement où tout est Un ».

Pour ceux qui ne sont pas familiers avec les chants chantés dans le Cercle de chant méditatif, il est facilitant d'avoir les paroles sous les yeux, et encore mieux les paroles retranscrites en phonétique si les chants sont en langues étrangères.
Personnellement, j'ai cette pratique de retranscrire ainsi les paroles en phonétique et cela rend le fait de chanter dans n'importe quelle langue étrangère, un jeu d'enfant !

Les Cercles de chant avec tambours et percussions

Dans ces Cercles, l'apport supplémentaire des tambours et des percussions (« Drum Circle » en anglais) génèrent une ambiance et des chants plus rythmiques et tribaux, que ces chants soient appris ou improvisés.
(Il arrive parfois que les instruments prennent la priorité sur le chant c'est-à-dire que nous passons plus de temps à jouer des tambours et percussions qu'à chanter).
En règle générale, les personnes qui initient ces Cercles font en sorte qu'il y ait des percussions pour tout le monde ou tout au moins suffisamment pour que les instruments puissent circuler afin que chacun puisse avoir le plaisir de participer au rythme avec un instrument.

---

157. Dans certains *Satsangs*, il peut y avoir un meneur qui scande un bout du chant et le groupe répond en écho.

Les Circle Song *(de l'anglais : chant circulaire)*

Les *Circle Song,* rendus populaires par le chanteur Bobby McFerrin, sont une forme de chant improvisé en groupe.
Dans un Circle Song, nous sommes regroupés en cercle et à tour de rôle, une personne vient au centre et improvise des petites phrases mélodiques/rythmiques. Ces différentes séquences vocales seront répétées et chantées par plusieurs petits sous-groupes, ce qui donnera une composition polyphonique sur laquelle nous pouvons aussi encore improviser de différentes façons (improviser un solo au-dessus du chant groupal, faire diminuer ou augmenter le volume des différentes séquences vocales, en faire arrêter certaines et en improviser de nouvelles...).
Le Circle Song aide beaucoup à développer l'écoute et le rythme.

Les Cercles de chant spontané (chant intuitif, chant libre)

Pratiqué en groupe, le chant spontané décuple la joie, la créativité (et aussi le besoin d'écoute mutuelle).
Dans un *Cercle de chant spontané*, il y a souvent un *meneur de Cercle,* qui a la responsabilité d'installer ce cadre d'écoute mutuelle, pour que chacun puisse contribuer au chant collectif avec sa *créativité individuelle en lien avec la créativité collective.*
Le meneur propose aussi un cadre de départ[158] pour ce chant groupal co-créé. Ce meneur, *gardien du processus*, peut aussi laisser à tour de rôle les personnes initier une proposition de chant spontané groupal.
S'il n'y a pas vraiment de meneur attitré, des personnes vont à tour de rôle lancer une piste de départ en se mettant à chanter et les membres de groupe vont ensuite venir joindre leur voix pour co-créer le chant spontané collectif.

Les concerts participatifs

Par *concert participatif,* j'entends un concert où le public va expressément pour chanter avec les artistes, et où les artistes encouragent expressément le public à chanter avec eux un maximum de chansons, en leur fournissant les paroles par rétro-projection sur grand écran ou en leur apprenant des chants simples et répétitifs faciles à reproduire (par exemple, dans des concerts de chants de mantras et chants du monde).
Dans un concert participatif, si on demande aux artistes ce qu'ils font, ils répondent : « On chante avec le public » ! Et si on demande au public, il répond : « On chante avec les artistes ! »
Dans un concert participatif, *nous chantons ensemble !*

158. Par exemple, le meneur donne certains sons, syllabes ou mots à chanter ou donne une pulsation de base ou une ambiance sonore à partir desquels improviser.

Les stages de chant vacances ou développement personnel

Il existe de nombreuses offres de *stages de chant* que nous pouvons nous offrir en guise de *vacances ou de développement personnel*: découverte de sa voix, chant spontané, chant thérapeutique, yoga du son, création de chansons, chants harmoniques, mantras et chants du monde, chant choral...
Participer à de tels stages sur un week-end ou sur une semaine pendant les périodes de vacances d'été ou scolaires, permet de faire une bonne *immersion* groupale dans le chant, ce qui peut beaucoup nous aider par la suite à mettre plus de chant dans notre quotidien, sans parler de la joie et de la convivialité à chanter et à vivre ainsi ensemble sur plusieurs jours !

Les partenariats de chant co-créatif

J'aime bien développer l'idée d'explorer le chant avec ce que j'appelle un (ou plusieurs) *partenaire(s) de chant co-créatif*.
Pour cela, il suffit de trouver au moins une autre personne aussi motivée que vous pour *explorer ensemble* le chant sous toutes ses coutures, dans la bienveillance et l'esprit de découverte ! Vous vous retrouvez explorateurs de tous les chants du possible !
Ce partenariat apporte énormément de satisfaction, de joie, de créativité, de fous rires, de larmes, de moments de communion...
Vous pouvez expérimenter avec ce partenaire (ou ces partenaires) tous les exercices que je propose dans ce livre, et bien sûr en découvrir et en créer d'autres. À force, vous risquez peut-être la maladie contagieuse de vouloir répandre ce bonheur, cette créativité, en organisant à votre tour des Cercles de chants, ou peut-être même que vous aurez envie d'explorer avec votre partenaire conjoint(e) et de chanter en couple !

Le chant en couple

Je vois deux grandes façons de chanter en couple.
La première est celle où le couple va *chanter ensemble* en *présence d'autres personnes*. Cela peut-être d'aller chanter ensemble dans une chorale, un Cercle de chant, un stage ou un concert participatif... C'est une très belle source de plaisir à partager avec notre compagnon ou compagne de vie.

Mais il existe une tout autre dimension du chant à ouvrir en couple[159] qui est encore peu pratiquée. Je parle ici du *chant pour le couple* : chanter *que tous les deux, que pour les deux.*

159. J'ai l'intention de développer cet aspect ultérieurement.

Chanter ainsi ensemble devient alors une source (et une ressource) de moments de connexion, de complicité profonde, d'écoute mutuelle, de co-créativité et de transcendance.

Beaucoup d'exercices que je propose dans ce livre peuvent être faits en couple, et d'autres peuvent être adaptés, notamment en étant enlacés debout ou couchés, en dansant...

À votre créativité les couples !

PISTES COMPLÉMENTAIRES

La Vitamine Chant :
Moins parler, plus chanter, moins raisonner, plus résonner ! ☺

Toujours afin de soutenir l'intégration et l'ancrage du chant dans la vie quotidienne, voici encore quelques autres pistes d'exploration tous azimuts pour continuer à vous inspirer à élargir « le champ des chants du possible » !

Chanter en famille

De façon générale, si vous pouvez créer des occasions de chanter en famille avec enfants, parents, grands-parents, cousins, cousines (lien de parenté autorisé jusqu'à la millième génération !), c'est magnifique.
Chanter ensemble dans le plaisir crée du lien, une clé pour de bonnes relations !

Invitation

- Apprenez un répertoire familial : chansons enfantines, chansons traditionnelles de vos origines, chansons de Noël ou chansons de fêtes, que vous pourrez chanter ensemble à diverses occasions.
- Laissez les enfants (petits et grands) explorer librement avec leur voix.
- Adaptez en famille les pistes déjà évoquées dans le chant collectif, ou les autres que je vais évoquer un peu plus loin.

Chanter en passant l'aspirateur

Ce n'est pas une blague. C'est en passant l'aspirateur dans une grande pièce où il y avait un peu d'écho que j'ai libéré à vingt-cinq ans ma voix de Castafiore en osant chanter pour la première fois de l'opéra !

Le bruit de l'aspirateur nous donne un bourdonnement de base, une certaine présence sonore qui couvre notre voix et nous donne ainsi le loisir de faire des essais en toute tranquillité !
Il nous permet de dépasser cette fameuse peur du silence, dans lequel notre voix serait trop seule, trop à découvert et exposée, dans lequel l'on pourrait entendre nos tâtonnements de libres explorateurs !
Aspirateur, tu es devenu synonyme de chanteur !
(Les vieux aspirateurs bruyants sont à récupérer !)

Invitation

- La prochaine fois que vous passerez l'aspirateur, osez vous lancer et chantez pendant la durée de cette tâche ménagère maintenant devenue chantante !
- Si vous n'osez toujours pas vous lancer malgré le bruit de l'aspirateur, mettez en plus une musique à fond. Chantez alors en toute tranquillité car c'est sûr, on ne vous entendra pas !

Chanter dans la cuisine

Si nous passons du temps quotidiennement pour préparer les repas et faire la vaisselle, chanter dans la cuisine est alors une excellente façon pour mettre le chant dans son quotidien !

De plus, en y mettant ainsi une ambiance musicale joyeuse et vivante, peut-être aurez-vous de nouvelles propositions spontanées d'aide à la cuisine, ou peut-être pourrez-vous entraîner les autres à venir y chanter avec vous et à vous y soutenir avec guitare, flûte, harmonica, percussion, cuillères ou casseroles ! Avec le chant et la musique, c'est la fête dans la cuisine tous les jours !

(Je vous rassure, je ne ferais pas l'apologie de toutes les tâches ménagères en chantant, quoique... !)

Invitation

- Je recommande de mettre dans la cuisine un poste de musique avec à proximité vos CD (ou autres formes d'enregistrements) préférés du moment. Ainsi tous les jours, en faisant la vaisselle ou la cuisine, vous pouvez fredonner ou chanter avec ces chansons que vous aimez, et vous pouvez aussi vous amuser à improviser d'autres voix sur la mélodie principale.
- Vous pouvez évidemment tout autant y chanter a capella (avec des chansons connues ou des chants spontanés) !

Chanter en voiture

Si vous chantez déjà beaucoup dans votre voiture, accompagné de la radio ou de vos CD, je vous invite à continuer à le faire, tout en expérimentant aussi d'autres pistes créatives diverses et variées (surtout quand on est dans les bouchons !). Si vous ne chantez pas encore en voiture, c'est l'occasion de s'y mettre !

Invitation

- Si vous êtes seul en voiture, je vous invite à éteindre la radio et à devenir votre propre poste radio « émetteur » : imitez des voix parlées et chantées, transformez des chansons que vous connaissez et chantez-les de plein de façons différentes, sortez votre voix d'opéra, chantez des mantras, improvisez des chants spontanés (vous pouvez bien évidemment faire toutes ces mêmes choses à la maison ou ailleurs !)...
- Si vous voyagez à plusieurs, donnez à tous les passagers la permission d'expérimenter toutes sortes de sons (même bizarres), de crier ou de chanter un bon coup à tue-tête (avec les fenêtres fermées si vous êtes à l'arrêt à un feu rouge !). C'est fou comme ça soulage et ça calme (les enfants et les adultes) !
- On peut aussi profiter d'un voyage en voiture pour y chanter un répertoire commun, s'apprendre de nouvelles chansons, faire plein de jeux sonores, par exemple jouer à tenir une note chantée le plus longtemps possible (sans tricher !). La créativité est sans fin.

(Il faudra penser à ajouter une mention « voiture chantante » dans les sites de covoiturage !)

Chanter à l'église

Quelles que soient nos croyances religieuses ou spirituelles, les églises sont des lieux[160] avec une acoustique exceptionnelle, amplifiant et enrichissant le son et la résonance de nos voix. Cependant, les églises sont souvent fermées à clef. Si nous demandons au curé ou à la mairie de nous en prêter la clé, ils sont en général heureux que nous allions y rechanter. Personnellement, j'ai emmené plusieurs groupes ou personnes chanter à l'église et tous en gardent un souvenir mémorable.

Vous pouvez aussi y emmener vos enfants, même petits, pour qu'ils entendent cette résonance incroyable de leur voix.

Laissez-moi vous raconter ce qui s'est passé quand j'y ai amené mon filleul alors âgé de trois ans.

> *J'explique à mon petit filleul que nous allons aller dans une église pour écouter le silence et aussi pour chanter et écouter nos voix.*
>
> *Nous rentrons dans l'église et je demande à mon filleul de rester un moment immobile et d'écouter le silence. Ensuite nous marchons en silence jusqu'à devant l'autel. Je le sens impressionné. Puis je lui dis que maintenant nous pouvons chanter. Je commence alors à improviser un chant sur la voyelle « A », avec de longues notes tenues. Il me rejoint spontanément (aussi sur le son « A ») en chantant de tout son cœur, en ouvrant grand ses bras et en levant sa tête vers la voûte résonnante. Ce moment a duré environ une minute chrono, mais ce fut une minute d'éternité, un moment de grâce. Ensuite c'était fini, il voulait ressortir. C'était maintenant ou jamais !*

---

160. Si vous trouvez d'autres endroits où il y a de la résonance (sous certains ponts, dans les cages d'escalier, en montagne), profitez-en pour faire sortir votre voix et écouter comment elle vous revient amplifiée.

Invitation
- Quand vous pouvez avoir l'église pour vous (seul ou à plusieurs mais entre vous), commencez en écoutant le silence un moment. Puis laissez simplement sortir un simple son tenu et écoutez-en la résonance. Chantez ainsi quelques voyelles, d'abord doucement, puis vous pouvez amplifier le volume sonore progressivement. Ensuite, chantez des chants profonds que vous aimez et/ou faites des chants spontanés, tout en respectant le lieu.

Chanter dans la Nature

Chanter avec la Nature comme auditrice est aussi une grande joie. La Nature est telle une présence qui écoute, entend et accueille notre chant et notre cœur.

Invitation
- Profitez d'une balade au calme dans la nature pour improviser ou chanter un chant que vous aimez bien, en le fredonnant doucement ou en le chantant à pleine voix.
- Vous pouvez aussi aller trouver un arbre et vous asseoir à son pied, ou mettre votre dos contre lui, ou l'étreindre en mettant votre cœur et votre joue contre son écorce. Murmurez-lui votre chant de l'instant. Ensuite, goûtez le silence et soyez attentif à comment vous vous sentez, et à comment la Nature vous répond...

Chanter non-stop pendant un temps déterminé

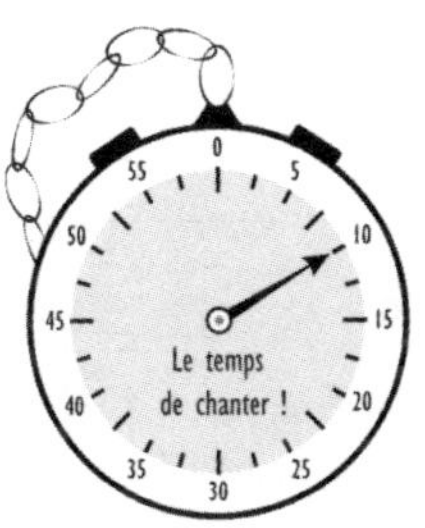

L'important ici n'est pas ce que vous chantez, mais de chanter sans jamais vous arrêter pendant toute la durée de temps que vous avez déterminé.

Dans l'ordre ou le désordre qui vous chante, vous pouvez chanter des bouts d'airs connus ou laisser jaillir des chants spontanés, qu'ils soient avec des paroles, des voyelles, des onomatopées ou en « charabia » (mots qui ne veulent rien dire).

Invitation
- Prenez un minuteur ou un chronomètre et décidez de chanter « non-stop », en continu, pendant une, cinq, ou dix minutes et lancez-vous !
Si vous avez une « panne » et que vous ne savez plus quoi chanter, chantez les paroles « je ne sais plus quoi chanter » ou chantez les pensées qui vous passent par la tête, ou bien chantez des notes tenues sur des voyelles.
Essayez d'aller au bout du temps que vous avez déterminé (vous pouvez aussi vous asseoir et fermer les yeux tout en continuant à chanter).

Chanter les oreilles submergées d'eau (dans baignoire, piscine, lac, mer)

Comme chanter sous la douche est déjà un classique, je vous invite ici à faire l'expérience de chanter les oreilles submergées d'eau. Vous serez stupéfaits par la résonance amplifiée que vous allez entendre à l'intérieur de vous. Une résonance de cathédrale... intérieure !

Invitation
- Si vous êtes dans votre bain, sur le dos, submergez le haut de votre corps sous l'eau, oreilles comprises, tout en gardant la bouche et le nez à l'air libre pour respirer. Si vous êtes dans une plus grande étendue d'eau, faites-vous flotter sur le dos (si c'est difficile, aidez-vous de flotteurs ou d'une personne qui vous soutient) et submergez vos oreilles.
Faites d'abord l'expérience de chanter la bouche ouverte, par exemple avec le son « A ». Vous serez déjà surpris de la résonance intérieure. Puis après, chantez bouche fermée avec le son « Mmm » et vous entendrez que le son de ce dernier restant à l'intérieur, résonne beaucoup plus intensément dans la boîte crânienne.

Chanter dans le bourdonnement collectif

Nous pouvons utiliser la base sonore d'un bourdonnement collectif pour oser nous lancer et explorer en toute sécurité, sans avoir la peur d'être entendu individuellement.
(J'utilise régulièrement le bourdonnement collectif pour moi-même et aussi dans mes stages, pour le plus grand plaisir de tous !)

Invitation

- Utilisez toute situation où il y a beaucoup de bruit de fond pour « faufiler » votre chant en toute « discrétion » : quand le TGV passe à la gare sans s'arrêter, lors d'une soirée bruyante, dans les bouches de métro ...
- Une variante de ce bourdonnement collectif peut se faire avec un groupe réuni pour chanter. Vous déterminez une durée où tout le monde va chanter en même temps, mais chacun pour soi. Cela va générer un bourdonnement de base « groupal » sur lequel nous pourrons explorer avec notre voix sans aucun complexe. Chacun rentre dans sa bulle et chante pour lui, ce qu'il veut et comment il veut, sans se préoccuper des autres qui en ont à faire autant !
  En plus de la durée, vous pouvez aussi déterminer un style d'exploration commune : par exemple, tout le monde chante sur la voyelle « A », ou sur tel mot ou telle phrase, ou en mode opéra. Sur cette trame commune, chacun chante à sa façon, nourri (et couvert !) par le bain vocal groupal !

Organiser des « scènes ouvertes »

Ce que j'appelle des *scènes ouvertes* (ou *scènes libres*) sont des espaces qui permettent à chaque personne qui le souhaite d'oser offrir un cadeau d'expression au groupe qui sera présent : une chanson, un poème, un sketch, une danse, un morceau de musique joué. Ces cadeaux d'expression peuvent être offerts en solo, en duos, en trio, en petits groupes.
Lors de ces scènes ouvertes, il est important que toutes les personnes présentes soient invitées à y venir *dans une optique de partage, d'écoute bienveillante, de validation, d'encouragement (de Sponsorat quoi !).*
Une autre clé pour la réussite de telles scènes ouvertes est la présence d'au moins une personne qui fasse office de *maître ou maîtresse de cérémonie*[161], pour « chauffer » le public, créer une ambiance chaleureuse ainsi que pour annoncer, accueillir et remercier chaque personne qui vient offrir son expression. Ce maître ou maîtresse de cérémonie veille aussi à ce que le groupe exprime son soutien et célèbre chaque personne pour son cadeau d'expression et pour le courage d'avoir osé prendre *le devant de la scène.*
(Nous pourrions aussi appeler ces scènes ouvertes des *Cercles de libre expression partagée* !)

161. C'est comme cela que nous faisions dans les soirées scènes ouvertes MPV de ma formation en Biodanza. Voir témoignage.

> ***Invitation***
> – Soyez l'initiateur de tels espaces de libre expression et de partage, avec vos familles, amis et communautés.
> Invitez et encouragez chacun à saisir cette opportunité de venir au devant de la scène pour partager, s'amuser et oser relever des défis et se surprendre en explorant différentes facettes d'expression.
> Invitez et encouragez chacun à valider l'expression des autres et à passer une bonne soirée dans la convivialité !

Initier ce jeu de groupe « On connaît une chanson »

L'idée de ce jeu[162] est de chanter non-stop des chansons connues grâce à la mémoire collective et à la bonne humeur contagieuse.

> ***Invitation***
> – Une personne commence à chanter un bout de chanson et tous ceux qui la connaissent se mettent aussi à la chanter. Tout en continuant à chanter ensemble, il s'agit ensuite de trouver l'idée d'une autre chanson qui a un lien avec celle qui est chantée, d'interrompre la chanson en cours pour commencer à chanter cette nouvelle chanson. À nouveau, tous ceux qui la connaissent se mettent à la chanter, jusqu'à ce que quelqu'un retrouve une autre idée de chanson en lien avec cette dernière et interrompe à nouveau et ainsi de suite.
> Le lien à trouver entre les deux chansons peut être à différents niveaux[160] et c'est cela qui est drôle.
> Quand plus personne ne trouve de chanson à chanter en lien avec la dernière chanson chantée, quelqu'un peut aller chercher un lien à la 7e génération pour redémarrer ou bien improviser une chanson et de là peuvent jaillir de nouvelles idées de chansons ! Sinon on peut toujours redémarrer à zéro.

162. Jeu que j'avais déjà en partie vécu spontanément et qui m'a ensuite été transmis. J'ai nommé ce jeu ainsi mais il a peut-être un autre nom.

163. Par exemple, si on est en train de chanter une chanson de marin, on peut penser à l'eau et avoir l'idée de commencer à chanter « Ah ce qu'on est bien quand on est dans son bain ». Puis quelqu'un peut avec la même idée de l'eau se mettre à chanter « We all live in a yellow submarine ». Ensuite le lien peut être de chanter une autre chanson des Beatles... Les liens sont infinis !

En conclusion de ce chapitre et de cette deuxième partie

L'essentiel à retenir est cette prescription médicale, pardon, prescription musicale auto-renouvelable : **CHANTEZ !**

Oui, chantons,
seul et en groupe,
pour n'importe quelle raison (ou pour toutes les raisons ou sans raison),
n'importe où (ou partout),
n'importe quand (ou tout le temps),
n'importe comment (ou comme on veut),
en chantant n'importe quoi (ou tout ce que l'on veut) !

Avec vous, avec nous, la résilience chantante est en marche !

Devenons des arbres chantants épanouis de fruits !

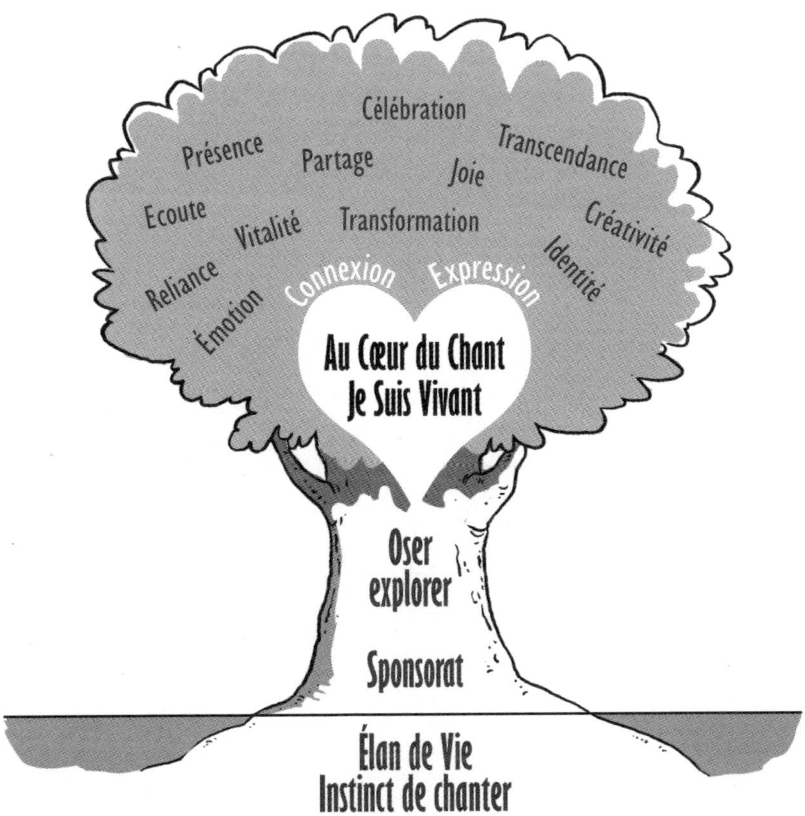

Goûter à la nourissante présence du chant dans sa vie

MON HISTOIRE AVEC LE CHANT

Goûter à la nourrissante présence du chant dans sa vie

DE LA BLESSURE AU DON

Un beau jour, j'ai pris conscience que cette capacité que j'avais développée à donner du Sponsorat à l'Être qui veut chanter, avait pris racine dans cette blessure d'enfance : celle de ne pas avoir été suffisamment reconnue, encouragée et célébrée dans mon essence avec le chant.
Le fait de réaliser que c'était grâce à cette blessure que j'avais pu développer ce don m'a émue aux larmes.
J'avais réussi à transformer ma blessure en fruit de Vie.
Ma blessure était devenue offrande...

Alors, amis lecteurs et lectrices, c'est à mon tour de me dévoiler et de vous raconter un peu de mon histoire intime avec le chant.
Au-delà des faits biographiques, ce qui est important pour moi de vous partager est mon vécu face à ceux-ci : la signification que je leur ai donnée, les leçons que j'en ai tirées et comment j'ai pu me transformer grâce à eux jusqu'à maintenant.
C'est tout ce parcours, ce chemin de vie, qui a nourri ma pratique personnelle et professionnelle du chant comme voie d'épanouissement existentielle.

Alors, il était une voix, pardon, il était une fois...

LE CHANT DANS MON ENFANCE ET MA JEUNESSE AU QUÉBEC

Je suis née au Québec le 28 mai 1963, en Abitibi-Témiscamingue, une région de pleine nature, aux centaines de milliers de lacs et de kilomètres d'espaces sauvages.
Je viens d'une famille dans laquelle j'étais la seule fille, troisième d'une fratrie de quatre enfants. Mon père travaillait beaucoup, il n'était pas souvent là, ni physiquement, ni émotionnellement et il avait un problème avec l'alcool. Ma mère était à la maison mais elle vivait dans un ressenti de « coupure à elle-même[164] », et entre mes frères et moi, il y avait peu de lien. Donc les moments de réelle présence, de joie, de rires, de tendresse, étaient rares entre nous.
Alors, je crois que *j'ai chanté pour combler un sentiment d'absence et de vide.*
J'ai trouvé dans le chant ma source de vie et ma bouée de survie.
Même si je n'en avais pas conscience à l'époque, *c'est en m'exprimant par le chant que je me sentais connectée, vivante et que je me créais un sentiment de présence et de sécurité* (et cela a sans doute contribué à ce que je sois une enfant joyeuse, créative et audacieuse).

Je crois avoir commencé à chanter avant même de parler. Déjà à trois ou quatre ans, j'improvisais des chants constamment et je racontais mes journées en chantant !
À cinq ans, j'ai changé d'école en milieu d'année scolaire et lors de ma première journée d'intégration, je suis venue me présenter devant la classe et je les ai tous fait chanter avec moi !
À ce jeune âge, je portais déjà en moi la flamme pour le travail que je fais aujourd'hui : *en faisant chanter les autres avec moi, c'était ma façon de créer et de partager du lien, de la communauté, de l'appartenance, de la joie, de la célébration, de la Vie.*

Mais d'où me venaient cette confiance et cette audace pour chanter ainsi à cinq ans ? Je pense que c'est ma mère qui a nourri cette première base de « capital confiance en moi », en me transmettant le message « tu es capable » et en me donnant la permission d'oser explorer librement en confiance, par moi-même[165]. Du coup, je me sentais l'âme d'une exploratrice (et pas uniquement que dans le chant) !

164. C'est en ces termes qu'elle parle de cette époque.
165. Ma mère ne s'est jamais inquiétée car elle me savait capable et elle me l'a fait ressentir. Par exemple : à trois ans, elle me laissait descendre toute seule le grand escalier en fer forgé de notre appartement au deuxième étage, au grand dam de ma grand-mère, qui disait que ma mère était inconsciente de me laisser aller toute seule comme cela ! Ma mère lui répondait : « Je lui ai appris une fois, elle sait faire toute seule, elle est capable ». J'avoue qu'à cette époque ma mère n'était pas nécessairement connectée à elle-même et il y a des choses qu'elle n'a pas vues ou senties. Moi-même je n'aurais pas nécessairement laissé à mon propre enfant autant de liberté sans surveillance, mais c'est ainsi et je m'en suis bien sortie !

De plus, comme ma mère fredonnait doucement en faisant la cuisine et le ménage, j'ai dû capter son plaisir de chanter, elle aussi, pour mettre de la vie en elle et dans la maison.
Il me plaît de penser que le chant et la confiance en moi m'ont ainsi été transmis au départ par ma mère.

Mais bien que ma mère me laissât chanter assez librement, j'ai quand même ressenti un manque général de soutien et de validation pour mon chant de la part de ma famille : personne ne me demandait ou ne m'encourageait à chanter, ni ne me félicitait, à une exception près, mon grand-père. Celui-ci, lors de ses visites, me demandait de chanter pour lui [166] et me manifestait son plaisir à m'entendre et à me voir chanter. Je me rappelle aussi, je devais avoir six ou sept ans, lors d'un événement public qu'il avait organisé [167], il m'avait mise debout sur une table pour que je chante devant tout le monde. C'était ma « première scène » ! La peur, le trac, je ne connaissais pas. J'avais chanté avec joie et enthousiasme et je me rappelle à quel point il était fier de moi.

Dans mon enfance, je peux donc dire que j'ai été d'un côté « enchantée » par les fredonnements de ma mère et les encouragements de mon grand-père, et d'un autre côté, j'ai été « désenchantée » par un manque de Sponsorat pour mon chant qui était une partie vitale et fondamentale de moi, et par cette expérience de disqualification vécue à l'âge de huit ans :
Je rêvais de devenir « une chanteuse » et je venais de mettre par écrit ma première chanson avec couplets et refrains structurés. Toute fière et pleine d'espoir pour ma future carrière d'auteure-compositrice-interprète, je suis allée vers mes parents et j'ai commencé à leur chanter ma chanson, certainement un futur hit-parade !
L'encouragement et les félicitations que j'espérais ne sont jamais venus. Mon père n'a pas cru à ce moment-là que c'était moi qui avais composé cette chanson et sa réaction négative intense [168] fut un choc. D'un ton et d'un regard sévère, il m'avait alors dit :
« Arrête de chanter cette chanson. Ce n'est pas possible que ce soit toi qui aies écrit cela. Je ne veux plus jamais t'entendre prétendre que tu as composé une chanson ».
Il est vrai que j'avais écrit une chanson dont les paroles étaient étonnantes venant d'une

166. Une partie de mon inspiration pour créer mon exercice de Sponsorat « Chante pour moi » est certainement issue de cette expérience avec lui. (Je déplore cependant le fait qu'il me donnait de l'argent après que j'ai chanté pour lui, mais ça c'est une autre histoire.)
167. Il était gérant du centre sportif à Rouyn-Noranda. Il est décédé lorsque j'avais 11 ans.
168. Mes propos l'ont dérangé. J'ai compris trente ans plus tard pourquoi j'avais écrit cette chanson et pourquoi cela l'avait tant dérangé, mais c'est une autre histoire.

petite fille de mon âge. Dans mon innocence d'enfant, je chantais[169] : « Mon amant, mon amant, je veux le voir plus souvent… » (voyez la rime !).
Alors, j'ai reçu cette fameuse phrase disqualifiante de plein fouet. Quelque chose en moi s'est anesthésié et j'ai vite relégué aux oubliettes de ma conscience cet événement. (Vous ne serez pas étonné d'apprendre que trente ans plus tard, j'ai eu un énorme frein « inconscient » pour finaliser mes chansons. J'en reparlerai plus loin).

Vers onze ou douze ans, j'ai voulu prendre des cours de chant et « apprendre à chanter ». Alors, ma mère m'a inscrite à un atelier parascolaire de chant. Tout heureuse, je me suis rendue à la première séance, mais j'en suis ressortie avec une déception existentielle énorme : moi qui voulais chanter dès la première seconde de l'atelier, j'apprends que pendant les six premiers mois, nous ne ferons que du solfège, que nous ne chanterons qu'une fois que nous le connaîtrons ! Alors je n'y suis jamais retournée et je n'ai jamais eu envie d'apprendre le solfège par la suite. (Je transmets donc le chant « à l'oreille », sans solfège, pour la plus grande joie de beaucoup !)

Dans mon adolescence, je me rappelle avoir chanté quelques fois et écrit deux ou trois textes de chansons à l'occasion de fêtes d'école ou de départs de professeurs[170]. À part cela, je n'ai pas le souvenir de moi chantant souvent pendant cette période de ma vie, mais en fait, il semblerait que je chantais plus que je ne m'en souviens !
En effet, lors des obsèques de mon père, j'ai revu une copine de l'époque de mes quinze ans, qui m'a raconté qu'elle se souvenait que je chantais tout le temps, que je prenais des airs connus et que j'en changeais les paroles ou bien que je lui demandais avec beaucoup d'enthousiasme de chanter avec moi. Puis, j'ai eu l'occasion de reparler aussi à un copain de mes vingt ans qui m'a dit lui aussi qu'il se rappelait que je chantais tout le temps.
Pourquoi n'avais-je plus ce souvenir de moi chantant à cette époque de ma vie ? Je ne le sais pas vraiment. (La seule explication que j'ai est celle-ci : comme j'étais devenue formatée au chant « performance », je ne me considérais vraiment chanter que lorsque j'avais une scène et un public, donc le chant « reliance », pour le plaisir, je ne le gardais pas en mémoire !)

Toujours est-il qu'à vingt-trois ans, après de hautes études universitaires[171], je quitte le Québec pour la France avec le sac à dos et je ne chante plus.
Je suis devenue la belle à la voix dormante…

169. Plus de quarante ans après, je me souviens encore de la mélodie du refrain !
170. Je ne me rappelle pas si j'ai montré ces créations de chansons à mes parents…
171. Inconsciemment à cette époque, je cherchais la reconnaissance de mon père qui valorisait les hautes études.

ONZE ANNÉES DANS UNE COMMUNAUTÉ QUI CHANTE

Après quelques mois d'itinérance en France avec mon sac à dos, je rejoins une communauté dont le ciment était... le chant au quotidien !
Dans cette expérience que j'ai vécue de mes vingt-trois à trente-quatre ans, j'y ai alors trouvé trois éléments dont j'étais assoiffée : une famille de substitution, une dimension spirituelle et le chant.

Tous les jours, avant chaque repas pris en commun, nous chantions des chants sacrés. Deux à trois fois par semaine, nous les répétions en chorale et nous les chantions aussi à l'occasion de différentes fêtes que nous organisions tout au long de l'année.
C'est d'ailleurs lors de ces fêtes que j'ai fait mes premiers pas de « scène », de récitals, d'animations chantées, avec trois acolytes.
Lors d'une de ces fêtes où je chantais (je devais avoir vingt-huit ans), nous avions un invité qui était un ancien directeur de conservatoire de musique. À la fin de mon tour de chant, celui-ci[172] vient me dire que j'ai un grand potentiel et que je mérite de prendre des cours de chant. Il me met alors en contact avec une ancienne cantatrice qui devient ma bien-aimée professeure de chant. Avec elle, j'ai bénéficié d'une cinquantaine d'heures de cours de chant classique qui m'ont donné la fondation de ma technique vocale. Mais bien au-delà, c'est de la confiance en moi que j'ai puisée dans son regard soutenant et dans ses paroles qualifiantes et encourageantes (une Sponsor !).
Début décembre 1995, j'ai trente-deux ans, je suis à huit mois de grossesse et avec mes trois acolytes de musique, nous participons à la finale d'un concours de chant sur la scène de l'Olympia à Paris, mais nous ne gagnerons pas.
En 1997, à trente-quatre ans, je quitte la communauté avec mon fils d'un an et son papa (un de mes trois acolytes de musique, oui la musique crée du lien!).

Pendant ces onze années de vie en communauté, j'aurai nourri mon âme de chant quotidiennement, écrit et composé quelques chansons « maison » (chantées seulement à l'intérieur de la communauté), eu mes premières expériences de scène avec mes acolytes chanteurs et musiciens, rencontré ma bien-aimée professeure de chant, et bien sûr, il va sans dire (mais je le dis quand même), j'aurai eu le plus beau des cadeaux, le plus beau des chants : être maman de mon petit garçon.

Mais pendant cette tranche de vie, j'ai aussi vécu un événement traumatisant relatif au chant dont je vous reparlerai un plus loin.

---

172. Il avait quatre-vingts ans, une figure grand-paternelle pour moi.

MON PARCOURS DE CHANTEUSE PROFESSIONNELLE

Au sortir de ma vie en communauté[173], la première chose que je fais est de me monter un répertoire de chansons de variété internationale avec leurs bandes orchestrales sur cassettes (l'âge de bronze !). Avec un magnétophone à cassettes portatif sous le bras, je me rends dans un restaurant-bar près de chez moi et leur propose de venir un soir chanter pour leurs clients. À la fin de mon tour de chant, je suis félicitée pour ma voix et ma capacité à créer une ambiance conviviale et joyeuse. Forte de cette première expérience réussie, je vais proposer mes animations chantées dans différents endroits, toujours avec succès et très rapidement, je me modernise : je m'achète une sono d'occasion, j'enregistre mes orchestrations musicales sur CD puis sur minidisques (ce n'était pas encore l'ère du MP3). Je chante ainsi pendant quelques années : dans des restaurants, maisons de retraite, hôpitaux, prisons, lors de soirées privées, d'entreprise ou de galas, à l'ONU, dans un Club Med, lors de premières parties de concert…

Mais au fil du temps, je me lasse de chanter ainsi des reprises de variété pour « divertir » les gens, jusqu'au jour où je n'ai plus envie de chanter.
Je trouve alors un poste de conseillère en personnel dans une petite agence d'intérim où je suis appréciée, mais je me rends compte rapidement que dans un bureau, une partie de moi s'éteint.

Monte alors en moi le désir de créer mes propres chansons et de sortir un album.
Au même moment, j'ai la chance de découvrir deux livres qui viendront m'éclairer et me soutenir sur ce chemin d'expression créative.
Le premier livre, *Va au bout de tes rêves*[174], me met en contact avec l'urgence de passer à l'action pour concrétiser ce rêve d'autoproduire un premier album avec mes chansons. À un moment dans ce livre, le sage Socrate nous invite à nous imaginer dans nos dernières heures de vie et à nous demander quels seraient les rêves que nous regretterions n'avoir jamais osé tenter concrétiser. Cette interpellation me fait un effet déflagrateur et une évidence fulgurante m'apparaît : je ne veux pas mourir sans avoir mis tout en œuvre pour réaliser ce rêve si profond en moi.
Alors, le feu de l'élan enthousiaste s'allume en moi et me propulse pour me mettre en chemin vers la réalisation de ce rêve et à en faire ma priorité de vie. À partir de ce moment-là, je commence à travailler sur mes textes de chansons tous les soirs quand je rentre du

173. Et après avoir déménagé dans une toute autre région.
174. D'Antoine Fillisiadis, voir ressources.

bureau. Mais au bout d'un moment, je m'aperçois que je n'arrive pas à terminer mes chansons, et ce malgré mon désir ardent, et je me rends à l'évidence : un frein profond m'en empêche.
C'est le livre *Libérer sa créativité*[175] qui sera l'outil qui me permettra de déterrer et de libérer ce frein qui m'empêchait de finaliser l'écriture de mes chansons. Dans un des exercices proposés, nous devons chercher à nous souvenir de la première fois où nous nous sommes sentis disqualifiés et coupés dans notre élan créatif. C'est à ce moment-là qu'est remonté après tant d'années d'oubli, ce souvenir du mauvais accueil de ma première chanson à huit ans. J'ai alors pris conscience que j'avais intériorisé cette injonction : « Ne prétends plus jamais avoir composé une chanson ». Par un travail d'accueil et de libération de l'émotion enfouie et par une série d'autres exercices de réparation proposés dans ce livre, je suis parvenue à « m'autoriser à composer mes chansons jusqu'au bout », à avoir confiance en ma valeur et à me lancer dans l'autoproduction de cet album.

Alors, grâce à ce qui a été déclenché en moi par ces deux livres (qui ont fait office de Sponsors), je me sens enfin outillée pour aller au bout de mon rêve.
Je finalise mes chansons, démissionne de mon travail, trouve un mécène et autoproduis mon premier album « Tu as embelli ma vie » avec onze chansons positives dont je suis fière, qui connaît un petit succès régional : émission de TV, radios, revues de presse, ventes de mes albums par correspondance ou lors de récitals.
Mais onze chansons, ce n'est pas suffisant pour faire des récitals de deux heures, donc je me remets à chanter des reprises de variétés, en plaçant par-ci et par-là quelques-unes de mes propres chansons.

En parallèle, il me vient l'idée de proposer des interventions dans des écoles primaires autour de la création de chansons[176], ce que je fais d'abord dans deux écoles privées, puis dans une école primaire publique avec un mandat[177] autour de la création de chansons sur le thème de la Fraternité avec un concert public à la clé. C'est un franc succès auprès des enfants, des personnes qui assistent au concert et du directeur de l'école. Celui-ci note d'ailleurs une baisse des conflits entre les élèves pendant et après mes

175. De Julia Cameron, voir ressources.
176. C'est suite à mon intervention de création de chansons auprès des élèves de l'école alternative Montessori où allait mon fils que m'est venue l'idée de la re-proposer ailleurs.
177. J'ai un mandat pour huit jours d'intervention. Il y a huit classes de trente élèves. Je prends les élèves par groupe de quinze dans une pièce à part. En cercle, à l'aide d'un bâton de parole, je les fais s'exprimer et s'écouter et je les guide pour trouver des pistes d'actions positives pour réaliser cette Fraternité. À partir de leurs mots que j'ai notés, j'et compose neuf chansons que je leur apprends et que nous chanterons en concert.

interventions. Il me rapporte ces paroles d'élèves entendues dans la cour de récréation : « Comment peut-on être fâchés entre nous si on chante ensemble des chansons sur la paix ? ».
Alors, je me sens l'âme d'aller dans les écoles pour créer avec les enfants des chansons constructives, mais à mon grand étonnement et regret, je n'obtiendrai pas l'autorisation officielle de l'inspection académique dont j'ai besoin pour continuer à y intervenir[178].

Du coup, je me remets à mes animations chantées, mais assez rapidement, je m'en lasse à nouveau et me retrouve à ne plus avoir le cœur à chanter...
Un jour en me promenant, je pense avec tristesse que mon rêve de faire carrière dans le chant est terminé. Je prends alors le temps de m'adresser à mon cœur triste et de l'écouter[179]. Puis il me vient l'idée que peut-être avec un deuxième album, j'aurais alors suffisamment de chansons pour en faire tout un récital et ainsi mieux faire connaître mes chansons positives au public. À ce moment-là, je me reconnecte avec mon envie profonde d'écrire de nouvelles chansons et je sens un souffle d'enthousiasme renaître en moi.

Comme pour mon premier album, j'ai l'élan de départ pour me lancer, et après, de nouveaux freins à ma créativité viennent me parasiter. Ce seront à nouveau deux lectures[180] qui viendront m'épauler et me soutenir dans ce nouveau projet créatif. Suite à ce deuxième « Sponsorat livresque[181] », et ici aussi avec l'aide de mécènes, je réalise et auto-produis en six mois mon deuxième album avec dix-huit chansons, mais au prix de l'épuisement.
Le burn-out pointe à l'horizon, mais je me dis que ce n'est pas le moment de me reposer. Dès que je reçois mes mille CD, je commence à en faire la promotion auprès des médias, mais ceux-ci n'arrivent pas à me classer « dans une case » et j'ai très peu de soutien de leur part.
Dans la foulée, j'organise et donne mon concert d'inauguration et au moment de monter sur scène avec les musiciens[182], au lieu d'être pleine d'énergie et de joie, je n'ai presque plus de forces et pour « combler » le tout, je suis soudain envahie par un puis-

178. L'autorisation est refusée par le délégué de l'inspection académique venu me superviser en fin d'intervention. Celui-ci trouve mon approche non conventionnelle et se demande ce que les enfants garderont de cette expérience...
179. C'est à ce moment que sont sortis les mots de ma chanson « Chante encore une fois ». Cette expérience viendra aussi nourrir la création de mon exercice de Sponsorat « Chante pour moi ».
180. Un deuxième livre de Julia Cameroun *La veine d'or* ainsi que le chapitre sur la créativité du livre *Femme qui court avec les loups* de Clarissa Pinkola Estés (voir ressources). Je ferai aussi quelques séances de soutien mutuel « co-créatif » avec une amie.
181. J'espère que la lecture de ce livre aura cet effet « Sponsorat livresque » pour vous encourager à chanter !
182. Au lieu de chanter comme d'habitude sur des bandes orchestrales, cette fois-ci j'ai l'occasion de chanter mes nouvelles compositions accompagnée d'un petit orchestre, mais nous n'aurons eu que quelques heures pour répéter la veille et je ne me sens pas suffisamment à l'aise avec ces nouveaux repères musicaux.

sant trac invalidant (que j'ai déjà connu et dont je parlerai un peu plus loin). Malgré que le public ne remarque rien et qu'à la fin de mon récital, je ne reçoive que des éloges et félicitations, à l'intérieur de moi, je me dis : « Si je dois revivre du trac, je ne veux plus faire de la scène ».

Après ce concert, je sens que je n'ai ni la force, ni l'envie de mettre encore du temps, de l'énergie et de l'espoir à essayer de promouvoir toute seule cet album. Je suis épuisée, j'ai besoin de me reposer, de faire une pause et je pars marcher dans le désert. Nous sommes fin 2005, j'ai quarante-deux ans.

Un an plus tard, par une synchronicité immense, on me propose le privilège de faire la première partie du concert de Deva Premal et Miten à Lyon, artistes de chants de mantras de renommée internationale, que j'aime et admire. Enthousiasmée de cet honneur et de cette opportunité de les rencontrer, je ne pense pas au trac et j'accepte cette proposition.

Le moment « J » du concert arrive. Je n'avais pas chanté sur scène depuis un an[183]. L'organisateur annonce au public qu'il y a une artiste en première partie et j'apparais de derrière le rideau pour chanter trois de mes compositions, accompagnée de mes bandes orchestrales.

En arrivant au-devant de la scène, je sens le trac s'installer en moi. Bien qu'extérieurement, j'assure en professionnelle et que le public ne se doutera de rien, intérieurement j'ai une grande sensation de malaise.

Après mon tour de chant, je reviens m'asseoir dans la salle pour écouter ce concert tant attendu et c'est alors que je prends conscience de l'énorme différence entre mon vécu artistique et le leur :

- Chanter sur scène me donne souvent le trac et eux le vivent de façon très zen, comme une méditation, une prière,
- Je chante seule, accompagnée de bandes orchestrales et eux chantent en complicité entre eux et avec les musiciens,
- Je suis seule à chanter mes compositions que personne ne connaît, et eux chantent des mantras millénaires simples et faciles à chanter, et le public chante avec eux.

C'est à ce moment que je me dis que je ne veux plus chanter sur scène si ce n'est que dans ce même état d'esprit.

Mais avant de tourner la page en ce sens, il me restait à vivre encore un dernier soubresaut, une dernière tentative pour réussir avec mes compositions et la scène.

183. Après le désert, il y a eu beaucoup de chamboulements dans ma vie privée, j'ai déménagé deux fois de région et n'ai plus chanté en public.

Quelques jours après ce concert, j'assiste à une conférence sur l'agro-écologie qui m'enthousiasme et je me dis : « Voilà, je vais mettre ma voix et mon écriture au service d'une grande cause : l'écologie ! »

Cet objectif me redonne de l'élan et j'écris et compose en quelques mois quatorze chansons dans l'objectif de faire mon troisième album « Ode à la Terre ». Je trouve trois musiciens pour m'accompagner lors d'un récital « test » que je donne dans la grande maison d'une amie avec une cinquantaine de personnes. Vu le peu de félicitations et d'encouragements après mon tour de chant, je réalise que les gens n'apprécient pas d'entendre autant de chansons qui remettent en question notre mode de vie. J'essaie quand même par la suite d'envoyer mon projet d'album à des têtes d'affiche de l'environnement pour me soutenir (moralement ou financièrement), mais sans résultat.

Alors cette fois-ci, c'est bon. Il y a longtemps que je le pressentais, que cela se préparait en moi, maintenant c'est décidé : je mets fin à ma carrière de chanteuse dans le sens traditionnel (où j'y ai vécu de merveilleux moments[184]) et je prends un nouveau tournant.
Je passe à autre chose qui ne dépend que de moi et qui me fait vibrer de toute mon âme : non pas le chant performance, mais le chant reliance, à travers le développement de mes cours et stages.
Nous sommes en 2007, j'ai quarante-quatre ans.

184. Dont voici quelques très beaux souvenirs : mes concerts en prison où j'ai senti les prisonniers si émus ; l'enthousiasme du chant des enfants dans les écoles ; quand j'ai chanté ma chanson « Il avait 80 ans » à celui qui me l'avait inspiré en lui rendant hommage publiquement ; quand j'ai chanté ma chanson « Féminitude » devant un public de femmes opérées du sein ; lors d'obsèques quand les gens sont à fleur de peau ; lorsque j'ai chanté en plein air l'Hymne européen en cinq langues avec un public de 10 000 personnes ; et surtout, toutes les fois où j'ai fait chanter le public avec moi !

MON PARCOURS D'ACCOMPAGNATRICE EN CHANT

J'avais toujours rêvé « d'être une chanteuse » mais je n'avais jamais imaginé qu'un jour je me sentirais appelée à donner des cours ou des stages de chant. Alors, comment j'en suis arrivée là ? Voilà ce que j'aimerais vous raconter un peu maintenant.

En 2001, quelque temps après la sortie de mon premier album, plusieurs personnes qui m'ont entendue chanter me demandent si je peux leur donner des cours de chant. Sur le coup, je leur réponds :
« Moi, donner des cours de chant ? Je n'ai pas fait le Conservatoire, je ne connais pas le solfège, je ne joue pas du piano pour accompagner les vocalises ou les airs chantés. Et puis même, ce n'est pas parce que je chante bien et que j'ai une maîtrise technique de ma voix que je peux m'inventer professeure de chant... ». (J'en avais des bonnes raisons pour refuser !).
Peu de temps après, un ami chanteur me mentionne qu'il prend des cours de chant et je lui demande si je peux venir assister à un de ses cours. J'en ressors la gorge nouée tellement j'ai trouvé la pédagogie médiocre et je me dis : « Je peux faire mieux que cela ! »
Dans les jours qui suivent, quand une autre personne me demande si je donne des cours de chant, je me dis que l'univers me fait un signe, un appel du pied (pardon un appel de la voix !) et je dis... OUI !
Une professeure de chant s'apprête à naître !

Alors en grande aventurière que je suis, je n'ai pas attendu de me sentir « parfaite » pour me lancer !
J'avais déjà de solides bases techniques, de l'expérience de chant et je pressentais en moi la flamme pour le transmettre.
Quant à mes lacunes et mes limitations, j'allais m'atteler à les transformer en forces et en atouts :

- Je n'avais pas été suffisamment vue, entendue, reconnue, encouragée, célébrée dans mon essence avec le chant? Alors j'allais voir, entendre, reconnaître, encourager, célébrer les autres et les aider à reconquérir leur pouvoir, leur droit et leur joie d'exister par la voix chantée.
- Je ne connaissais pas le solfège? Pas de soucis, je pourrai toucher tous ceux qui ne le connaissent pas ou qui se sentent emprisonnés par lui.
- Je ne jouais pas du piano pour accompagner mes élèves sur leurs chansons ou leurs

vocalises? Pas de problème, je leur ferai travailler les chansons a capella ou sur des play-back orchestraux et pour les vocalises, j'allais les accompagner simplement à la voix et leur apprendre à monter et descendre par eux-mêmes les demi-tons (qui sont habituellement donnés par le piano)[185].

– Je n'avais pas « appris » à être professeure de chant dans un conservatoire ou une autre école de chant ? Parfait, j'allais justement m'inventer ma façon d'enseigner à partir de ma propre expérience du chant, avec ce que j'avais appris de ma professeure bien-aimée, et avec toute la créativité et l'amour que j'allais mettre en œuvre pour aider les personnes à déployer leur voix et leur chant.

Alors, je me suis lancée à donner des cours de chant et ce sont les commentaires positifs de mes élèves sur ma façon d'enseigner et leurs progrès qui m'ont confirmé que j'avais la fibre, la vibration, que j'étais sur la bonne voie-x !

Cela dit, j'ai par la suite repris quelques cours ponctuels de chant avec une autre ancienne cantatrice (ma professeure étant décédée) pour le plaisir de retravailler un peu ma voix et pour découvrir une autre approche de l'enseignement du chant classique. J'ai aussi adoré cette deuxième professeure qui avait quatre-vingts ans, qui était tout sourire et amour et qui avait en plus cette particularité de se lever régulièrement de son piano pour venir vers moi, me parler et me toucher pour mieux me faire sentir la sensation du chant dans mon corps. À nouveau, au-delà de la technique, c'est de son amour et de sa confiance en moi dont je me suis nourrie.

En parallèle à cette même époque, je suis invitée à donner un récital avec les chansons de mon premier album dans le cadre d'un congrès suisse de développement personnel. À ma grande surprise, les organisateurs posent une condition *sine qua non* à mon récital : animer également un atelier de chant !
Moi, animer un atelier de chant en groupe ? Je n'y avais jamais pensé !
Alors, de nouveau guidée par mon audace et ma réactivité, je conçois et anime mon premier atelier que j'intitule « Oser le plaisir de chanter l'émotion » et j'y sème déjà l'esprit[186] de mon travail. C'est un succès, les vingt-cinq participants sont enthousiasmés. Une animatrice de stage de chant est née !

185. Par la suite, j'ai quand même fait l'acquisition d'un clavier électronique, que j'utilise parfois pour faire entendre la mélodie de la vocalise au début, ou pour faire entendre un écart précis de notes, mais je peux tout à fait m'en passer.

186. Voici un extrait de mon descriptif de l'époque : « L'objectif de cet atelier est d'encourager l'envie de chanter en donnant aux participants l'occasion d'oser chanter avec émotion des chansons qu'ils aiment, de développer l'aisance de chanter en petit groupe, d'explorer son potentiel vocal. N'attendons pas d'être parfaits pour oser ! Ambiance conviviale et bienveillante garantie. »

À partir de cette nouvelle expérience, s'est amorcé un riche parcours d'expérimentations, de réflexions et de découvertes qui ont nourri le développement de mon approche du chant à travers l'animation[187] de mes stages et ateliers auprès de différents publics. Ce livre en est le témoignage.

Enfin, pour terminer sur mon parcours d'accompagnante, j'aimerais ajouter que je ne me définis pas comme une « professeure » de chant ou une « animatrice » de stage. Comme je facilite un processus pour renouer avec cette capacité de chanter qui est en chacun de nous, je me vis et me définis comme une *facilitatrice ou une Sponsor de Chant Existentiel !*

187. Et aussi la co-animation de stages: Chant et Clown, Chant et Biodanza...

AUTRES FAITS MARQUANTS DE MON PARCOURS AVEC LE CHANT

J'aimerais maintenant mettre le projecteur sur d'autres faits ou éléments marquants de mon parcours qui ont eu un impact important sur mon vécu et mon travail avec le chant, et qui ont été la source de riches enseignements et transformations.

MON RAPPORT AVEC LA SCÈNE

Pendant toute ma jeunesse, je n'ai jamais ressenti le trac quand je chantais en public et j'avais un immense plaisir à transmettre ma flamme en chantant.
C'est lorsque j'ai commencé à me vivre comme « chanteuse professionnelle » qu'un trac de scène invalidant [188] a commencé à faire son apparition.
Je n'ai pas compris tout de suite d'où il venait et pourquoi il se manifestait tout à coup, d'autant qu'il apparaissait à certains moments et pas à d'autres.
Alors que j'avais envie de chanter, que j'avais une maîtrise technique vocale, de la puissance, de la présence, pourquoi ce trac venait-il me gâcher mon plaisir à chanter devant un public ?
Puis un jour, j'ai cherché dans ma mémoire à quand remontait la première fois où je me rappelais avoir ressenti un malaise en chantant. Et c'est là que j'ai fait le lien avec un événement que j'ai vécu pendant mon épisode de vie en communauté, que j'avais alors qualifié de « pas grave », alors qu'il était en fait de l'ordre du traumatisme, et que j'avais ensuite occulté pendant des années.
Je vais d'abord vous raconter cet événement traumatique à l'origine de mon trac sur scène, et ensuite, je vous parlerai de ma rencontre avec une scène pour moi guérisseuse.

N.B. *L'évènement traumatique que je vais vous raconter peut faire hérisser les poils, à juste titre, car il touche l'abus de pouvoir du dirigeant (pour ne pas dire « gourou ») de cette communauté à qui j'avais, à l'époque, aveuglément déféré mon pouvoir de discernement et de décision. Par contre, je tiens à mettre en garde le lecteur de ne pas faire d'amalgame entre ce que j'y ai vécu et d'autres belles formes de vie communautaire, telles que les éco-villages-hameaux-quartiers ou certaines communautés spirituelles minoritaires.*
Je tiens aussi à dire qu'une des grandes et utiles leçons de vie que j'ai tirées de cette expérience, est celle de ne plus jamais déférer mon pouvoir de discernement et de décision à qui que ce soit d'autre que moi !

188. À l'instar d'autres personnes qui sont dynamisées par le trac.

Un événement traumatique avec la scène à l'origine de mon trac

Quand cela s'est passé, je vivais dans la communauté depuis six ans, j'avais vingt-neuf ans (en 1992). J'avais commencé mes cours de chant avec ma professeure adorée que je voyais une fois par mois. Elle croyait en moi et ma voix se déployait à grands pas. Je rêvais de chanter dans le monde entier et je commençais à exprimer haut et fort mon désir de faire carrière dans le chant.

Puis un jour le dirigeant-gourou, accompagné de ses deux bras droits, me fait venir seule dans notre salle des fêtes où il y avait une scène. Il me dit alors :

« Voulez-vous vraiment faire carrière comme chanteuse ? »

Je réponds que oui. Naïvement, je pensais que j'allais recevoir sa bénédiction et qu'il allait favoriser mon envol et la réalisation de mon rêve...

Il poursuit :

« Eh bien, c'est moi qui vais être votre manager artistique et je vais vous former. »

Je sens dans son regard et son ton de voix une rigidité, que je lui connais déjà, et qui me met mal à l'aise sur-le-champ (et malheureusement sur le chant aussi...).

« Montez sur scène », m'ordonne-t-il.

Il va ensuite s'asseoir avec les deux autres personnes à une table au milieu de la salle et me lance :

« Maintenant, commencez à chanter, puis descendez de la scène, venez vers nous et "allumez-nous[189]". C'est comme cela qu'il faut faire si on veut être une chanteuse professionnelle dans le monde. »

Choc. Sidération. Traumatisme[190].

Court-circuit dans mon corps, dans mon être profond.

Quelque chose s'effondre en moi.

Je me sens incapable de fuir ou de me défendre et je me sens me figer.

Je me sens me vider de ma substance et de mon énergie, comme si j'allais m'évanouir.

Je me sens dépossédée de mon pouvoir et de mon essence.

« Ce n'est pas comme cela que je veux chanter, ce n'est pas pour cela que je veux chanter », me dis-je à l'intérieur.

Je sens que je préfère mourir que de faire ce qu'il me demande, qui est à l'encontre de tout mon être.

---

189. Alors que quelque temps auparavant, il m'avait dit qu'il me fallait vivre dans la chasteté pour avoir une voix « pure » !

190. C'est avec le recul que j'ai pu mettre le mot « traumatisme ». Voir le très bon livre sur la guérison des traumatismes « Libérez le tigre » de Peter Levine, Socrate Éditions, 1994.

Tout se bloque en moi.
Je suis incapable de chanter.
Alors s'associe (et s'imprime) en moi pour la première fois, la joie de chanter avec la peur de chanter.

C'est lorsque, des années plus tard, j'ai remis de la conscience sur cet événement et reconnu la gravité de ce qui s'était passé, que j'ai enfin compris l'origine de ce trac. En effet, dans l'inconscient de ma chair, j'avais engrammé et associé la sensation de peur, d'évanouissement, de figement avec le mot, l'idée, le projet « chanteuse professionnelle ». Cela explique pourquoi, lorsque j'ai commencé à me vivre avec l'exigence d'une « chanteuse professionnelle », j'ai ressentis un stress de performance qui s'est accompagné par un trac invalidant sur scène (qui pour moi n'est pas seulement l'estrade sur laquelle l'artiste monte, mais toute situation de performance devant un public).
À chaque fois que ce trac faisait son apparition, j'avais la sensation de perdre mon énergie de vie, ainsi que ma puissance et ma maîtrise vocale. Je me sentais me liquéfier, me figer, sur le point de m'évanouir. Exactement la même sensation que j'avais ressentie lors de mon choc traumatique initial.
Mais comme j'avais une excellente technique vocale, ce trac était rarement audible pour l'extérieur (ni visible), mais il m'enlevait ma joie intérieure de chanter et me rendait malheureuse. Je ne voulais pas être dans cette peur et ce stress. Je voulais être détendue et heureuse et en pleine possession de ma joie et de ma capacité à chanter.
Heureusement que ce trac n'était pas toujours là (je crois qu'il dépendait de l'enjeu que je ressentais), mais j'avais toujours cette peur qu'il revienne à tout moment me surprendre, m'envahir et m'invalider.

Alors, pendant des années, pour essayer de contrer ce trac, j'essayais de me rassurer par ma maîtrise vocale. Je faisais mes vocalises tous les jours, et particulièrement avant mes concerts. J'ai fait cette ascèse pendant des années jusqu'au soir où j'ai assisté à un concert d'une chanteuse à la voix et à la présence magnifiques et qui chantait sur scène pieds nus. Je ne sentais en elle aucun trac (j'arrivais très bien à le déceler chez les autres). À la fin du concert, je vais vers elle et lui demande comment elle se prépare vocalement pour ses concerts, si elle fait des vocalises, quel est son rituel. Elle me répond : « Mon rituel de préparation à mes concerts ? Il est simple, je prends ma douche et me lave les cheveux... ! »
Wow, me suis-je dit, quelle simplicité ! De ce jour, j'ai arrêté les vocalises marathoniennes et j'ai chanté tout aussi bien, en stressant déjà beaucoup moins.

Voilà donc la clé, me suis-je dit : « pas de stress de performance, pas de trac. »
Je le savais maintenant consciemment, mais mon inconscient avait toujours peur pour moi[191], et ce trac revenait quand il en avait envie...
Puis un jour, j'ai pris conscience que lorsque le trac apparaissait, je vivais en fait une dissociation : je souriais sur scène, mais à l'intérieur je vivais la peur, et je me sentais dépossédée de mon pouvoir personnel et de mes capacités d'expression émotionnelle et vocale.
Cette prise de conscience a contribué à mon envie d'arrêter la scène. En tous les cas, ce genre de scène. Parce que plusieurs années plus tard, après avoir arrêté ma carrière de « chanteuse », j'allais faire l'expérience d'un autre type de scène, qui serait pour moi, réparatrice, guérisseuse.

Une scène pour moi guérisseuse

Entre 2010 et 2013, j'ai suivi une formation en Biodanza[192] de trente week-ends résidentiels dans lesquels il y avait le samedi soir, la très attendue soirée *MPV*: Musique, Poésie et Voix. Ce concept de soirées, lancé par notre directeur-fondateur d'École, était une scène[193] ouverte partagée, où chacun pouvait s'il le souhaitait, oser s'exprimer devant le « public » bienveillant qu'était notre groupe. C'était un véritable laboratoire d'expérimentation de libre et créative expression, dans des conditions de sécurité affective et de bienveillance maximales.

J'étais loin de me douter de tout ce qui allait se jouer pour moi lors de mon premier passage *MPV* et qui participerait à la transformation de mon rapport à la scène (ainsi qu'à mon processus de guérison de séquelles d'un autre évènement traumatique dont je vais vous parler sous peu).

Une de mes amies avait démarré cette formation avant moi et m'avait déjà parlé avec beaucoup d'enthousiasme de ces soirées *MPV*. Quelques jours avant mon premier week-end de formation, celle-ci me propose que nous y chantions en duo ma chanson

---

191. Pour se libérer des conséquences invalidantes d'un vécu traumatique (conséquences qui sont en fait des mécanismes sains de protection que notre inconscient a mis en place), un travail mental ou de volonté de changement n'est pas toujours suffisant. Il faut aussi aller libérer les mémoires inconscientes dans notre corps.
192. La Biodanza (Danse de la Vie), créée dans les années 1960 par le Chilien Rolando Toro, est un système de développement et d'épanouissement des potentiels humains qui, à travers la musique, la danse, le mouvement et le contact, invite chacun à célébrer la Vie, à vivre la rencontre avec soi-même, avec l'autre et avec le groupe et stimule la joie de vivre et le plaisir de se sentir intensément vivant. Voir le livre *La Biodanza : sentir la vie dans toutes ses dimensions*, de Véronica Toro et Raul Terren, Éditions le Souffle d'Or.
193. C'est moi qui mets le mot « scène » à ces soirées *MPV*.

« Je te regarde vraiment[194] », accompagnées de la bande orchestrale. J'accepte sans hésitation et nous répétons à cœur joie notre duo chez elle et dans la voiture en allant à la formation, et ce partage chanté me procure un plaisir immense.
Puis arrive la tant attendue soirée MPV du samedi soir.
Au moment où c'est à notre tour d'entrer en scène, je réalise que vont se rencontrer nos deux expériences opposées du chant : elle qui avait très peu chanté dans sa vie et jamais devant un public, et moi, l'ex-chanteuse professionnelle qui avait par le passé fait de la scène, de la radio, TV et des CD. J'étais consciente que je me remettais moi-même la pression de performance en me disant intérieurement : je suis la « chanteuse professionnelle » du groupe, il faut que j'assure un max, il ne faut pas que j'aie le trac...
Nous commençons donc à chanter, et se mélangent à nouveau en moi ces sensations contraires : une joie profonde de chanter en complicité de voix, de regard et de cœur avec mon amie et une sensation de figement, de sidération que je connais quand le trac m'envahit.
Mais cette fois-ci, en plus du trac de scène, vient s'ajouter une deuxième source de stress. Je réalise que j'allais chanter ma chanson qui parle de l'importance du regard bienveillant alors que l'après-midi même, je m'étais sentie très mal à l'aise dans les partages de regards lors d'un exercice de formation que nous avions fait. Du coup, je me sens illégitime et honteuse de chanter ces paroles, en plus du trac !

Pour bien comprendre ce qui se jouait pour moi en profondeur à ce moment-là, je dois d'abord vous raconter ce que j'ai vécu lors de cet exercice cet après-midi-là.
Nous venions de former une « double ronde concentrique de regards »[195] en nous tenant les mains. Bien que je n'aie eu devant moi que des regards bienveillants, je me surprends à me sentir très mal à l'aise à regarder et à être regardée dans les yeux.
Tout à coup, j'entends (ou ré-entends) en moi ces paroles : « ton regard est impur ».
Après des années d'oubli, remonte alors le souvenir d'un autre évènement traumatique vécu en communauté avec le gourou, où celui-ci m'avait dit que j'avais un regard « impur » et m'avait ordonné pendant six mois de ne plus le regarder, lui et sa femme, dans les yeux[196].
Au moment où rejaillit ce souvenir, je suis prise d'un inconfort immense, j'ai envie de fuir les regards mais je n'ose pas briser la ronde et j'éclate en sanglots, évacuant enfin ce stress et cette peine qui s'étaient figés dans mon corps toutes ces années.

194. Chanson de mon deuxième album qui peut être écoutée sur mon site.
195. Ce sont deux rondes rapprochées, une tournée vers l'intérieur et l'autre vers l'extérieur. En nous tenant les mains, sur une musique lente et apaisante qui ouvre le cœur, les deux rondes tournent sur la droite lentement et nous nous regardons dans les yeux quelques secondes avec bienveillance.
196. Sans commentaire...

Immédiatement, je sens les personnes à ma gauche et à ma droite me serrer davantage les mains pour me signifier leur soutien, et les personnes devant moi m'offrir leurs regards émus et bienveillants. Mes frères et sœurs de formation me renvoyaient l'inverse du message négatif que j'avais reçu, et j'ai pu trouver de l'apaisement dans leur soutien ainsi que refaire une nouvelle empreinte positive autour de mon regard.

Je reviens donc à la soirée *MPV* : je commence à chanter ce duo et je vis les deux émotions contraires, la joie et la peur de chanter, couplées cette fois-ci en plus de la joie et du malaise de regarder dans les yeux. J'arrive cependant à me ressaisir en puisant la force et la confiance dans le regard aimant et joyeux de mon amie, qui, de son côté, se régale sans aucun stress à chanter en me regardant dans les yeux.
À la fin de notre duo, nous sommes applaudies et félicitées chaleureusement par le groupe qui a trouvé notre chant et notre complicité magnifiques.
Je réalise alors que ce que je viens de vivre est bien plus qu'une « performance artistique » devant un « public ». *C'est une aventure humaine, dans le lien profond avec mon amie et avec ce groupe dans lequel je me sens intégrée et appréciée en tant que personne avant tout (et non en tant que chanteuse professionnelle).*

Pendant tout le reste de ma formation, j'ai pratiquement participé à toutes ces soirées *MPV* ! J'en ai profité pour relever d'autres défis d'expression et vivre de nouvelles joies : faire danser des personnes pendant que je chantais, chanter en duo avec mon amoureux à la guitare, lui assis par terre et moi couchée la tête sur ses genoux, chanter mon Hymne à la Terre[197] avec mon tambour, faire chanter tout le groupe sur une de mes compositions, sans compter d'autres duos ou trios ou chants de groupe inoubliables.
Puis je me suis lancée dans l'énergie du clown avec la composition et la réalisation de sketchs, munie d'une perruque et de grandes lunettes, pour aborder avec distance, humour et profondeur différents thèmes.
Ces soirées MPV m'ont fait découvrir une nouvelle façon beaucoup plus riche de partager mon expression dans la reliance bien plus que dans la performance, sans compter que j'ai été aussi beaucoup touchée et nourrie de voir et d'entendre mes amis de formation dans leur propre expression, créativité, puissance et vulnérabilité.
Sacrées soirées *MPV* que je ne pourrai jamais oublier !

197. Une des quatorze chansons que j'ai écrites sur l'écologie.

UN DÉFI ET UN APRÈS-DÉFI TRANSFORMATEURS DE VIE

Toujours dans le cadre de ma formation en Biodanza, j'ai vécu un stage spécifique où nous avons été invités dans un cadre sécurisé et bienveillant, à relever des défis individuels adaptés, sous forme de danses-exercices destinés à nous aider à dépasser nos peurs et à les transformer en ressources, et ce, avec le soutien des animateurs (facilitateurs) et de tout le groupe.
C'est dans ce cadre qu'il m'a été proposé le défi du « chant du prénom ».
Je fais le choix de vous en parler longuement car, ce qui s'est joué pour moi à ce moment-là (le défi) et surtout ce que j'en ai fait après (l'après-défi), a eu un effet déflagrateur (positif !) sur mon rapport avec moi-même et le chant.
J'ai appelé ce genre de défi, « un défi transformateur[198] de vie », qui est de l'ordre du Sponsorat Yang, car l'objectif est d'aider la personne à oser dépasser une peur ou une limitation, pour accéder à d'autres niveaux de réalisation, c'est-à-dire à oser se dépasser, se transformer, pour aller de plus en plus vers l'expression de son plein potentiel.

Je vais donc vous raconter comment s'est déroulé mon défi, apparemment simple à réaliser dans les faits et qui n'a duré que quelques minutes, et ensuite je vous expliquerai ce que j'en ai fait dans mon « après-défi ».

Mon défi du chant du prénom

Quand une des personnes-ressources a expliqué à tout le groupe que le prochain défi serait de se connecter à son être profond, de s'appeler à soi-même, et qu'il était lié à la voix et au chant, j'ai su immédiatement que ce défi m'était destiné.
Effectivement, quelques secondes après, c'est vers moi qu'elle se tourne et c'est moi qu'elle appelle. Je me lève et viens vers elle et celle-ci m'explique, en me regardant bien dans les yeux :
« Fleur-Lise, tu es invitée à chanter ton prénom. Il ne s'agit pas d'une prestation de chant pour un public, mais d'une connexion profonde à toi-même ».

Je me sens immédiatement fragile et vulnérable et les larmes commencent à perler à mes yeux, car ce défi touchait à trois de mes zones sensibles :

- Premièrement, j'avais peur de ne pas être capable de me connecter à moi-même profondément, de par mon histoire avec le sentiment de vide et de coupure.

198. C'est à nous de faire en sorte qu'il transforme notre vie !

- Deuxièmement, je me vivais encore dans la position de la « chanteuse professionnelle » qui devait « assurer », qui devait être performante en chantant devant tout le groupe. Position d'autant délicate que dans le groupe, il y avait des personnes avec qui j'avais co-animé des stages et d'autres qui y avaient participé, et à qui j'avais justement fait chanter les prénoms[199] !
- Troisièmement, je ne savais pas lequel de mes prénoms je devais chanter. Sans rentrer dans les détails, sachez juste que l'un de mes quatre prénoms civils au Québec est Lise, que ma famille m'appelle Lison et qu'en France j'ai pris le prénom de Fleur-Lise.

La personne qui encadrait ce défi pour moi se met à faire une démonstration viventielle, c'est-à-dire une démonstration totalement impliquée et émue, en l'occurrence ici, du chant de son propre prénom. Je suis bouleversée par l'intensité de sa connexion à elle-même pendant sa démonstration.
Elle revient ensuite vers moi pour m'encourager à oser me dépasser dans ce défi que je m'apprête à faire.
Dans sa langue maternelle espagnole, elle me dit d'une voix énergique :
« Tu eres capas, tu eres capas », ce qui veut dire « Tu es capable ».
(Une figure maternelle venait me délivrer le même message, le même encouragement que ma mère m'avait transmis enfant, sauf qu'au moment de ce défi, je ne m'en sentais pas vraiment capable ! Mais je me suis quand même lancée courageusement, et vous verrez que j'ai bien fait, quand vous lirez tous les fruits que j'ai fait en sorte d'en retirer !)
Puis elle m'invite à venir au centre du cercle que formait le groupe et à me recroqueviller au sol en position de graine. Dans cette position d'intériorisation, elle m'invite à entrer en connexion profonde avec moi-même, à m'appeler et à chanter mon prénom.

Dans cette position, je commence à m'appeler à moi-même avec une voix presque imperceptible, toute mon attention tournée vers mon intérieur :
« Fleur-Lise… Fleur-Lise ! Fleur-Lise ? ».
Au bout de quelques instants, j'entends une voix à l'intérieur de moi qui me répond :
« Il n'y a personne ».
Surprise, émotion intense. Je retouchais cette sensation familière de vide, d'absence, de coupure, d'anesthésie de mon ressenti et de mon moi profond. J'aurais eu envie de crier à voix haute ce « il n'y a personne », mais j'avais trop honte de l'avouer devant tout le groupe.

---

199. Avant ce défi, je faisais déjà chanter les prénoms dans mes stages depuis plusieurs années. J'ai ensuite intégré cette nouvelle expérience dans mon processus déjà existant.

Je me juge et me dis silencieusement :
« Je suis peut-être qu'une coquille vide, avec personne à l'intérieur... ».
Puis j'entends un cri de détresse résonner à l'intérieur de moi :
« Est-ce qu'il y a quelqu'un là-dedans ? »
À ce moment, je ressens l'envie de hurler un cri venant des tréfonds, de hurler ma peur de contacter ce vide, ma peur et ma rage qu'il n'y ait personne. Mais je me ressaisis pour suivre la consigne et la démonstration, qui avait été faite dans la douceur et l'intériorité.
Je continue donc à m'appeler doucement et je cherche à m'ancrer à l'intérieur.
Puis je me relève, je chante un peu plus fort, mais je n'ose pas à ce moment-là déployer devant les autres ma puissance vocale et ma capacité de créer des mélodies, de peur d'être trop dans la performance et pas assez dans ma connexion intérieure. Du coup, ce que je chante reste assez monocorde, fragile et étroit (c'était mon propre jugement à ce moment-là).
Le défi terminé, je suis applaudie et célébrée par le groupe mais intérieurement je ne suis pas contente de moi, *j'ai la sensation d'avoir raté mon défi.*

Au moment de quitter le stage, je suis loin de me douter que ce défi n'est que la première étape d'un chemin de prises de conscience et de guérison, et que c'est surtout ce que vais en faire qui va se révéler tout aussi important, voire davantage.
Alors voici maintenant le récit de mon après-défi, en tout cas le récit des vingt-quatre heures qui ont suivi mon retour de stage, et qui ont été d'une richesse exceptionnelle de prises de conscience et de prises d'actions.

Mon après-défi et les fruits que j'en ai tirés

De retour chez moi, au lendemain du stage, je me réveille et me lève avec l'énorme tristesse d'avoir raté mon défi.
Je me dis que je n'ai *pas été capable* de me connecter profondément, je n'ai *pas osé laisser sortir le cri* que j'avais senti monter en moi, et je n'ai *pas osé déployer* toutes mes capacités vocales.
En réfléchissant à mon expérience, je réalise que ce défi m'a confrontée à ma difficulté perçue de connexion profonde à moi-même et à cette peur du vide intérieur que j'avais senti toute ma vie.
Je fais alors le lien avec mon empreinte de naissance : au moment du déclenchement du travail, où je me mets en route pour sortir, ma mère reçoit une anesthésie générale, et moi-même par voie de conséquence. À ma sortie endormie (par voie basse),

ma mère dort elle aussi, et elle ne peut être présente pour m'accueillir dans ses bras et son regard aimant. Mes cellules connaissent donc ce sentiment d'anesthésie, d'absence, de vide, de coupure depuis le début de ma vie (et même avant au niveau transgénérationnel[200]).
Sans doute était-ce aussi cela que mon corps voulait expier quand j'ai eu envie de hurler ce « est-ce qu'il y a quelqu'un là-dedans », signifiant « est-ce qu'il y a quelqu'un de présent ici pour m'accueillir, pour me sécuriser ? »
Lors de mon défi, j'aurais eu besoin d'exprimer ma difficulté de me connecter à moi-même profondément par peur d'y rencontrer le vide et j'aurais eu besoin de hurler au diapason de l'intensité de ma peur, de libérer le cri qui avait besoin de sortir de mon corps. Mais pour cela, il aurait fallu que j'ose me permettre de sortir du cadre de la consigne et de la démonstration, ce que je n'ai pas fait à ce moment-là.
Je n'ai pas osé m'abandonner à ce qui émergeait de façon tellement inattendue, et de surcroît devant le groupe, pour leur révéler ce « il n'y a personne » qui s'imposait à moi. J'étais encore bien trop prisonnière du paraître : je ne voulais pas que le groupe sache que la professionnelle qui aidait les autres de tout son cœur à chanter avec vie et présence, portait aussi en elle des parties de vide, de déconnexion, de non-vie (maintenant que je l'ai écrit, le monde est au courant !).

Cette sensation d'échec étant insupportable, je sens que j'ai besoin d'aide et je décide d'appeler trois personnes-ressources aimantes et sages de mon entourage proche : ma facilitatrice tutrice de formation, ma mère et la psychothérapeute qui m'accompagne à ce moment-là.

La première que je réussis à avoir au téléphone est ma facilitatrice tutrice[201] à qui je partage ma sensation d'avoir raté mon défi. Celle-ci alors me répond :
« Fleur-Lise, le plus important n'est pas ce qui s'est passé, mais plutôt ce qui va émerger de tout cela... ».
Eh oui, il y en a des choses qui ont émergé de tout cela ! Déjà, par cette simple parole sage, j'ai senti une ouverture se faire en moi et j'ai pu me défocaliser de ma sensation d'échec, qui avait pour résultat de me figer. Je me suis remise en mouvement et j'ai repris mon pouvoir en décidant d'être active et responsable, ici et maintenant, pour faire émerger un fruit de vie de cette expérience.

200. Ma mère, dont la propre mère est morte en couche, a été séparée de sa fratrie et donnée en adoption. Elle aura le sentiment d'être coupée d'elle-même jusqu'à l'âge de quarante ans, âge auquel elle a entrepris un chemin intense de croissance, de conscience et de guérison.
201. Ma facilitatrice (personne diplômée) référente pendant ma formation en Biodanza.

Elle m'a aussi aidée à comprendre que même si la proposition d'un défi ou d'un exercice était expliquée ou démontrée d'une certaine façon, si autre chose se manifestait pour moi, c'était cela qui était important et qu'il fallait que je puisse me laisser le vivre[202]. Cette leçon, que je voulais retenir, allait dans le sens d'écouter davantage mon instinct, mon intuition, mon ressenti et pas que ma raison...

Dès que j'ai pu avoir ma mère sur Skype en début d'après-midi (à cause du décalage horaire au Québec), je lui raconte mon expérience et lui dis que je n'ai pas réussi à me connecter à moi-même.
Ma mère me répond alors :
« Tu t'es connectée au vide et ça, c'est aussi une connexion... ».
Wow, quel recadrage positif ! Effectivement, j'étais capable de me connecter, même si ce n'était pour l'instant qu'au vide !
Ma mère m'a ensuite invitée à oser accueillir ce vide et aussi à accueillir ma déception d'avoir « raté » mon défi :
« Laisse être ta déception, elle a un message à te livrer ».
Grâce à cette invitation, j'ai réalisé que ma déception parlait en fait de mon envie profonde de me connecter. Ma déception m'invitait maintenant à aller oser contacter ce vide, à me faire confiance, à lâcher-prise de cette branche à laquelle je me raccrochais, à arrêter de résister pour m'abandonner en confiance dans le saut de ce tourbillon du vide, de ce chaos, pour le traverser et naître à autre chose...
Ensuite ma mère m'a posé la question :
« Et si ton besoin de contrôle était à la hauteur de ta peur de t'abandonner et de contacter peut-être le vide ? »
Wow ! (Question qui tue, euh non, qui ressuscite !). J'ai alors réalisé que dans ce défi du chant de mon prénom, je n'avais pas osé, ou pas été capable, de m'abandonner à cette vague de fond qui avait voulu monter pour s'exprimer et se libérer. J'ai eu peur de ce vide en moi qui me donnait la sensation que j'allais mourir.

Enfin, quand un peu plus tard dans la journée j'ai eu au téléphone la psychothérapeute qui m'accompagnait à cette époque, celle-ci me dit que selon elle, j'avais réussi mon défi :
« Fleur-Lise, même si c'était difficile, tu as continué à t'appeler à toi-même avec vulnérabilité, et tu n'es pas allée dans le cri ou le chant de puissance qui t'est familier, tu as accueilli le vide... ».

---

202. Tout en tenant compte du contexte et des autres.

Comme ces paroles m'ont aussi fait du bien ! Elles allaient dans le même sens que celles de ma mère : le fait d'avoir pu entendre cette voix qui venait de très profond et qui me disait « il n'y a personne », était bien la preuve qu'au contraire, j'avais réussi à me connecter profondément !

Forte de toutes mes nouvelles prises de conscience, je sens l'importance et l'urgence de refaire ce défi chez moi, tout de suite, maintenant.
Mais cette fois-ci, j'ai l'intention claire et déterminée *d'oser me connecter au vide, d'oser laisser jaillir ce cri que je n'avais pas osé sortir, pour ensuite oser laisser déployer pleinement le chant de mon prénom avec toutes mes capacités vocales.*

Alors, je me refais donc toute seule mon « petit défi maison ».
Dans un premier temps, je me recroqueville en position de graine au sol. Je commence à m'appeler à moi-même et quand je ressens à nouveau ce vide, je laisse monter en moi l'énergie, la vague de ce cri qui veut sortir. Cependant, comme à ce moment-là je ne suis pas seule dans la maison, je hurle « silencieusement » ce cri de tout mon corps (avec le volume du son extérieur « à zéro » et le volume de l'énergie intérieure « à fond »), et cela se révèle déjà très libérateur énergétiquement !
Puis, un peu plus tard lorsque je me retrouve seule, je mets à plein volume la chanson « Calling you » de Bagdad Café et je me mets à chanter, à hurler encore plus fort que la chanteuse ce « Ahhhhaaahhhh, I'm caaaaallling yououuuu » (de l'anglais « je t'appelle », signifiant aussi « je te cherche, es-tu là, où es-tu ? ») en y mettant ces deux sens :
« Hé, Fleur-Lise, je t'appelle, es-tu là, à l'intérieur de toi ? »... et aussi :
« Hé, j'appelle, est-ce qu'il y a quelqu'un là-dedans ? », sous-entendant « Est-ce qu'il y a quelqu'un de présent dans cette maison ? »...
En laissant sortir ces paroles chantées et en libérant ce cri emprisonné avec une puissance incroyable, je ressens une gigantesque libération !
Ensuite, je me mets à chanter mon prénom avec beaucoup de connexion à moi-même, et cette fois-ci, j'ose le chanter en me déployant dans une belle présence, avec toutes mes capacités vocales et expressives, et à la fin, je me visualise me célébrant au centre du groupe.
Je me sens alors connectée, ancrée, présente, puissante et tranquille.

En réfléchissant encore, je me dis que ce défi me permet de commencer un chemin de conscience autour du noyau de la blessure sur laquelle je m'étais construite : la coupure de la connexion, l'absence, donc la peur du vide.

Du coup, je me questionne quand même sur ma capacité à me connecter en chantant.

Cette question que j'ai osé me poser m'a permis de trouver des réponses que je n'avais pas soupçonnées jusqu'alors.
Dans un premier temps, je réalise que le chant m'avait permis de survivre, de me sentir vivante, de m'exprimer, de partager et que de là était née ma capacité et ma générosité à aider, à encourager les autres à déployer leur voix et leur chant.
Puis soudain, c'est là que je réalise (c'est la journée de la réalisation !) que si une voix à l'intérieur de moi m'avait répondu « il n'y a personne », c'est qu'il y avait bien quelqu'un à l'intérieur, c'est-à-dire moi !
Je comprends alors que, toute ma vie j'avais chanté la joie qui vibrait en moi en étant connectée à quelque chose de la Vie, sans en avoir eu conscience [203].
C'est aussi à partir de ce moment-là que *j'ai mis de la conscience et de l'attention sur le fait que chanter n'était pas seulement un acte d'expression, un mouvement vers l'extérieur, mais aussi un acte de connexion, un mouvement vers l'intérieur.*

Revivre ainsi mon défi à la maison m'aura donc fait un bien fou, et les enseignements que j'en ai tirés dans les vingt-quatre heures [204] qui ont suivi auront été d'une richesse et d'une intensité exceptionnelle, à la hauteur de ce qui s'était joué pour moi durant les cinq petites minutes qu'aura duré mon défi !

---

203. J'avais cependant mis de la conscience sur le fait que cette profonde connexion à la Vie, je la vivais lorsque je chantais des mantras ou lorsque je donnais mes cours ou que j'animais mes stages.
204. Toutes ces prises de conscience dans la même journée qui n'a que vingt-quatre heures Chronos mais beaucoup plus en temps Kairos comme vous pouvez le constater ! Voir note en bas de page n° 124.

MA RENCONTRE AVEC LES MANTRAS ET LES TAMBOURS

Sur mon chemin avec le chant, ma rencontre avec les mantras et les tambours en est une très belle et très importante.

Tout d'abord ma rencontre avec les mantras. C'est en 2003 que je les ai découverts pour la première fois par un CD de la chanteuse Deva Premal[205], dans un contexte de stage de développement personnel, dans les moments de détente et d'intégration d'exercices. À la fin du stage, comme il y avait le fameux CD à la vente, je l'ai acheté, mais sortie du contexte du stage, je ne l'ai plus écouté.
Quelques années après, lors d'une transition importante dans ma vie, je vis un moment de dépression où ma tristesse est si grande que je n'ai même plus envie de chanter, ni même d'écouter des CD de chansons ou de musique. J'ai perdu le goût à la vie.
Après quelques semaines ainsi, ne supportant plus cette détresse sans fond, ce vide et ce silence, je me souviens de la douceur de ces mantras et je ressors le fameux CD. La beauté de la voix, des mélodies, des mots sacrés, des arrangements musicaux, viennent alors déposer un baume profond de douceur et de guérison sur mon cœur blessé. Je commande alors tous les CD de Deva Premal et je les fais jouer à longueur de journée pendant des semaines entières.
L'écoute de ces mantras m'apportera présence et réconfort et me redonnera le goût et la force de revivre et de rechanter.
Depuis lors, ces mantras font partie de mon quotidien et ne me quittent plus : je les écoute, les chante, les danse, les partage et les transmets.

Ma rencontre avec les tambours s'est faite quelques années plus tard, en 2009, lorsque je visionne une vidéo d'un chaman amérindien québécois chantant un chant sacré avec son tambour. Je suis immédiatement touchée en plein cœur et je ressens l'appel intense de me procurer un tambour pour m'accompagner au chant.
Quand j'ai eu mon premier tambour entre les mains, j'ai eu l'impression de renouer avec une résonance en moi très ancienne. Dans les mois qui ont suivi, j'ai commencé à jouer du tambour, à battre le rythme, à en écouter le son, la résonance et à chanter des chants spontanés de consonances chamaniques. De plus, pour moi qui ne jouais d'aucun instrument de musique, je pouvais tout d'un coup comme par magie m'accompagner avec cet instrument si simple, si archaïque. Quelle joie !

205. Deva Premal et Miten son compagnon, accompagnés de Manose le flûtiste népalais, sont des artistes de mantras que j'affectionne beaucoup. Voir ressources.

Puis j'ai senti le besoin de me baigner dans un week-end de stage avec les tambours (et les djembés). J'ai goûté au plaisir de jouer et de communier ensemble sur les rythmes avec ces instruments.
À partir de ce moment-là, je me suis acheté plusieurs autres tambours, djembés et percussions diverses, et les ai incorporés (particulièrement le tambour) dans mes cours et stages de chant.
Le tambour me relie à une mémoire ancestrale du rythme et de la communauté, et il est pour moi un allié précieux pour la libération des voix et du chant.

MA RENCONTRE AVEC LES ÉCRITS DE STEPHEN GILLIGAN ET D'EUGÈNE GENDLIN

J'ai déjà parlé de l'apport bénéfique de ma rencontre avec les écrits de *Stephen Gilligan* lorsque j'ai parlé de la notion de *Sponsorat génératif* (dans l'avant-propos et dans le chapitre 7). J'aimerais alors ici simplement ajouter deux autres choses.

Tout d'abord, j'aimerais vous partager ce moment magique vers la fin de ma lecture de son livre *The Courage to Love*, où il écrit que sa mère, son grand-père et Milton Erickson ont été des Sponsors, lui donnant une bénédiction, le voyant dans son être profond et lui convoyant le message qu'il y avait une place pour lui dans le monde.
C'est à ce moment précis que j'ai compris que j'étais une Sponsor de chant et qu'a jailli de mon cœur cette injonction bénédiction « Il y a une place pour ta voix et ton chant dans le monde ».

Sinon, j'aimerais aussi vous partager que, par ces quelques mots que Gilligan m'a écrits[206], dans un mail : « *May your spirit continue to sing its wonderful song into the world* » (*Puisse ton esprit continuer à chanter sa merveilleuse chanson dans le monde*), je me suis sentie reconnue au-delà de mon travail professionnel dans le chant, reconnue au plus profond du chant de mon être, reconnue dans mon essence.

Quant à *Eugène Gendlin*, je le connaissais déjà pour avoir lu son livre sur le « Focusing », mais c'est lorsque j'ai rencontré mes premières difficultés d'écriture de ce livre que je me suis penchée sur sa « philosophie de l'implicite pour assister l'émergence de la pensée[207] ».
Je savais chanter et transmettre le chant mais écrire un livre était tout autre chose, un sacré défi ! C'est grâce aux écrits de Gendlin que j'ai pris confiance en ma capacité d'articuler ma connaissance implicite du chant et de la rendre communicable par l'écriture de ce livre.

Gendlin explique que nous portons en nous, dans l'implicite, une connaissance dont nous n'avons pas nécessairement conscience. En effet, de par ce que nous avons vécu, ressenti, expérimenté, pratiqué, nous savons quelque chose qui a de la valeur, mais

206. En réponse au mail que je lui avais envoyé, le remerciant pour ce que ses écrits m'avaient apporté.
207. Écrits pour lesquels il est moins connu. En anglais TAE : « Thinking At the Edge », ou en français PAE : « La Pensée au Seuil de l'Émergence ».

nous n'avons pas encore nécessairement les mots pour le formuler et le communiquer. Celui-ci avait pour habitude de dire à ses élèves : « Ce qui m'intéresse, c'est ce que vous savez, mais que vous n'arrivez pas encore à formuler ! »
Gendlin nous encourage à aller justement à cet endroit où ce n'est pas encore clair, où nous n'avons pas encore de mots et d'y rester (de « focuser[208] » dessus), pour que puisse émerger et se rendre explicite cette richesse que nous portons et que nous pouvons mettre au monde.
Celui-ci dit que notre corps « connaît » et que nous avons une capacité implicite de générer du langage ; nous devons juste le laisser émerger de nous.
Gendlin a mis au point une méthodologie pour faciliter ce processus de l'émergence de la pensée (et de l'émergence du sens) pour générer du langage, des concepts nouveaux, à partir du ressenti corporel et de notre connaissance implicite.
Dans sa méthodologie, j'ai retenu son invitation à créer de nouvelles combinaisons de mots, de nouveaux sens aux mots, en nous posant les questions : Qu'est-ce que ce mot veut dire pour moi ? Qu'est-ce que j'aimerais que mes mots veuillent dire ? Qu'est-ce que j'aimerais que les gens comprennent quand je dis cela ?

Mon processus d'écriture pour ce livre

Pour lancer mon écriture, j'ai personnellement beaucoup utilisé mon titre de livre pour interroger l'intérieur de moi : Au Cœur du Chant, qu'est-ce qu'il y a ?... et je laissais émerger les réponses. C'était mon entrée, ma prise, mon ancre, pour aller dans mon sens corporel flou, et de là, émergeaient des mots et des phrases clés, que je notais au fur et à mesure. Ensuite, je reprenais ces mêmes mots ou phrases « graines » comme je les appelais, pour à nouveau m'interroger sur le sens que cela avait pour moi et de là jaillissait de nouveaux mots et nouvelles phrases.
Puis, j'ai eu une longue phase où j'étais obnubilée par ma recherche de sens du chant. Je faisais des liens sans relâche entre le chant et ce que je vivais, voyais, comprenais et une grande richesse d'associations et de compréhensions a jailli dans ces moments.
Ensuite mon grand défi aura été de commencer à mettre de l'ordre dans ce foisonnement d'idées et de trouver mon fil rouge de cohérence.
Avec inspiration et poésie, mais aussi avec rigueur, efforts et persévérance, ce livre a pris forme et vie.
Et mon chemin avec le chant continue, avec encore d'autres espaces à explorer, à découvrir, à apprendre, à transmettre et à partager !

---

208. Focaliser. Mettre son attention. Voir son livre *Focusing* ou aussi l'excellent livre de Bernadette Lamboy *Trouver des solutions par le focusing*, Éditions Le Souffle d'Or.

Je suis le chant

Je suis le Souffle de Vie rendu audible.

Je suis le Son, la Vibration, l'Hymne de la Création.

À toi, aux autres et à la Vie, je permets la connexion.

Des émotions, de la créativité, de l'identité, je permets l'expression.

La célébration de la Vie est mon essence.

Je suis une porte de la transcendance.

J'imprègne tout de ma Présence,
car je suis la Présence vibratoire de l'Univers.

Je suis le Verbe créateur, le Om primordial,
l'essence de toute manifestation.

Je suis le Chant de la Vie qui te traverse.

Je suis le Chant qui rend vivant.

Quand tu prends demeure en moi, tu es tout cela.

Om

Au Cœur du Chant
Je Suis Vivant...

CONCLUSION

J'ai écrit ce livre à partir d'une sensation profonde et intime du chant dans ma vie et j'ai cherché longtemps les mots pour traduire ce chemin existentiel avec le chant afin de mieux pouvoir vous le partager.
J'espère que mes mots, et l'énergie derrière mes mots, seront pour vous une source d'inspiration et de soutien pour faire naître une envie et un élan de résilience chantée et ainsi permettre d'ouvrir de nouveaux *champs* et *chants* de possibles !

Chanter libère la voix, libère la joie, libère l'être.
Mettons nos cœurs en voix, mettons nos cœurs en joie et nourrissons-nous de tous les bienfaits de l'acte sacré de *chanter au cœur de Soi.*
Soyons des résilients du chant et que chanter rime avec joie, liberté, créativité, reliance, partage et célébration de la Vie.
Rappelons-nous qu'il y a une place pour la voix et le chant unique de chacun dans le monde.
Rappelons-nous aussi que chanter est une médecine pour soigner nos communautés.
Alors réintroduisons le chant dans nos vies, dans nos maisons, nos villages, nos entreprises, nos prisons, nos hôpitaux, nos rues !
Par nos Cercles de chant, contribuons au grand Cercle de la paix et au réenchantement du monde.

Une planète qui chante en joie et en lien, ne pourra plus faire la guerre,
une planète qui chante en joie et en lien, ne pourra plus faire guère...
que chanter, danser et célébrer !

Amis lecteurs et lectrices, après avoir écrit tous ces mots, et vous, les avoir lus, je nous invite à retourner à la sensation et au mystère au Cœur du Chant ...
Je me réjouis de nous retrouver ensemble sur ce chemin du Chant sacré de la Vie !

Bon chant !

Fleur-Lise
P.-S. *Je serais heureuse que vous me partagiez ce que ce livre vous aura apporté, ainsi que le témoignage de votre propre histoire avec la voix et le chant.*

REMERCIEMENTS

De tout mon cœur, je remercie :

- l'Esprit du chant pour sa présence dans ma vie,
- mes Sponsors de chant et de vie, qui m'ont aidée à croire en moi et à me déployer dans mon essence et mes talents,
- mes élèves, participants d'ateliers et de stage, qui m'ont fait confiance pour les accompagner et qui m'ont permis de développer mon travail ; les personnes qui par le passé m'ont écoutée en concert ; les personnes qui ont apprécié mes CD ; les personnes qui m'ont soutenue dans la réalisation de mes deux albums,
- les personnes dont j'ai raconté les histoires et particulièrement celles qui m'ont écrit leur témoignage dont j'ai pu reprendre des extraits,
- les personnes qui ont pris le temps et le soin de lire les premières versions de mon manuscrit et qui m'ont encouragée à poursuivre mon écriture (ma mère Suzanne, Nicolas, Diane, Magali, Blandine, les deux Anne, Catherine, Sandrine) et dont les commentaires, chacun différent (et parfois contraire !), m'ont permis de prendre de la distance et d'entamer un processus d'amélioration constant de mon écriture par la suite ;
- les personnes qui, à différents moments et de différentes façons, m'ont donné soutien et encouragements pour aller au bout de ce long travail d'écriture: Noga, Anne, ma mère Suzanne, Diane, Laurence, et Nicolas, qui fut mon compagnon pendant les quatre ans d'écriture de ce livre et qui m'a fait ce grand bonheur de me rejoindre sur la voie du chant et avec qui j'ai eu aussi la joie de co-animer des stages Biodanza et Chant,
- Deva Premal, Miten et Manose pour leurs mantras et leur musique magnifique qui nourrissent mon âme,
- Stephen Gilligan, pour son œuvre et sa notion de Sponsorat,
- Eugène Gendlin pour sa Philosophie de l'implicite pour assister l'émergence de la pensée,
- William Allaudin Mathieu pour son livre simple et profond sur l'écoute, qui m'a profondément émue et nourrie,
- l'ensemble de l'équipe pédagogique de l'École de Biodanza de Bourgogne, et tout particulièrement Véronica Toro pour son accompagnement dans mon défi du chant du prénom, Raoul Terren pour son ouverture créative en lançant le concept des soirées *MPV* (musique, poésie et voix) et Isabelle Meurville, ma facilitatrice tutrice de formation, pour sa présence et sa parole sage,
- Cécile Volet, pour ce fameux premier duo *MPV*,
- Marie-Annick Godon pour son poème en page 57,
- Veronique Clerc avec qui j'ai co-animé plusieurs stages « Chant et Clown » avec beaucoup de joie,

- Laurence Gaillard-Cailler, thérapeute hors du commun, pour son accompagnement et son exemple d'amour et de conscience ; ainsi que Fatima Boumédienne, Isabelle Nadot Limousin et Christiane Levavasseur, pour leur soutien thérapeutique par le passé,
- mon fils Mathieu, par qui j'ai transmis la vie, et qui a grandi avec mes vocalises, répétitions, concerts, explorations loufoques vocales et ateliers de chant à la maison[209],
- ma mère Suzanne, pour sa disponibilité, sa présence, son écoute, ses paroles sages et l'amour qu'elle me porte,
- mon éditeur, Yves Michel, fondateur des Éditions Le Souffle d'Or, aussi passionné du chant, qui a su croire en moi et en ce livre pour contribuer à donner un souffle nouveau au chant dans nos vies ; Margot Pépin, assistante d'édition, pour son dynamisme et son soutien,
- Jean Augagneur, illustrateur et dessinateur de talent, pour avoir su capter l'esprit de mes dessins originaux avec personnages et leur avoir donné corps et âme,
- Nino Burlet, jeune étudiant en communication visuelle, pour la réalisation graphique des illustrations que j'ai faites main,
- vous lecteur, lectrice, pour m'avoir lue et pour votre ouverture et votre participation au réenchantement dont nous avons tant besoin,
- et la Vie pour m'avoir permis d'écrire ce livre et d'*enfin* le terminer !!!

209. J'en profite pour passer ce dernier message que l'on n'est pas obligé de rendre la maison silencieuse parce que bébé dort. Au contraire, la musique et le chant dans la maison rassurent l'enfant et développent l'oreille musicale! (C'est la dernière note en bas de page, cela va vous manquer !)

RESSOURCES

Livres

Voici les livres qui m'ont nourrie profondément dans mon parcours avec *ma créativité et le chant* dans les quinze dernières années, dans l'ordre chronologique où je les ai lus :

- *Va au bout de tes rêves*, Antoine Fillisiadis, Éditions Le Souffle d'Or, 1996.
- *Libérer votre créativité*, Julia Cameron, Éditions Dangles, 1995.
- *La veine d'or*, Julia Cameron, Éditions Dangles, 1997.
- *Femmes qui courent avec les loups*, Clarissa Pinkola Estés, Éditions Grasset de Poche, 1996.
- *The courage to love*, Stephen Gilligan, Editions W.W. Norton&Cie. 1997. (Existe aussi en français : *Le courage d'aimer*, Éditions Le Germe, 1999).
- *The Listening book*, W. Allaudin Mathieu, Editions Shambhala, 1991.
- *The musical life*, W. Allaudin Mathieu, Editions Shambhala, 1994.
- *Hero's Journey*, Stephen Gilligan & Robert Dilts, Crown House Publishing, 2009. (Existe aussi en français : *Le Voyage du héros*, InterEditions, 2011).
- *Thinking at the edge* (TAE), d'Eugène Gendlin. Entretiens *Une pensée novatrice issue de l'experiencing*, traduits par Nada Lou Focusing in Focus, 2004.
- *Grassroots introduction to TAE*, Nada Lou Focusing in Focus, 2006.

Liens de sites internet :

- Deva Premal et Miten :
  - www.devapremalmiten.com (Site anglophone)
  - www.souffledor.fr (Pour commander leurs CD en France)
- Stephen Gilligan :
  - www.stephengilligan.com (Site anglophone)
  - www.institut-repere.com (Organise des formations avec Stephen Gilligan sur l'hypnose Ericksonnienne et le Coaching Génératif en co-animation avec Robert Dilts).
- Eugène Gendlin :
  - www.focusing.org (Site anglophone d'Eugène Gendlin où vous pouvez trouver ses écrits Philosophy of implicit et Thinking at the edge – TAE).
  - www.diffusion-focusing.org (Site québécois où vous pouvez télécharger dans l'onglet documentation des textes en français sur la Pensée au Seuil de l'Émergence (PSE) et le Focusing).
  - www.focusing-europefrancophone.org
- Biodanza :
  - www.biodanzabourgogne.com (École où j'ai fait ma formation de Biodanza).
  - voir sur mon site (Rubrique lien) une vidéo de présentation de la Biodanza par Hélène Levy Benseft, directrice de l'École de Biodanza Méditerranée.
- Jean Augagneur :
  - www.augagneur.ch (Dessinateur et illustrateur).

Et surtout, rejoignez-moi :

- *Sur mon site :* **www.aucoeurduchant.com** (ou www.lechantexistentiel.com)
  Vous y retrouverez des vidéos pour mon enseignement du chant (démonstrations d'exercices, conseils, témoignages, transmission de chants du monde) et autres vidéos reliées au chant.
  Vous y retrouverez également : newsletter, articles, actualités, blog, calendrier, liens...

- *Sur la communauté Facebook :* facebook.com/aucoeurduchant

Avec vous, avec nous, la résilience chantante est en marche pour un réenchantement du monde !

Achevé d'imprimer en mai 2015
sur les presses du ***Groupe Horizon***
200 avenue de Coulin
13420 Gémenos-F

N° d'impression : 1504-086

Imprimé en France

Toutes les encres et les vernis utilisés sont certifiés d'origine végétale.
Les eaux de mouillage des machines, les plaques,
les produits de développement et les chutes de papier sont recyclés.

Imprimerie certifiée IMPRIM'VERT.